動作とイメージによる
ストレスマネジメント教育

基礎編 子どもの生きる力と
教師の自信回復のために

山中 寛・冨永良喜
編著

北大路書房

はじめに

　現在，ストレスマネジメント教育の実践・研究に従事している多くの仲間は，教師やスクールカウンセラーであり，その大半が小学校や中学校に通っている子どもの親と同世代である。そこには，わが子を心配する親心と同時に，私たち大人がいま，何かを始めないと21世紀を生きる子どもたちは傷つき，孤立し，自立できなくなってしまうという危惧がある。

　生まれてよかった，生きていてよかったと思えるように，子どもたちの心の中に光の世界を広げたいという思いが，ストレスマネジメント教育の原動力である。そうした思いを確かなものとし，それを実践する教師が少しでも元気を取り戻すことを願って本書は企画された。そして，多くの出会いを通してこの本は生まれた。それは心理臨床や学校教育，あるいは競技スポーツ領域での出会いである。

　本のタイトルにもなっている「動作」に関しては，九州大学大学院教育学研究科在学中から肢体不自由児に対する動作法の適用を通して，多くのことに気づかされた。なかでも動作はひとの主体的な活動によって発現し，その活動を推進する動作努力こそが重要であることを，彼らのおかげで身をもって体験することができた。動作努力は肢体不自由児に限らず，あらゆる人にとって生きている証しであるという事実は，本書の基礎になっている。それは，20年ほど前から関心が寄せられている心理臨床領域における動作の有効性にも通じることである。神経症や心身症，あるいは統合失調症などのクライエントに対する動作法の適用では，クライエントの動作努力に応じて症状や生活全般に対する構えや体験のしかたが変化し，日常生活が改善されることが証明されている。動作法には立位，座位，仰臥位など，姿勢によってさまざまな技法があるが，これまで出会ったクライエントに対する動作援助の中で，狭いカウンセリングルームでも適用可能な課題動作をいろいろ工夫することができた。それは，いす座位でできる「肩の上下プログラム」の基礎になった。

　学校教育の領域では，鹿児島大学教育学部に赴任した直後から，10年間にわたってかかわってきた附属中学校での体育の授業に関する研究協議からさまざまなヒントを得ることができた。まず，理論的な観点から子どもの心身の健康促進をめざす学校体育の中で「動作の教育」の必要性を気づかされたし，実践的にも体育の中で動作法を導入して授業を展開することによって，子どもの自己効力感が向上することが実証できた。そこで得られた知見は，何よりもクラス活動の中で「肩の上下プログラム」に基づく「ペア・リラクセーション」が可能であるという見通しを与えてくれた。さらに，さまざまな教育現場で生きている教師の生の声を聴くことによって，心ある教師が疲れてやる気を失いかけていることがわかるようになり，数人の教師と，子どもの教育相談や生活指導など，教育全般にかかわる研究会を発足させた。それは，たんに知識を共有するということだけではなく，教師が元気になることを願って始めた研究会であり，現在の「ストレスマネジメント教育臨床研究会」発会の原動力となった。

　また，1995年から開始されたスクールカウンセラー調査活用研究事業に関係して，スクールカウンセラーとして学校で生活している子どもや教師とかかわることによっていろいろなことが見えてきた。子どものストレスの状況を再認識させられたし，教師のストレスや傷つきについても気づか

された。さらに，「心の闇」を前提とした心理臨床モデルではなく，子どもや教師の生活を前提とした健康・予防モデルの必要性を痛感するようになった。それがなかったら，この研究に取り組もうとは思わなかったかもしれないし，本書の中に「教師のためのストレスマネジメント教育」という章を加えることはなかった。

　10年前からかかわってきた日石三菱（旧・日本石油）野球部やオリンピック野球チームなどの競技スポーツ領域では，当初は選手に対する動作法やイメージ法を中心としたスポーツカウンセリングを行なっていたが，しだいにそれと並行してチーム全体を対象とした心理的スキルトレーニングが求められるようになった。その内容は，構えのコントロール→アクティブ・リラクセーション→軸イメージ法→イメージ活用法等からなっており，スキル改善や集中力の向上だけではなく，さまざまなストレス下における試合でのコンディショニングなどに有効であることが選手や指導者にも体験的に理解されるようになった。そして，それを指導する過程で集団への導入のしかたや留意点が明確になり，それは集団を対象とするときのストレスマネジメント教育の導入に多くの示唆を与えてくれた。

　こうして蓄積された実践知から，ストレスマネジメント教育の本質は「構え」と「動作」と「イメージ」にかかわる「体験」の問題に集約できると気づいたときに，そのもとは大学院時代から今日まで薫陶を受け続けている恩師・成瀬悟策先生の「自己コントロール法」の教えの中にあったことを改めて認識せずにはおられなかった。そういう意味では，恩師から授かった教えが多くの人との出会いの中で花開いたことになる。将来どのような実をつけるかは，これからの「お楽しみ」ということにする。

　最後に，子どもの「生きる力」をはぐくみたいという私たちの思いに同世代の仲間として共感し，企画から完成にいたるまで終始温かく見守り，我慢強く励ましてくれた北大路書房編集部の石黒憲一さんに心から感謝いたします。

　　　　　　　　　　　　　　　　　　　　　　　　　2000年2月　　編者・山中　寛

動作とイメージによるストレスマネジメント教育—基礎編—

目次

はじめに／i

1章 ストレスマネジメント教育の概要 …………………………………………………… 1

1節 心理社会的ストレスモデル　1
1．心理社会的ストレス／1
2．認知的評価―刺激に対する受けとめ方や構え／3
3．コーピング―ストレスに対する対処や工夫／4

2節 ストレスマネジメント　5
1．ストレスマネジメントの内容／5
2．ストレスマネジメントの対象／6
3．ストレスマネジメントの方法／7
4．ストレスマネジメントの基本―構えと体験の自己コントロール／8

3節 ストレスマネジメント教育　9
1．ストレスマネジメント教育の必要性／9
2．ストレスマネジメント教育の内容／10
3．ストレスマネジメント教育の効果／11
4．ストレスマネジメント教育モデル／12

2章 子どものためのストレスマネジメント教育 ……………………………………… 15

1節 子どものストレスとストレスマネジメント　15
1．子どものストレスの現状／15
2．子どものためのストレスマネジメント／17

2節 学校におけるストレスマネジメント教育への取り組み　18
1．スウェーデンの例／18
2．アメリカの例／19
3．日本の例／20

3節 「総合的な学習の時間」を活用したストレスマネジメント教育システム　21

4節 学校におけるストレスマネジメント教育の意義　22
1．健康のためのライフスキルの観点から／22
2．健康生活の基礎となる主体的な自己活動の観点から／23
3．「総合的な学習の時間」の観点から／24

5節 ストレスマネジメント教育実施上の留意点　26

3章 伝統的ストレスマネジメント技法 ………………………………………………… 29

1節 動作によるストレスマネジメント技法　29
1．漸進性弛緩法／29
2．呼吸法／31
3．バイオフィードバック法／33
4．動作法／35

2節 イメージによるストレスマネジメント技法　37
1．自律訓練法／37
2．イメージ法／39
3．暗示法／41

3節 ソーシャルサポートによるストレスマネジメント技法　43

        1．コミュニケーションスキル法／43
        2．ソーシャルサポート／45

4章　動作法に基づくストレスマネジメント教育の展開 …………………………47

　1節　動作法の歴史　47

　2節　動作法の理論　49

　3節　動作法の展開　51

　4節　ストレスマネジメント教育展開の経緯　53

　5節　動作法に基づくストレスマネジメント教育の目的　55
        1．学校ストレス介入モデル／55
        2．ストレスマネジメント教育研究の不備／56
        3．動作法に基づくストレスマネジメント教育のねらい／58

　6節　ペア・リラクセーションによるストレスマネジメント教育の効果　60
        1．肩の上下プログラムの概要／60
        2．ペア・リラクセーションにおける体験とその効果／60
        3．ペア・リラクセーションがストレスにならないための条件／63

5章　動作法に基づくストレスマネジメント教育プログラム …………………………67

　1節　準備段階　67
        1．背伸びなどの動作／67
        2．ホッとする姿勢／68
        3．構えの姿勢／68

　2節　肩の上下プログラム　69
        1．セルフ・リラクセーション／70
        2．ペア・リラクセーション〈ステップⅠ：声かけだけでの援助〉／71
        3．ペア・リラクセーション〈ステップⅡ：そっとふれる動作援助〉／72
        4．ペア・リラクセーション〈ステップⅢ：やさしく押さえる動作援助〉／73
        5．ペア・リラクセーション〈ステップⅣ：少し強めに押さえる動作援助〉／74
        6．ペア・リラクセーション〈ステップⅤ：腕をしっかり支える動作援助〉／75

　3節　肩の反らせプログラム　76
        1．セルフ・リラクセーション／76
        2．ペア・リラクセーション〈ステップⅠ：声かけだけでの援助〉／77
        3．ペア・リラクセーション〈ステップⅡ：肩に指でふれての援助〉／78
        4．ペア・リラクセーション〈ステップⅢ：肩をしっかりやさしく援助〉／79
        5．ペア・リラクセーション〈ステップⅣ：肩をしっかり支える援助〉／80

　4節　プログラム実施上の警告　82

6章　小学校におけるストレスマネジメント教育の実際 …………………………83

　1節　小学校でのストレスマネジメント教育指導案　83
        1．単元設定の理由／83
        2．単元目標／84
        3．指導計画／84
        4．指導案／84
        5．展開例（逐語）／85

　2節　小学校での実践と効果　86
        1．調査材料／87
        2．手続き／87
        3．調査結果／88
        4．他の小学校におけるストレスマネジメント教育の展開／94

　　　　5．考　察／96

7章　中学校におけるストレスマネジメント教育の実際 …………97

1節　ストレスマネジメント教育を行なうための学校環境　97
2節　クラス活動を活用したストレスマネジメント教育の指導案　99
1．単元設定の理由／99
2．単元目標／100
3．指導計画／101
4．指導案／101

3節　授業実践と効果　103
1．実践の概要と効果測定の内容／103
2．ロング・ホームルーム直後の効果／104
3．ショート・ホームルームでの継続効果／105
4．ストレス対処法の活用／108
5．今後の課題／109

8章　保健室とストレスマネジメント教育 …………111

1節　保健室から広げるストレスマネジメント教育　111
1．本校の概要／111
2．保健室からみる子どもの実態／111
3．ストレスマネジメント教育の全体計画／112
4．児童をとりまく大人たちへのはたらきかけ／112
5．児童へのはたらきかけ（指導案）／114
6．考　察／121
7．今後の課題／122

2節　保健委員会活動とストレスマネジメント教育　122
1．本校の概要／123
2．ストレスマネジメント教育導入の契機と意義／123
3．生徒保健委員会の活動をスムーズに推進するための手だて／123
4．「心の健康」についてのアンケート調査とその活用／124
5．保健委員会活動計画の推進について／126
6．ストレスマネジメント活動を通してみられた変容／133
7．全体的な考察と今後の課題／135

9章　運動部におけるストレスマネジメント教育の実際 …………137

1節　中学校での実践と効果　137
1．ストレスマネジメント教育を実践するにいたった経緯／137
2．男子バスケットボール部における漸進性弛緩法の指導／139
3．運動部活動におけるストレスマネジメント教育の新たな展開／142
4．結果と考察／146
5．反　省／146

2節　高校での実践と効果　147
1．ストレスマネジメント教育導入のための準備段階／147
2．「競技力向上」のためのストレスマネジメント教育の適用／150
3．「自己実現」のためのストレスマネジメント教育の適用／153
4．実践のまとめと今後の課題／160

10章　スクールカウンセラーとストレスマネジメント教育 …………161

1節　ストレスマネジメント教育を通した教師・生徒とのかかわり　161
1．スクールカウンセリングの新しい動向とストレスマネジメント教育／161
2．教師研修でのストレスマネジメント教育の実践／163

3．生徒へ向けてのストレスマネジメント教育の実践／166
4．授業のようすと実施後の感想／168
5．まとめ／170

2節 カウンセリングルームを活用したストレスマネジメント教育　170
1．スクールカウンセラーを活用する生徒や教職員の広がり／171
2．YOUR ROOM（ゆ〜る〜む）で肩凝り予防教室／177
3．全員が行なわなくてもよいストレスマネジメント教育／179

11章　教師のためのストレスマネジメント教育　……………………………181

1節　ストレスマネジメント教育を考えるようになったもうひとつの理由　181
1．教師のストレス／181
2．教師による体罰／183
3．傷ついている教師／185

2節　教師研修プログラムとその効果　186
1．プログラムの概要／186
2．教師研修の効果／188
3．研修中に伝える注意事項／190

12章　学校全体で取り組むストレスマネジメント教育　……………………193

1節　ストレスマネジメント教育の研究構想　193
1．体育科としての取り組み／193
2．校長・教頭の理解／194
3．教員の研修／194
4．教育課程上の問題の解決／195
5．ストレスマネジメント教育の広がり／195

2節　実践化に向けての課題　196

3節　学年での取り組みの実際　198
1．ねらい／198
2．実践への手続き／199
3．実践例／199

4節　総合的な学習におけるストレスマネジメント教育　202
1．「総合的な学習B」（附属セミナー）の実際／202
2．研究公開授業／203

5節　保護者への取り組み　205
1．日曜保護者参観日／205
2．PTA講演会におけるストレスマネジメント教育／206

6節　成果と課題　207
1．成　果／207
2．課　題／207

文献一覧／209
事項索引／214

展開編・目次紹介
1章　心の教育とストレスマネジメント教育
2章　スクールカウンセリングとストレスマネジメント教育
3章　「いじめ」防止とストレスマネジメント教育
4章　学業成績とストレスマネジメント教育
5章　アサーショントレーニングとストレスマネジメント教育
6章　解決イメージカウンセリングとストレスマネジメント教育
7章　キレる少年へのストレスマネジメント教育
8章　危機介入としてのストレスマネジメント教育
9章　親のストレスマネジメント教育
10章　ストレスマネジメント教育の効果の検証
終章　座談会：教育現場におけるストレスマネジメント教育の展開

1章　ストレスマネジメント教育の概要

　ストレスマネジメント教育とは，ストレスに対する自己コントロール能力を育成するための教育援助の理論と実践である。もともとストレスとは物理学に由来することばで，物質に対して外的な圧力が加えられた状態をさすことばであったが，現在では人が嫌悪的あるいは脅威的であると感じる刺激や出来事（ストレッサー）と，それによって引き起こされる心身の変化（ストレス反応）とを包括的に表現することばとして用いられている。本章では，まず心理社会的ストレスモデルについて簡単に説明し，ストレスに対する予防を目的とした健康教育という観点からストレスマネジメント教育について概説する。

1節　心理社会的ストレスモデル

1. 心理社会的ストレス

　物理学的な歪みを示すことばであったストレス（stress）を，生理学者セリエ（Selye, 1936）が「外部刺激（stressor）に対応して生じる生体内のひずみ状態で非特異的に示される汎適応症候群（general adaptation syndrome：GAS）」として生理学の領域で用いるようになってすでに50年以上がたつ。彼のストレスの概念は「生体に生じる生物学的歪み」という観察可能な生理学的現象を示していたが，現在ではストレッサーの生起から心身の疾患にいたるまでの心理社会的ストレスの発生メカニズムに関心が寄せられている。その代表的な研究は，ホームズとレイエ（Holmes & Rahe, 1967）によって行なわれた「ライフイベントストレス（life events stress）」研究と，ラザラスとフォルクマン（Lazarus & Folkman, 1984）の「デイリーハッスル（daily hassles）」研究である。

　ホームズとレイエは，ストレスを日常生活上のさまざまな変化に再適応するために必要な労力ととらえ，社会的再適応評定尺度（social readjustment rating scale）とよばれるストレス尺度を作成した。これはストレッサーによって生じるストレスの数量化を試みたものである。具体的には，5,000人以上の人を対象に，発病に先行して経験した日常生活に大きな変化をもたらすような出来事（ライフイベント）を調査し，表1-1に示すようなストレス疾患の発症に影響するストレス強度を標準化したのである。この表によると配偶者の死を最高の100，以下結婚は50，妊娠40，勤務時間や労働条件の変化20，学校生活の変化（転校）20というように，生活上の出来事に適応するためにはそれに応じた労力を要することになる。ホームズらは1年間に経験したライフイベントの評点を合計して，得点が150点以下なら翌年に深刻な健康上の変化が起きる確

率は約30％以下，150〜300点ではほぼ50％，300点以上ならば80％に近い確率で健康障害が生じるとしている。つまり，彼らは病気になる前にライフイベントが集中的に増加する傾向を見いだし，標準化したストレス尺度によって個人の健康に及ぼす影響や疾患を予測しようとしたのである。このようなアプローチの有用性が保証されるのは，病気になる確率を知らせるためにではなく，実生活の中でストレスに対する予防措置の必要性を気づかせるための指標としてそれが利用される場合である。なぜならば，真に赤ちゃんを望んでいる女性にとっての妊娠とそうでない女性の妊娠ではストレス強度が異なるというように，ライフイベント自体が個人にとって異なる意味をもっており，スコアを単に合計してストレスを定量化するのは単純すぎるといえる。しかも，大きなストレスにさらされても大丈夫な人もいれば，ささいなストレスでダメージを受ける人もいるというように，ストレス発生に対しての個人差がある。ホームズらは，ライフ

表1-1 社会的再適応評定尺度（Holmes & Rahe, 1967）

ライフイベント	ストレスポイント	ライフイベント	ストレスポイント
（1）配偶者の死	100	（23）子どもが家を離れること	29
（2）離婚	73	（24）親戚とのトラブル	29
（3）夫婦の別居	65	（25）個人的な成功	28
（4）服役	63	（26）妻の就職や退職	26
（5）近親者の死	63	（27）就学・卒業	26
（6）けがや病気	53	（28）生活条件の変化	25
（7）結婚	50	（29）個人的習慣の変更	24
（8）失業	47	（30）上司とのトラブル	23
（9）夫婦の調停	45	（31）労働条件の変化	20
（10）退職	45	（32）転居	20
（11）家族の健康状態の悪化	44	（33）転校	20
（12）妊娠	40	（34）レクリエーションの変化	19
（13）性的困難	39	（35）教会活動の変化	19
（14）新たな家族の増加	39	（36）社会活動の変化	18
（15）仕事上の再適応	39	（37）少額のローン	17
（16）経済状態の悪化	38	（38）睡眠習慣の変化	16
（17）親しい友人の死	37	（39）団らんする家族の数の変化	15
（18）転職	36	（40）食習慣の変化	15
（19）夫婦の口論回数の増加	35	（41）長期休暇	13
（20）多額のローン	31	（42）クリスマス	12
（21）担保，貸付金の損失	30	（43）ささいな法律違反	11
（22）仕事上の責任の変化	29		

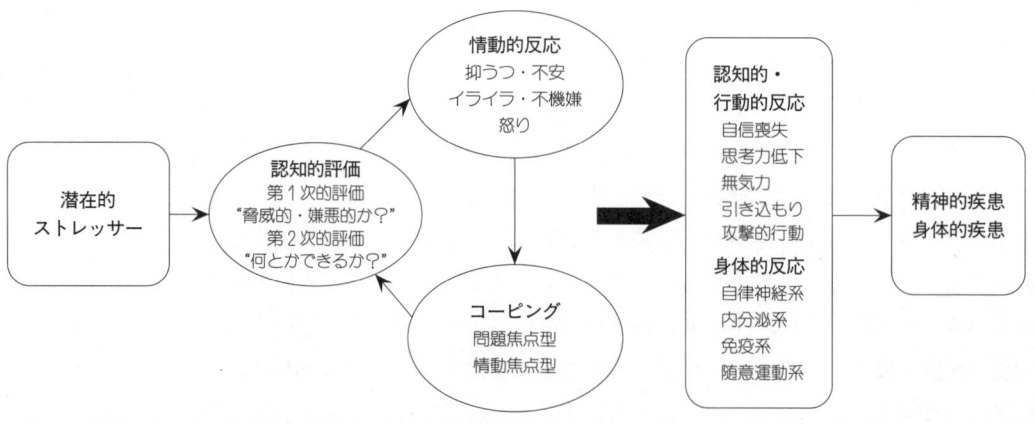

図1-1　ラザラスとフォルクマンの心理社会的ストレスモデル（岡安，1997より一部改変）

イベント経験そのものがストレス反応の規定要因であると仮定しているが，ライフイベントだけでストレス反応や疾患を予測することはできないのである。

これに対してラザラスとフォルクマンは，出来事に対する認知的評価やコーピングという個人の構えや心理的活動によってストレス反応が規定されると仮定している。図1-1は，岡安（1997）を参考にしてラザラスらによって提唱された心理社会的ストレスモデルを簡略化したものである。この図に基づいてどのようにストレス反応が引き起こされるかを次に説明してみよう。

2．認知的評価ー刺激に対する受けとめ方や構えー

私たちは日常生活の中でさまざまな刺激や出来事に遭遇する。それがストレッサーになるか否かは，生活全般に対する個人の構えや，その刺激や出来事に対する個人の受けとめ方による。ラザラスらはその構えや刺激に対する受けとめ方を「認知的評価」とよんでいる。この認知的評価には第1次的評価と第2次的評価がある。たとえば，試験で悪い点数をとったとしても，その生徒が成績に関してまったく無頓着であれば，それはストレッサーにはならない。しかし，よい成績をとることに必死になっている生徒には，それは脅威的あるいは嫌悪的なものとして受けとめられ，気分の落ち込みや不安，あるいはイライラなどの情動的反応の生起につながる場合がある。このように刺激や出来事が個人にとってどのくらい脅威的であるかどうかの判断が，第1次的評価とよばれるものである。ある出来事が脅威的あるいは嫌悪的に受けとめられ，それに付随してネガティブな情動反応が生じるときに，初めてその出来事は個人にとってストレッサーになり得るのである。一方，試験は嫌だけれども，試験まではあと何日あってこのように準備すれば何とか対処できるという見通しをもっている生徒もいれば，どうにもしようがないと困り果ててしまう生徒もいる。このように刺激場面に対処できるかどうかの判断が，第2次的評価とよばれるものである。

ラザラスらの心理社会的ストレスモデルでは，ストレスは外部から与えられた刺激や出来事に対して一義的に生じるのではなく，個人の判断過程を経た結果として生じるととらえられるのである。つまり，私たちにとってはあらゆる刺激や出来事が潜在的なストレッサーであり，そのうちどのような出来事がストレッサーになるかは，判断過程にかかわるその個人の構え，価値観，生活のしかた，体調など，個人的要因によって異なるのである。たとえば，学業成績に価値を見いだしている生徒には悪い成績をとることがストレッサーになり，友人関係を重視している生徒には友だちからのなにげない批判や無視が強烈なストレッサーになる。また，教師との人間関係に敏感な生徒にとっては教師からのちょっとした叱責がストレッサーになり得るのである。つまり，同一の刺激や出来事が，ある人にはストレスを引き起こして，ある人には影響しないと

いうことになる。同一個人内でも，時と場合によって認知的評価に違いがみられる。いつもは笑ってすますことができる出来事やささいな冗談に対して，ついカッとなってしまうといったようなことは多くの人が経験することである。認知的評価は個人的要因に加えて，環境的要因にも影響を受ける。たとえば，よい成績をあげなければいけないと思い込んでいる生徒にはそうした内的要因に加えて，周囲からの過度の期待や叱咤激励はストレスを強めるはたらきがあるだろうし，出題範囲が不確定であったり，試験の期日があいまいだと，対処について見通しが立てにくいのでますますストレスが高まることになる。

3．コーピング―ストレスに対する対処や工夫―

私たちはストレッサーに直面すると，そのネガティブな情動反応を軽減するためにさまざまなことを試みる。そのような試みはコーピング（coping）とよばれている。コーピングは，「問題焦点型」と「情動焦点型」に大別される。前者は，情報を収集して問題の所在を明らかにし，問題そのものを解決しようとする試みをさしている。一方，後者は直面している問題にとらわれないように，気晴らしをしたり，問題から一時的に避難したりして，ネガティブな情動状態を軽減しようとする試みである。ストレス社会とよばれる現代社会においては，自分の能力と置かれた状況に応じて問題焦点型コーピングをとったり，情動焦点型コーピングを選択できるようになることが，ストレスに強くなるということに他ならない。問題焦点型コーピングがうまく機能すれば問題解決が図られるし，情動焦点型コーピングが機能すれば，問題は解決されなくても，問題を抱えながらもネガティブな情動反応が高まらないのでストレスは軽減される。しかし，コーピングがうまく機能せずにストレスが慢性的に持続すると，心身がそれに耐えられなくなってさまざまな問題が発生する危険性が高くなる。心理的には自信喪失，思考力低下，無気力などがみられるようになり，行動的には引き込もりや攻撃的行動が現われやすくなる。身体的には，自律神経系，内分泌系，免疫系，随意運動系に乱れが生じやすくなる。とくに自律神経系の生理的反応はストレスの兆候として現われやすく，ストレス状況で汗をかいたり，心臓の鼓動が強くなったり，呼吸が速くなったり，胃が痛くなったりということはよくみられる現象である。このような兆候は，ストレスが慢性的であるか否かにかかわらずストレス状況における人の自然な反応であり，本来はストレスを知るためのサインとして活用できるものである。また，ストレスにさらされると不安や緊張から随意筋が過度の緊張状態になり，それが続くと慢性緊張となって肩凝りや腰痛などの随意運動系の身体反応もきわだってくる。こうした随意運動系の身体反応は，これまでのストレス研究では見落とされがちであったが，自律神経系の身体反応と同様にストレスに気づくためのサインとして有用である。ただし，それらが高じると心身症に代表される身体疾患に陥る危

険性が高くなると考えられる。

　以上のようにラザラスらの心理社会的ストレスモデルは，心理的ストレスの発生メカニズムを包括的に理解し，ストレス反応や症状の改善・消失を目的としたストレスマネジメントを実行する際に事実を事柄に即してつぶさにながめることができるし，対処のタイミングや方法を決定するうえでも有効である。

2節　ストレスマネジメント

1. ストレスマネジメントの内容

　ストレスマネジメントという用語は，ストレスを阻止・軽減するための対応策と具体的介入という意味で使用されることが多いが（児玉，1988；佐藤・朝長，1991など），最近ではストレスに備える「予防措置」としての意義が注目されるようになってきた。児玉（1988）は，前述したラザラスらの心理社会的ストレスモデルに準拠して，ストレスマネジメントの介入時期を3段階に分けて各段階の対応策を指摘している。その第1段階は，刺激に対するマネジメントであり，環境調整によってストレッサーとなるような外的刺激を制限することである。第2段階は，個人の認知的評価に関するマネジメントであり，認知的評価に影響する要因に対して対応策を講ずるものである。たとえば「長男（女）だから～してはいけない」「教師だから～でなければならない」といったような社会文化的規範に対する自己の受けとめ方や構えがストレスを引き起こしている場合には，カウンセリングによって受けとめ方や構えが変わるように援助し，結果的にストレス緩和をめざす。また，自律訓練法や漸進性弛緩法，バイオフィードバック法，あるいは禅やヨーガなどの伝統的技法に取り組み，個人の生活様式や体験様式を変えることによってストレス反応をはばむことを目的とする。第3段階は，コーピング方略の獲得や修正を目的としたマネジメントである。これには前述した問題焦点型コーピングと情動焦点型コーピングがある。前者は直面する問題を整理し，環境に積極的にはたらきかける方略であり，後者は自己の情動コントロールをめざす方略である。児玉は，問題焦点型方略は心身症と負の相関があることから，問題焦点型コーピング行動の獲得がストレスマネジメントに有効であると指摘している。カウンセリングを例にあげれば，「何があったら，うまくいきそうか？」「どういう条件が可能になったら，大丈夫そうか？」といった問題解決志向的アプローチは問題焦点型コーピングに相当し，傾聴によるカタルシス効果は情動焦点型コーピングにあたる。彼の指摘した3段階に加えて，生起してしまったストレス反応の消去・軽減を目的とする第4段階があるのはいうまでもないことである。この段階では主としてリラクセーション技法が適用される。このように，「ストレッサー → 認知的評価 → コーピング → ストレス反応」という心理的ストレス過程に応じて，介入とそ

の具体的方法が考えられるのである。

　いずれの段階においても，ストレスマネジメントに取り組む際に重要なことは，ストレスをなくすことではなくストレスと上手につきあえるようになることである。つまり，ストレスをなくすことではなく，ストレスの程度が一定の幅でおさまり，安心して生活できるように自己コントロールができるようになることである。なぜならば，私たちの生活の中にはありとあらゆる潜在的ストレッサーがあり，生きていくうえでこれらを完全に排除することなどあり得ないことだからである。しかも，ストレス自体が必ずしも害を及ぼすとは限らない。たとえば，ある人にとっては「試験を受ける」ということがストレッサーとなって，緊張感や焦燥感をともなうさまざまなストレス反応をもたらす。受験の前には，「よい成績をとらなければいけない」「親や友だちによく思われたい」などと，受験に付随したいろいろな思いが入り乱れてストレスレベルを高めてしまう。しかし，受験の準備を進めていくうちに，「いまの自分の能力でできる範囲で最後まで全力をつくそう」と思い直すことができると，ストレスは低下してくる。しかも，苦しい受験を乗り切ったときには達成感や充実感があり，次のストレスフルな状況に対しても自信がついてくる。そうなると，「試験を受ける」ということは有益なストレスとして機能したことになる。つまり，これから遭遇するいろいろな出来事や状況に対してどのように受けとめるかという気持ちのもち方や，生活全般に対する構えがストレスマネジメントには重要なのである。

2. ストレスマネジメントの対象

　ストレスマネジメントの適用は，ある特定の疾患やそれに付随して生じるストレス反応に対する臨床的介入から，学校や職場において生じる健康な人のストレスに対する介入まで多岐にわたる。大別すると，臨床場面と日常生活場面に分けられる。坂野ら（1995）によれば，臨床場面での適用は，症状の緩和を目的としたもの，慢性疾患などとうまくつきあっていくための副次的手段としてのもの，医療機関における補助的手段としてのものに分けられる。症状緩和を目的としたストレスマネジメントの対象となる疾患には高血圧症，偏頭痛，過敏性腸症候群，アトピー性皮膚炎などがあり，リラクセーション状態の獲得を目的としてバイオフィードバック法やリラクセーション技法が用いられる。ガンなどの慢性疾患に対する副次的手段としてはリラクセーション技法などが適用され，患者の不安や抑うつをコントロールする目的からストレスマネジメントが行なわれている。補助的なものとしては，歯科治療の促進や手術前の不安軽減の目的でリラクセーションや音楽が用いられている。また，坂野らは学校場面における適用例をあげているが，それによると，学校場面においては多動（Parrott, 1990）や学業不振（Decker, 1987）などの不適応や問題行動を引

き起こしている児童・生徒に対する個別的介入が主である。つまり，臨床場面においても日常場面においても従来のストレスマネジメントは，治療的な立場から積極的にストレス反応の軽減や症状の改善を目的として個別介入的に行なわれてきたのである。

　上述したように治療的なケアを必要としたり，特定の問題行動を呈している人に対しては緊急に個別介入的なストレスマネジメントが適用されなければならない。一方，ストレス社会とよばれるようになった現代社会において，気分が落ち込んだり，やる気が（ないのではなく）わかなくなったり，他人からみるとどうでもよいささいなことに神経質になったり，将来に不安を感じたりすることは日常茶飯事である。老若男女を問わず，いつも心穏やかで安定した状態を保つことはむずかしく，多少の動揺はだれもが経験している。そのためにも今後は子どもから高齢者までを対象にして，ストレスに対する予防措置としてのストレスマネジメントが必要なのである。

3. ストレスマネジメントの方法

　坂野ら（1995）はAPA（American psychological association）から提供されているデータベースを検索し，1982年～1993年の12年間に発行された書籍や雑誌論文の中から"stress management"という語句が用いられている研究を調べ，計839件の書籍と論文があったことを報告している。その中では大人を対象にした研究が圧倒的に多く，実施場面では臨床場面がもっとも多かった。適用されている技法を分類すると行動的技法を用いている研究が半数以上を占め，それに引き続き，運動処方，家族への介入，カウンセリング一般，薬物療法の順になっていたことを報告している。その場合の行動的技法とは，リラクセーション，バイオフィードバック法，認知技法，系統的脱感作法，社会的スキル訓練などである。臨床場面で適用されているストレスマネジメント技法となると，カウンセリングや薬物療法なども含まれてくるが，パテル（Patel, 1989）はだれもが自分で実行可能な具体的なストレスマネジメント技法として，彼の臨床経験から得られた方法を表1-2のように紹介している。

　パテルのストレスマネジメント技法を主体的な自己活動という観点で分類すれば，コミュニケーションも含めてすべての技法は「動作」と「イメージ」を基礎にした「構え」と「体験」を扱っていることに他ならない。なぜならば，ここでいう動作とは，3章で述べているように「意図 → 努力 → 身体運動」という心理的過程をさしており，(1)呼吸法や(2)身体的リラクセーションは，意図どおりに身体をゆるめたり緊張させたりするということであるから動作を扱っていることに他ならないし，(7)体力の改善も動作に基づいている。(3)精神的リラクセーションは主にリラクセーションに引き続くイメージを媒体としており，(5)認知的ストレスマネジメント方略や(6)ライフスタイルは構えの問題であ

表1-2　パテルによるストレスマネジメント技法の分類（Patel, 1989）

方　　法	具　体　例
（1）呼吸法	腹式呼吸法（仰向け姿勢，うつ伏せ姿勢），二者択一鼻孔呼吸法など
（2）身体的リラクセーション	漸進性弛緩法，自律訓練法，ヨーガのリラクセーション，バイオフィードバック法など
（3）精神的リラクセーション	東洋的行法，瞑想法，アレキサンダーテクニック，イメージ法など
（4）コミュニケーションスキルの向上	自己主張訓練，怒りのコントロール法など
（5）認知的ストレスマネジメント方略	気づき，積極的セルフ・トーク，問題解決スキルなど
（6）栄養と健康的なライフスタイルの確立	栄養摂取，体重コントロール，禁煙など
（7）体力の改善	ウォーミングアップ体操，ウォーキング，ジョギングなど
（8）ソーシャルサポート	情動的支援，物質的支援，情報的支援，評価的支援など
（9）対人スキル	敵意攻撃タイプへの対処法，不平不満タイプへの対処法など

る。言語を媒体とする(4)コミュニケーションスキルの場合でさえ，神田橋（1984）が指摘するようにことばは本来イメージの集合体とみなすことができるし，(8)ソーシャルサポートや(9)対人スキルの実際のトレーニング場面では想定されたある対象や状況をイメージし，それに対して実際の動作や，イメージの中の動作ではたらきかけるという構造になっているからである。私たちが日常生活の中で気分転換やストレス発散のために経験的に用いているいろいろな方法や工夫も，構え，動作，イメージに集約できる。というのは，動物であるひとの本質的な特徴は「動く」ことであり，当の本人が意識する・しないにかかわらず，ひとは構えやイメージに基づいて動く存在であり，その主体的活動を分類すれば構え，動作，イメージに関連することになるのである。

4. ストレスマネジメントの基本―構えと体験の自己コントロール

　各種のストレスマネジメント技法に共通する基本的な特徴は，動作とイメージによる構えと体験の自己コントロールである。このことについて，いま少し述べることにしたい。本来，ひとは望ましい体験をすることによって成長する。ここでいう望ましい体験とは，当人にとってgoodな体験ということだけではなく，時にはbadな体験も含む。というのは，badな内容の体験であっても，それに対して活動の主体である自己がまきこまれず，落ち着いて構えることができれば，体験内容そのものはbadであっても動揺せずに安定して対応できるからである。したがって，badな体験内容であっても構えとそれに基づく体験のしかたによって，自己安定感，自己存在感，自己制御感，自己効力感など，自己に関わる新たな体験の可能性を秘めていることになる。そうなると，badな体験はもはやbadな体験ではなくなる。つまり，体験内容が問題なのではなく，体験のしかたが問題なのである。実際，体験によって生き方が変わることは周知のことである。だからといって必ずしも望ましい方向に生き方が変わるとは限らない。仮に同じ体験内容であったとしても，体験の主体である自己の構えとそれに基づく体験のしかたによって，体験そのものが効果的に作用する

こともあれば，それとは逆の影響を及ぼすこともあるからである。成瀬(1988)は，代表的な心理治療論である精神分析理論の洞察原理と，行動療法における行動原理に検討を加え，いずれにも共通する基本的な治療原理として「体験原理」を提唱している。それによれば，体験は心理治療上，より基本的できわめて重要な要因であるが，「同じ内容のものでも，その時の当人の受け取り方，体験の仕方が変われば，彼の体験はまるでその様相を異にしてしまう」のであるから，治療上必要な体験が促進されるか，阻害されるかは構えと体験のしかたにかかわっているといえよう。このことは心理治療にあてはまるだけではなく，私たちの日常生活全般に適用されることである。

　私たちの周囲にはさまざまな潜在的ストレッサーがあるが，それに惑わされるかどうかは，ストレッサーに対する自己の構えと体験のしかたにかかわっているのである。現在の心理社会的ストレス研究の中では，外的刺激や外界の出来事にいかに対処するかということが重視されている。ひとは社会的な存在であるのだからそのようなアプローチは重要なことである。しかし，基本的には自己が存在してはじめて外界にはたらきかけたり，外界から影響を受けたりするのであるから，まず自己の構えや体験のしかたという主体的活動の観点からストレスマネジメントをとらえることが必要かつ重要である。

3節　ストレスマネジメント教育

1. ストレスマネジメント教育の必要性

　私たちは，毎日の生活の中で自分なりのストレスマネジメントをしている。たとえば，イライラしたりムカムカしたときに，深呼吸をしたり，散歩をしたり，好きな音楽を聴いて気晴らしをするといったことをよく耳にする。しかし，それは時には不十分だったり，かたよっていたりすることもある。というのは，その方法が不完全であるというだけではなく，人によっては自分にストレスがあることさえ気づいていないことがあるからである。その典型が「タイプA」や「アレキシシミア」といわれるものである。タイプAは競争心が強く，せっかちで，周囲からの是認を気にし，精力的に仕事をこなす性格傾向を示すことばであり，冠状動脈性心臓疾患を起こしやすいとされている (Friedman & Rosenman, 1974 ; Matthews et al., 1977)。またアレキシシミアは心身症研究で注目されている概念で，情動を表わすことばが欠けているという意味から日本語では「失感情症」とよばれており，みずからの感情表現が困難であり，ファンタジーや夢に乏しいという特徴がある (Sifnios, 1975)。タイプAは行動主義的心理学を，アレキシシミアは精神分析学を背景に生まれてきたものであるが，田嶌 (1989) は「アレキシシミアもタイプAも共に，彼らの心的構えがもっぱら現実・外界にしっかりと固定されており，自らの精神内界もしくはイメ

ージ界に向かいにくいのである。そのためにストレス状況やストレス反応の認知が困難になり，身体が無理をしてしまうという面があるものと考えられる」と述べている。このような人には臨床的介入としてのストレスマネジメントが必要であることはいうまでもないことである。しかし，アレキシシミアやタイプAとまではいかないが，強迫傾向をその特徴とする現代社会においては，成田（1991）が指摘するように「全てを所有し，支配し，コントロールしようとする強迫性を背景に，身体をひとつの道具と見なして支配しコントロールしようとする傾向が強くなり」，心身のストレス反応に気づけない大人や子どもが多くなっているのではないかと考えられる。それゆえ，子どもから高齢者までを対象に，ストレスの予防を目的としたストレスマネジメント教育が必要になるのである。

2. ストレスマネジメント教育の内容

ストレスマネジメント研究の中ではストレス性疾患の改善を目的とした治療的介入モデルに基づく研究が中心であり，予防を重視したストレスマネジメント教育の必要性が指摘されるようになったのは最近のことである。竹中(1997)は，ストレスマネジメント教育を「ストレスの本質を知り，ストレスに打ち勝つ手段を習得することを目的とした健康教育である」とし，その内容として「ストレッサー（社会的心理的ストレス源）への気づき，ストレス事態での生体反応（ストレス反応）への気づき，ストレス反応を抑える技法の習得」という3要素をあげている。この指摘は，ストレスマネジメント教育を健康教育の範疇でとらえているのが特徴であり，その点は従来になかった発想として評価できる。しかし，ストレス対処法を習得しても実際に生活の中でそれが活用されなければ，予防としての効力は発揮されにくくなる。

そこで本書では，ストレスに対する予防を目的とした健康教育という観点に立ち，ストレスマネジメント教育をストレスに対する自己コントロールを効果的に行なえるようになることを目的とした教育的なはたらきかけと定義する。その内容は図1-2のような段階からなるものとする。

心身のストレス反応に気づかなければ予防の必要性も認識されにくいのであるから，心身のストレス反応に気づくようになることが重要である。そのためにもストレスマネジメント教育の第1段階は前述した心理社会的ストレスモデルに応じてストレス概念を知ることになる。次に，自分にとってのストレッサーや自分自身のストレス反応に気づくことが第2段階になる。自分にとってのストレッサーを知り，その到来を予測でき，しかもストレッサーを制御できることがわかれば，ストレスの度合いは低下するからである（Weiss, 1972）。

第1段階	ストレスの概念を知る
第2段階	自分のストレス反応に気づく
第3段階	ストレス対処法を習得する
第4段階	ストレス対処法を活用する

図1-2　ストレスマネジメント教育の内容

さらに，自分の心身のストレス反応を軽減する対処方法を習得する第3段階に進む。従来のストレスマネジメント教育では，この段階の具体的な対処方法として主にリラクセーション技法が導入されることが多く，それに取り組むことによって心身のリラクセーションを実感できるようになる。そうなるとストレス反応が軽減されるだけではなく，日常生活の中でも心身の変化が生じるようになり，その変化にも気づけるようになる。このような体験が多ければ多いほど，第4段階ではストレスマネジメント教育のための特定の場所や時間から物理的に離れても，習得したストレスマネジメント技法を日常生活の中でひとりで活用するようになる。つまり，日常生活の中でストレスに対して主体的に対処することができるように生き方が変わってくるのである。ストレスマネジメント教育で学習した知識と体得した方法が活用されるようになると，それまで気づいていたストレス反応のほかにも生活状況に応じてさまざまなストレス反応があることに気づくようになる。そうなると，必要に応じて積極的にストレスをコントロールできるようになり，その結果として日常生活が自然と少しずつ改善されていくようになる。

　ここで重要なことは，ストレスマネジメント能力は学習によって身につけることができるということである。もちろん，学習者の発達段階や生活環境等に応じて第1段階から第4段階までの指導内容が工夫され，配慮されなければならないのはいうまでもない。

3．ストレスマネジメント教育の効果

　ストレスマネジメント技法の効果自体はすでに臨床場面で明らかにされているので，いまさらその詳細を述べることは差し控えるが，ストレスマネジメント教育の効果はその本来の目的に応じて表1-3のようになる。

　本書では，子どものためのストレスマネジメント教育を取り扱っており，基礎編では子どもたちのストレス反応の軽減や日常生活上の改善例が示されている。また，展開編ではいじめや不登校の減少，学業成績の向上などが取り上げられている。教育実践に基づいたこれらの成果は，現在，社会的な問題になっているさまざまな心理的問題行動を解決するための糸口になるものであり，今後ストレスマネジメント教育が展開される際に，理論的な拠り所として位置づけられるであろう。しかし，その教育効果を評価する際にもっとも重視すべき点は，子どもにかかわらずストレス対応策を学習した人たちが，習得したストレス対処方法を生活の中で活用するようになるかどうかということである。臨床的アプローチの中でさえしばしば観察されることであるが，たとえば不安や過緊張，それにともなう焦燥状態の中で心身の不調に陥っている患者は，その症状を改善するためにストレスマネジメント技法に積極的に取

表1-3　ストレスマネジメント教育の効果

1. ストレス概念の理解
2. ストレス反応に対する気づき
3. ストレス対処法の習得
4. ストレス対処法の活用
5. ストレス反応の軽減
6. 日常生活上の改善

り組むが，症状が消失するとそれをまったく継続しなくなる場合がある。患者にとっては症状をなくすことが目的だから，症状がなくなるとストレスマネジメント技法に積極的に取り組まなくなるということは理解できなくもないことである。しかし，なかには二度と病気になりたくないという思いから，症状消失後も訓練を継続している人もいれば，調子が悪くなりかけるとその必要性を感じて治療中に実践していた訓練を再開するという人もいる。彼らは身をもってその効果を理解し，予防のためのストレスマネジメントの必要性を実感している人たちである。きわだったストレス反応を呈しているわけではないが，ストレスマネジメント教育のあとに，学習したことを日常生活の中で生かすようになるということは，その教育の中で得た体験がそれだけ意味があったということに他ならない。そういう点からすると，習得したストレス対処方法を，毎日あるいは必要に応じて，日常生活の中で活用するようになったかどうかが，ストレスマネジメント教育の効果を検討する際の重要な指標になるのである。

4．ストレスマネジメント教育モデル

　ザイコフスキー（Zaichowsky, 1996）によれば，北米では，労働者が健康であれば生産力は向上し，社員の健康に関して費やす経費も減少するという経済効率の観点から，1970年代から各企業が労働者のストレスマネジメント対策に資金を投じてきた。しかし，1980年代後半から現在にいたるまで，景気後退のあおりを受けた企業では，余剰労働者を次つぎに解雇しはじめ，労働者の心身の健康対策は後回しにされるようになったという。一方，健康教育という観点に立ったストレスマネジメント教育は，2章でふれているように，学校教育の領域ではむしろ盛んになっているのである。たとえば，1994年の新スウェーデン高等教育ガイドラインによると，ほとんどの子どもが進学する高校ではストレスマネジメント教育としてリラクセーションを指導することが義務づけられているほどである(Solin, 1996)。日本でも終身雇用制度や年功序列制度が崩壊する中で，総務省が発表した2000年の平均失業者数は320万人で，完全失業率は4.6％〜4.9％という過去最悪の水準で推移しており，大人はいままで以上にストレスを感じるようになっている。また，いじめや不登校に加えて学級崩壊が新聞紙上をにぎわす現在の社会状況においては，ストレス予防を目的とした健康教育という観点が大人にとっても子どもにとっても重視されなければならないと考えられる。また，高齢化社会をむかえて，今後，高齢者のストレス対策も重要な課題になるであろう。

　図1-3はストレスマネジメント教育の時期，場所，対象，目的，内容，方法を示したモデル図である。ストレス予防という目的に照らすと何歳になっても生活環境に応じて潜在的ストレッサーはあるのだから，生涯にわたってみずからのストレスに気づきストレス対処法を積極的に活用するということが重視さ

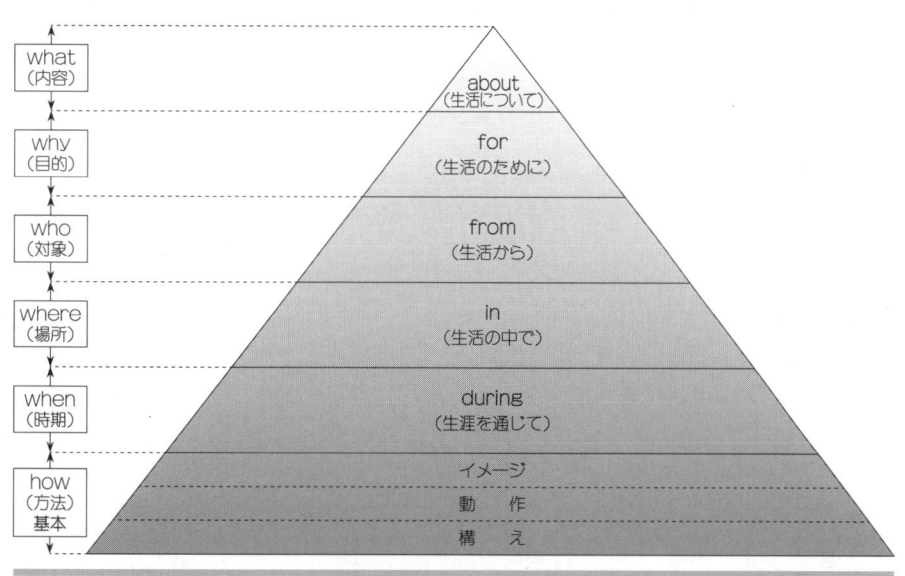

図1-3 ストレスマネジメント教育モデル

れなければならない。したがって、ストレスマネジメント教育の時期は一生涯ということになる。では、学習者の立場からどこで、だれから、何のために、何を学ぶかというと、家庭や学校、企業、スポーツなど、生活の中で出会うすべての対象や人から、よりよい生活のために、その生活のしかたについて学ぶのである。既存の社会システムの中で生きる術を学ぶためにはこれで十分であった。しかしストレス社会とよばれるようになった現代社会では、急速な社会的変化にともない、子どもたちが生活の中で自然に生きる術を身につけることができた家庭や社会システムが十分にその役割を果たせなくなってきたと思われる。それゆえ、前述したように自己コントロールにかかわる構え、動作、イメージによって自己体験を促進する心理学的方法が応用されるようになってきたのである。なぜならば、構え、動作、イメージはひとの主体的活動の基礎だからである。

ストレスマネジメント教育は、家庭、学校、企業、競技スポーツの領域などで健康教育の一貫として生涯を通じて実施し得るものであるが、ストレスに対する準備が不十分な子どもを対象とするときにはその効果もより大きなものになる。それゆえ本書では、学校における子どものためのストレスマネジメント教育を中心に取り扱うことにする。

2章 子どものための
ストレスマネジメント教育

　ストレスマネジメント教育は生涯を通じて健康教育の一貫として実施し得るものであるが，ストレス対処法を身につけていない子どもを対象とするときには，その効果もより大きなものになる。本章では，現代の子どものストレスの実状を概観し，ストレスマネジメント教育の国内外の実践例を紹介する。さらに，学校でストレスマネジメント教育を行なうことの今日的意義を「生きる力」という観点から考察し，「総合的な学習の時間」を活用したストレスマネジメント教育システムを提案する。さらに，実施上の留意点について述べる。

1節　子どものストレスとストレスマネジメント

1. 子どものストレスの現状

　高度情報化と過当競争がめだつ現代社会の中で，子どもも強迫的な大人たちの影響を受けて急がされている。「早く起きなさい」で一日が始まり，早く起きると「早く顔を洗いなさい」「早く服を着なさい」「早くご飯を食べなさい」「早く学校に行きなさい」とせきたてられる。学校に着くと「早く席につきなさい」「早く教科書とノートを出しなさい」と言われる。楽しいはずの給食時間になると「早く準備をして，早く食べて，早くかたづけなさい」とまた急がされる。授業が終わると「早く帰りなさい」と言われて，家に帰ると「早く手を洗って，早くおやつを食べて，早く塾（スポーツ教室）へ行きなさい」と再びせかされる。塾からもどると「早くご飯を食べて，早くお風呂に入って，早く宿題をして，早く寝なさい」となる。朝起きるときから寝るときまで「早く，早く」とせかされているのである。これでは大人でも疲れるはずである。気晴らしや気分転換ができる大人ならばまだしも，その術ももたない子どもにとってはたまらない。筆者は，大阪，兵庫，岡山，鹿児島の914名の小学校3年生から6年生までの毎日あるいは1週間以内のストレス反応を調べたことがある（竹中ら，1995）。その結果，「毎日早くしなければと思うことがありますか」の質問には55.1％の子どもが「はい」と答えており，「ここ1週間で早くしなければと思ったことがありましたか」となると実に73.1％の子どもが「はい」と答えたのである。また，「疲れたと思うことがありますか」の質問には，88.8％の子どもが「はい」と答えている。

　最近発表された文部省教育白書（1998）でもストレスフルな子どもたちの姿が浮き彫りにされている。図2-1は，1998年度に文部省（現文部科学省）が実施した「国民の健康・スポーツに関する調査」に基づいて子どもたちが，(a)イ

ライラ・むしゃくしゃする頻度と(b)不安を感じる頻度を示したものである。これによると，小学校6年生，中学校3年生，高校3年生各々約2,600名の子どもの約20％が「日常的にイライラ・むしゃくしゃしている」と回答しており，「時どきある」を含めると実に約80％の子どもたちがイライラを感じていることが明らかになった。子どもたちがあげたイライラの理由（複数回答）としては，「友人等との人間関係がうまくいかないとき」が小6・中3・高3とも50％を超えていた。また，小6の19％，中3の27％，高3の28％は「意味もなくむしゃくしゃするときがある」と答えていた。また，年齢があがるにつれて「日常的に不安を感じる」あるいは「時どき不安を感じる」の割合が増していた。その理由としては「友人等との人間関係がうまくいかないとき」が小6・中3・高3とも50％を超えていた。つまり，小6・中3・高3の2人に1人が友人関係が原因でイライラや不安などを感じているといえよう。さらに，中3の60％以上と高3の70％以上が「進路・進学が不安」と答えていた。これと同様の結果を岡安ら（1992）や嶋田ら（1992）も示している。彼らは児童・生徒が学校生活において経験することの多いストレッサーとストレス反応との関連性を検討し，図2-2のように，

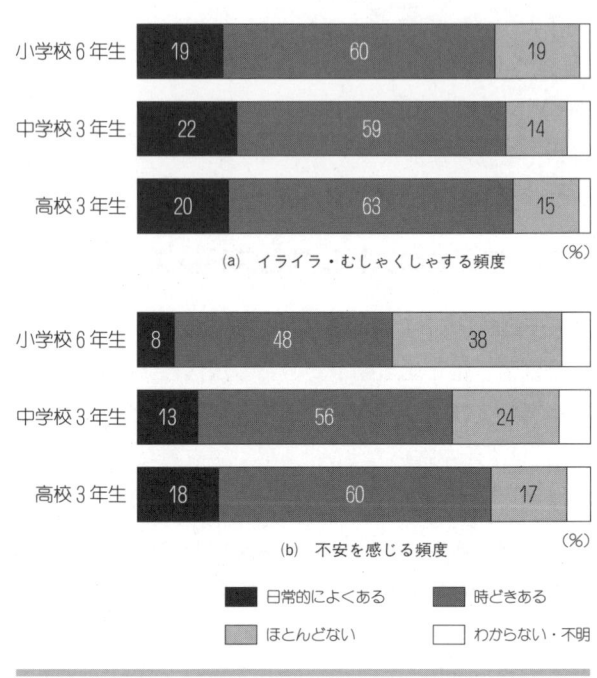

図2-1 自分がイライラや不安を感じる頻度
（文部省「国民の健康・スポーツに関する調査」，1998より作成）

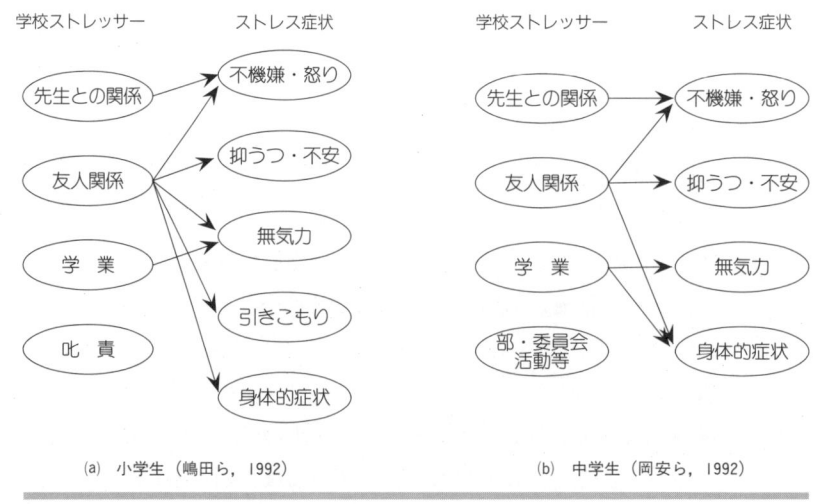

図2-2 児童・生徒の学校ストレッサーとストレス反応との関係

(a)小学生，(b)中学生ともに友人関係にかかわるストレッサーはほとんどのストレス反応と関連性が高いことを示している。

　このように，友人関係が子どもたちのストレスに多大な影響を与えていることがわかる。コンパスら（Compas et al., 1989）は，発達段階とストレッサーの関係を検討し，14歳までは家庭内のストレッサーがストレス反応に影響し，15〜17歳では友人関係，18歳以上は学業成績がストレス反応と強く結びついていると示唆しているが，日本の子どもに関する最近のストレス研究では，家庭内ストレスや学業ストレスにも増して友人関係が児童・生徒のストレスにとって非常に重要な意味をもっているといえよう。

2．子どものためのストレスマネジメント

　心理的問題行動を示す子どもには小児科医や児童精神科医，カウンセラーが治療的援助にあたってきたが，ブルームら（Bloom et al., 1986）は子どものストレスに対する理解とそれに基づく介入モデルを示し，教師が子どものストレスに介入(intervention)する必要があると指摘している。子どものストレスに対処するために教師が行なう介入は，ストレスが生じる前に行なう事前介入と，あとに行なう事後介入がある。事前介入は，ストレスが生じる前に，あるいは将来起きると予測されるストレスフルな出来事や状況のために教師が行なうものである。また，ストレスフルな出来事に対してなされた効果的な事後介入は，子どもが将来ストレスに対処する際に有効に作用し，結果的に事前介入として作用する。ブルームらは，事後介入は一人の子どもに適用され，事前介入はグループ全体に適用される傾向にあると指摘しているが，彼らが紹介している実際の介入例は事後介入がほとんどである。もちろん，彼らが指摘しているように一人の子どもに対する事後介入が，クラスの他の子どもたちにとっての事前介入に効果的に作用するという可能性はある。たとえば，ペットの死にふさぎ込んでいる子どもに対して，事後介入として情動の表出や情動的サポートを行ない，一方でペットの死に関してクラスで話し合うことは，その子どもに対する情動的サポートを増加することにつながるかもしれない。また，そのことは他の子どもにとっては，死の概念に対する心理的な免疫性をもたらすという意味で，事前介入として効果的に作用するかもしれない。最近，命の尊さを教えるために学校教育の中で導入されるようになってきたデス・エデュケーション（死の教育）は，この種の事前介入的な役割を果たしているといえよう。しかし，実際にブルームらが示している介入モデルは，基本的には個人に対する介入が主になっているようである。

　従来のストレスマネジメントに関する研究や書籍の中で用いられてきた介入は，専門的な立場から積極的にある個人へかかわり，その個人のストレス反応や症状の改善・解消を目的とした事後介入的なはたらきかけを意味していた。

つまり，個人を援助する臨床モデルに基づいたアプローチとして介入ということばが使われることが多かった。しかもどちらかというと，症状が改善されたり消失するまでの短期間の取り組みになることが多いという印象がある。これに対して，ストレスマネジメント教育は教育的アプローチであり，健康教育の一環として位置づけることができる。したがって，学校で健康教育を目標とする場合には，主に集団を対象とした事前介入的アプローチを意味し，当然その期間は長期間になり，生涯にわたってということになる。問題を抱えた子どもだけを対象にして，しかもその数が少数ならば臨床モデルに基づいた個人的介入で何とか対応できるかもしれない。その場合，ブルームらが指摘するように，仮に教師が心理的問題行動を示す子どもにアプローチするとしても，そのために一部の教師の資質向上を図ったり，スクールカウンセラーを増員することによって対処できるかもしれない。しかし現実には，医療機関やスクールカウンセラーを緊急に訪れる必要があるほどきわだったストレス症状は呈していないが，前述したような忙しい生活の中でイライラしたり，むかついたりするストレスフルな子どもたちが増えているのが実状である。そうだからこそ，今後，ストレス予防の観点から集団を対象とするストレスマネジメント教育を緊急に導入する必要性が指摘されるのである。次節では，そうした必要性に応えるべくすでにストレスマネジメント教育に取り組んでいる諸外国の例や，わが国で試験的に始められた試みを紹介することにする。

2節　学校におけるストレスマネジメント教育への取り組み

1. スウェーデンの例

　スウェーデンは健康教育を非常に重視している国である。教育課程で定められた体育・健康教育の目標は，子どもたちが健康なライフスタイルを確立できるようになることである。その具体的内容は，表2-1に示している。とくにリラクセーション技法は，授業に積極的に活用されている。たとえば，体育の授業終了時に気持ちを落ち着かせるためや，外国語や美術の時間の前に集中力を高めたり創造性を高めるという目的でリラクセーション技法が取り入れられている。最近では，健康教育の中でストレスマネジメント教育が重要な位置を占めるようになってきている。1994年に発表された新スウェーデン高等教育ガイドラインでは，ストレスマネジメント教育が必修として課されているほどである（Solin, 1996）。こうした背景には，保護者の失業率や離婚率の上昇などにともなう家庭ストレスの増加や，学業や友人関係に起因する学校ストレスなどがあり，それらに対する予防措置という観点からストレスマネジメント教育が重視

表2-1　スウェーデンの体育・健康教育の具体的内容
- 食物や栄養と健康
- 身体的トレーニングと健康
- 自分にあった身体的トレーニングプログラム
- 野外活動
- リラクセーション技法
- 作業環境と健康
- 人命救助と応急手当

されるようになってきたのである。

　スウェーデンの学校で実施されているストレスマネジメント教育の特徴は，3章2節でもふれているように暗示効果を利用したカセットテープを積極的に活用していることである。詳細なようすはビデオ化（山中，1999）されているのでそれをご覧いただきたいが，ストレスの概念を理解する活動と並行して，穏やかなバックグラウンドミュージックと言語暗示から構成されている学習プログラムの録音されたカセットテープを用いるのである。授業中はもちろんのこと，気が向けば家庭でもそれを繰り返し聴いて独習できるように工夫されている。このテープは約5分間ぐらいの長さで，子どもが疲れたときや，外国語や美術の授業の始め，体育の授業の終わりなどにそれを聴いてリフレッシュしたり，集中力や創造性を高めたり，心を落ち着かせるのである。写真2-1は筆者が訪れたスウェーデン・エレブロ市のメルリンゲ小学校でのストレスマネジメント教育の授業風景である。

写真2-1／メルリンゲ小学校でのストレスマネジメント授業風景

子どもたちは自分専用のキャンピング・マットを教室の中の好きな場所に敷いて，各自思い思いの姿勢でテープを聴くのである。床や机の上で横になっている子もいるし，いすに座って外を見ている子もいる。一斉授業でありながら一人ひとりのペースが尊重されている。このカセットテープのプログラム内容は，発達段階に応じて多少異なるが，漸進性弛緩法によるリラクセーションと，安心感や自信を与える言語暗示を活用しているのが特徴である。このような学習方式は，もともとスポーツ選手用に考案されたものであったが，現在は成人のためにも同様のプログラム内容のカセットが作成され，一般社会人が通信教育やインターネットを利用して学習できる環境が整備されている。

2. アメリカの例

　日本では文部科学省が定めた学習指導要領によって北海道から沖縄まで日本中どこでも学習内容が統一されているが，アメリカでは州単位で学習指導要領が異なる。ワシントン州のように同じ州であっても町によって6・3・3制があったり，8・4制があったりというように，学制までも異なることがある（深谷，1997）。したがって，アメリカ全土のすべての町でストレスマネジメント教育が積極的に行なわれているかどうかはわからないが，たとえば，カンザス州のデソト小学校では，"feel good about me（自分を快適に感じよう）"とよばれるストレスと病気に対する対処法を教えるために考案されたストレスマネジメントカリキュラムが用意されている。エドワードとホフマイヤー（Edwards & Hofmeier, 1991）によれば，これはもともと1年生〜6年生の正課の体育授業を補うものとして用意されたものであった。そのプログラムは20日間の学

習活動からなっており，それぞれ5分～15分の長さである。プログラム内容は大きく分けると，表2-2に示す3点からなっている。また，このような体験的な学習活動を通してストレスや緊張とリラクセーションの違いに気づくだけでなく，子どもたちの自尊心を育てることに焦点が当てられている。たとえばリラクセーション中に，子どもたちは自分が家庭や社会で役に立つ人間であるというメッセージを教師から繰り返し繰り返し与えられるのである。また，ストレスマネジメント授業のための学習ノートが用意されていて，プログラム実施中に生じる身体的変化に気づくように工夫されていたり，そのノートに自尊心を高めるために自分の長所を書くことなどが求められるのである。

表 2-2　デソト小学校でのストレスマネジメントのプログラム内容

1. ストレスの概念を理解する活動：ストレスとは何か，どうして愉快と感じたり，不愉快と感じたりするのかなど，子どもたちに討論させながらストレスの本質を気づかせる
2. ストレスによる身体の変化に気づく活動：ゲームや身体的活動を通して，動き回っているときと静かにしているときに心臓の鼓動や頸動脈の脈拍を測らせ，その違いから身体の変化に気づくようにする。あるいは，指先に小さな温度計を装着し，緊張時とリラクセーション時の体温の変化などに気づかせるというように，子どもたちが楽しみながらストレスに対する身体的変化を学習できるように配慮されている
3. リラクセーション技法の学習活動：リラクセーション技法としては，漸進性弛緩法，誘導イメージ，ストレッチングなどが導入されている。誘導イメージとは，教師が子どもたちに本や物語を聞かせ，その場面をイメージさせるものである

3．日本の例

日本では催眠を応用した乗り物酔い対策（成瀬，1966）や，生徒指導の一環として内観療法をクラス単位で行なう試み（原田，1985；宮，1985）は以前から行なわれていたが，ストレスマネジメント教育として集団を対象とした取り組みが始められたのは最近のことである。その中で健康教育という観点からいち早くストレスマネジメント教育に取り組んだのは竹中ら（1994）であり，それに触発されて現在いくつかの地域で教育的実践が試みられている。そのいくつかの実践例については本書で紹介するので，ここでは竹中らの実験的取り組みを簡単に紹介する。彼らは，小学校の3年生1クラスで3週間に計3回の授業を行ない，その授業の前後で子どもの状態不安得点（曽我，1983）が低下することを明らかにし，ストレスマネジメント教育の必要性と効果を指摘した。その授業内容は表2-3に示すような内容であった。

この授業の詳細は竹中（1997）に示されているが，3回の授業では身体をリラックスさせる活動として漸進性弛緩法とイメージを活用し，小学校3年生でも楽しみながらストレスマネジメントを理解

表 2-3　竹中ら（1994）によるストレスマネジメント教育の取り組み例

第1回授業
　楽しさや興味をもたせることに留意し，子どもたちに人気のある漫画のキャラクターによる劇形式の授業を教室で行ない，気持ちの落ち着け方や腹式呼吸法を指導する

第2回授業
　第1回目の授業で行なった内容をより深く理解させるように指導するとともに，クイズなどで実際のストレス場面とその際に生じるであろう身体反応に気づかせる

第3回授業
　体育館の体育の授業で，筋の緊張と弛緩の違いを理解させ，その後，腹式呼吸法と漸進性弛緩法によるリラクセーション訓練を指導する

できるように配慮されている点が特徴である。

3節 「総合的な学習の時間」を活用した
###　　　ストレスマネジメント教育システム

　学校でストレスマネジメント教育を実施するあたっては，さまざまな教科や教科外活動を横断的に関連させながら，図2-3に示すように学校全体で子どもの健康教育を進めるという視点で取り組むことが望ましい。たとえば，前述したスウェーデンのようにストレスマネジメント教育を必修化できればそれに越したことはないが，現在の学校教育の中でもクラス活動の時間を利用して定期的かつ継続的に実施することは可能である。教科「体育・保健体育」ではストレスへの理解を深める内容を取り扱うことができるし，「体育」の授業では運動の基本技能としてリラクセーションとアクティベーションの実習指導をすることも可能である。日本の学校教育の中では力を入れてがんばることは指導してきたが，いかに力を抜いてリラックスするかについては指導してこなかった。ましてリラクセーションの効果や必要性を積極的に指導することなどなかった。もちろん「体育」の授業の中で，教師が「力を抜いて！」と，たんにことばで指導することはあっても，具体的にその方法を指導することはなかったのである。ところが，2002年の教育課程の変更にともない，「体育」の中に「体ほぐしの運動」が導入されることになった。リラクセーションが運動学習に及ぼす効果（Yamanaka, 1995）を踏まえ，加えてストレス対策の一環として「体育・保健体育」の中でリラクセーション技法が指導されるようになることは，子どもたちの健康を考えるときに画期的なことである。またストレスマネジメント教育は，PTA活動の一環として取り組んでもよい。実際に，12章で示されているように，鹿児島大学教育学部附属中学校では，保健体育の時間にセルフ・リラクセーション課題を導入したり，保護者の授業参観日に親子がペアになって行なうペア・リラクセーションに取り組む時間を設けたりして，学校をあげた取り組みが継続されている。もちろん，次節で述べるように2002年から施行される新学習指導要領で新設される「総合的な学習の時間」を活用し，「生きる力」を育成する新しい授業として位置づけることが最適であることはいうまでもない。なぜならば，実体験を通して「生きる力」を育成するという目的から新たに設けられた学習活動の時間が，「総合的な学習の時間」だからである。「総合的な学

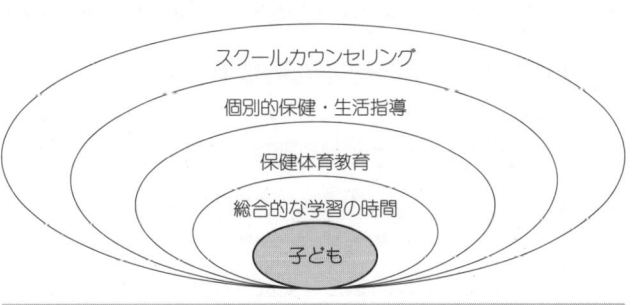

図2-3　子どものためのストレスマネジメント教育システム

習」や「体育・保健体育」の時間での集団を対象として展開されるストレスマネジメント授業になじめない子どもやのれない子ども, 何らかの失調を呈している子どもに対しては, 担任や養護教諭による個別的保健・生活指導, あるいはスクール・カウンセラーの援助を仰ぐようにして, 子どもを中心にした三重, 四重のストレスマネジメント教育ステムを整備することが可能である。

不登校やいじめ, 何らかの問題行動がマスメディアで報道されるたびに, 核家族化と少子化などを背景とした過保護・過干渉などの親の養育態度を批判したり, 学力偏重や管理教育など学校にその原因を求めようとする意見が出るが, 高校への進学率が95％を超えた現在, 私たちの心の中で学校そのものに対する存在意義が変わってきていることはあまり話題にされない。滝川 (1994) は不登校現象の増加を考察する中で, 高校への進学率が90％を超えた1974年ごろを境に長期欠席 (年間50日以上) 率が上昇し続けている事実を取り上げ, 「誰もが進学して当たり前の世になれば, 進学はもはや能動的選択, 主体的行為の色彩を失っていく」とし, 「情報化された現代社会のなかでは, 学校は小なりといえどもその地域社会における文化や知識の一中心たる地位を占めることもなく」, 「学校を聖的・絶対的な場とする共同観念を生み出してきた社会基盤そのものがわが国にはもはや存在しなくなった」ことが, 不登校増加をはじめ, 今日の学校における問題の本質的背景だと述べている。そうであればなおのこと, いまこそ私たち大人は社会の中で多様な生き方があることを真に認めたうえで, 子どもにとっての学校の意義を考え直さなければならない。本来, 学校というところは未知の世界への入り口であり, 楽しい体験の場であり, 「生きる力」を身につける場である。今後の学校教育のあり方として「ゆとり」の中で「生きる力」を育成することが強調されているが, 「生きる力」をはぐくむ具体的な教育活動のひとつとして, ストレスマネジメント教育は21世紀に向けてますます重視されていくものと予測される。そのためにも, 上述したような「総合的な学習の時間」を積極的に活用する教育システムづくりを急がなければならない。

4節　学校におけるストレスマネジメント教育の意義

1. 健康のためのライフスキルの観点から

世界保健機構 (WHO, 1994) は, ライフスキルを「日常生活で起きるさまざまな必要性や課題に上手に対処できる, 適応的で効果的な行動能力」と定義している。生活に必要なライフスキルは数限りないし, 文化や生活環境の違いによってライフスキルは異なるが, 青少年の健康増進のために中核となるライフスキルとして, WHOは表2-4の10項目をあげている。

この中であげられている情動コーピングやストレスコーピングはもちろんの

こと，問題解決やコミュニケーションスキルなどはいずれも重要なストレスマネジメントの方法であり，WHOが掲げているライフスキルの多くはストレスマネジメント教育の対象になるものでもある。

表2-4 青少年の健康増進のためのライフスキル（WHO, 1994）
1. 意志決定（decision making）
2. 問題解決（problem solving）
3. 創造的思考（creative thinking）
4. 批判的思考（critical thinking）
5. 効果的なコミュニケーション（effective communication）
6. 対人関係スキル（Interpersonal relationship skills）
7. 気づき（self-awareness）
8. 共感（empathy）
9. 情動コーピング（coping with emotions）
10. ストレスコーピング（coping with stress）

生物医学モデルでは，健康は病気でない状態と考えられている。しかし，生物心理社会的モデルでは，WHOが定義しているように，健康は「たんに病気でないとか，身体の虚弱でないというだけでなく，身体的，精神的および社会的に完全に良好な状態（well-being）にあること」と考えられる。このように，大人だけでなく子どもたちの健康の問題を考えるにあたっては，身体だけではなく心理社会的な要因を考慮することが重要である。各種の生活習慣病にはかたよった食生活や運動不足などの日常的なライフスタイルがかかわっており，健康的で質の高い人生を送るためにはライフスタイルの改善が必要である。ルース（Routh, 1988）は，死因の上位を占めるような疾患に対しては行動的な要因が大きく影響しているので，青少年の時期に教育的な介入をすることが効果的であると示唆している。アメリカ健康財団によって開発された「Know Your Body（KYB）プログラム」（Walter et al., 1988）などはその好例であろう。その内容としては，食生活，心身の発達，安全教育などと並んで，運動，社会的・情緒的健康，疾病予防などが取り上げられており，そこでもっとも重視されているのはライフスキルの教育である。

学校の中でストレスマネジメント教育を実施することは，たんに現在のストレスに対処する能力を身につけるという目的からだけではなく，将来大人になったとき，ストレス社会において健康な生活を維持するために欠かせないライフスキルを育成するという意味で社会的に意義のあることなのである。

2．健康生活の基盤となる主体的な自己活動の観点から

WHOのライフスキルは，心理社会的能力を前提にしている。とくに，自己と他者・社会との関係におけるライフスキルを重視している。たしかに，家族や友人などとの人間関係や社会的な連帯感によって癒され，元気に生活できるようになるということはある。しかし，それがすべてではない。それにもまして重要なものは，主体の心理的活動のあり方である。というのは，同じ活動をしていてもその時の当人の構えによってその体験はまるで様相を異にしてしまうし，体験の様相が異なるだけならまだよいが，それが心身の不調や生活上の不自由をもたらすからである。日常生活全般に対する構えや，刺激や出来事に対する受けとめ方がストレスに影響することは，1章の認知的評価について述べ

たとおりである。しかも，ひとは常に他者から影響されて，それに対して受動的に反応するだけではなく，主体的に精神内界や外界にはたらきかけ，そこでの体験をコントロールしながら生きている。そうした体験の中でみずからを癒し，心身のエネルギーを蓄えて自己活動を活性化していくのである。ひとは社会的な存在であるから，他者や社会という外界とのかかわりの中でライフスキルをとらえるのは当然のことである。しかし，それだけでは不十分なのである。

　ひとは主体的に生きていく存在である。その本来の存在性を発揮しようとするときに重要なことは，その人自身にとって必要な体験をすることであり，そのためには，状況や課題に応じた構えの切り換えとそれにともなう体験様式のコントロールが大切なのである。そのことは治療的人間関係を重視する心理療法にも通じることである。なぜならば，どんなに援助の手を差し伸べようとしても，それを受け入れるかどうかは当の本人の構えに左右されるからである。だからといって，治療的人間関係が必要でないということではない。治療的人間関係は患者・クライエントの構えと体験様式の変化を促進するひとつの要因として機能しているととらえられる。そのことは，日常生活における人間関係や社会的な関係においてもあてはまることである。

　実は，ストレスマネジメント技法として適用されることが多い漸進性弛緩法や自律訓練法などは，リラクセーション習得のための主体的活動下において構えと体験様式のコントロールをしているととらえられる。リラクセーションの過程では，目を閉じて自分の内界をながめ，意図どおりに心身をコントロールしようとする試みの中で，まず自分の身体の存在を意識する。それは，それまでの外界に重きを置いていた構えと異なり，自己の内界に対する自己探索的な構えをとることに通じる。そうなると，それまでは外界にはたらきかける道具であった身体の様相が変わってくる。呼吸にともなう身体の動きに気づき，随意筋の緊張や弛緩を感じ，重感や温感などを感じられるようになる。つまり，物理的・生理的存在としての自己を実感する。3章・4章で述べているように，動作法にいたっては，日常生活の中では意識されなくなっている重力と自分の身体を調整しながら自己軸を確立することが重要になり，その体験によって自己が安定化し，現実認識も確かになる。このような体験過程の中で実感される自体操作感やそれにともなう自己努力感，それに基づく自己存在感が健康に生活するための基盤になることは多数の研究成果で明らかになっている（成瀬，1992；1995）。したがって，漸進性弛緩法や動作法などをストレスマネジメント教育に導入することは，学校教育において子どもたちが主体的な活動のしかたを体験的に学び，健康に生活する機会を提供することに他ならないのである。

3. 「総合的な学習の時間」の観点から

　子どものストレスがたんに忙しさだけによって引き起こされているのであれ

ば，環境整備をして子どもにゆっくりする時間を保証することが何よりのストレス予防になるかもしれない。実際，そのように考えている教師や保護者は多い。1996年度の第15期中央教育審議会第一次答申「21世紀を展望した我が国の教育の在り方について」でも，今後の学校教育のあり方として「ゆとり」の中で「生きる力」を育成することが強調されている。その中で指摘されている「生きる力」とは，「自分で課題を見つけ，自ら学び，自ら考え，主体的に判断し，行動し，よりよく問題を解決する資質や能力であり，また自らを律しつつ，他人とともに協調し，他人を思いやる心や感動する心など，豊かな人間性」である。さらに，それに加えて「たくましく生きるための健康や体力が不可欠であることはいうまでもない」とし，このような資質や能力を「生きる力」とよんでいる。これは前述した健康生活の基盤となる主体的活動にほぼ共通する見解である。また，WHOが掲げた10項目のライフスキル（表2-4）にも通じる点が多く，とくに，第一次答申の「生きる力」の前半部分は意志決定，問題解決，創造的思考，効果的なコミュニケーション，対人関係スキル，共感，ストレスコーピング，などにも関連している。このように考えると，大筋のところでは日本に限らず世界的な規模で健康に生きていくための主体的活動やライフスキルの育成が，教育の最重要課題として位置づけられていることがわかる。

　文部省（現文部科学省）は1998年に小・中学校用の新学習指導要領を発表し，「総合的な学習の時間」を小学校3年生から週2時間設けることとし，2000年度からの先行実施を認めた。その「総合的な学習の時間」の学習活動については国際理解，外国語会話，情報，福祉・健康などが例示されており，実体験を通して「生きる力」を育成することが重視されている。異文化ストレスや高度情報化にともなうさまざまなストレスについて学び，どのような社会変化に直面してもストレスとうまくつきあって健康に生活できるようになるために，ストレス対処法を習得・活用することを実体験を通して学ぶストレスマネジメント教育は，「総合的な学習の時間」に最適な教材であると考えられる。「ゆとり」の時間を設けることは現在の忙しい子どもたちにとっては環境整備として意義あることではあるが，それだけでは「生きる力」をはぐくむことはできない。なぜならば，「ゆとり」の時間ができるようになったからといって，生活上の潜在的ストレッサーがなくなるわけではなく，前述したように子どものストレスの原因としては忙しさだけでなく友人関係や学業なども考えられるからである。したがって，教科「体育・保健体育」「生活科」「理科」「社会科」「家庭科」などの従来の枠を超えて横断的・総合的な活動の場を設け，将来的に多様に変容する社会の中でさまざまな潜在的ストレッサーに対して，どう受けとめ，どのように対処するかについて情報を与え，具体的対処法を指導し，それを習得できるように援助しなければならない。そういう教育環境の中で習得した対処法を，子どもたちが主体的に活用できるようになってはじめて，忙しい生活の

中でさえ心身の調子をくずすことなく安定した生活が送れるようになるのである。「総合的な学習の時間」にストレスマネジメント教育を導入することは，体験の中で考えたり，感じたり，決断したりしながら，生きるために必要な主体的な活動のあり方や諸能力を総合的に発達させて「生きる力」を育成することにつながるものと考えられる。とくに，4章で述べているように，動作法に基づくペア・リラクセーション課題は前述の中央教育審議会第一次答申で述べられている「自らを律しつつ，他人とともに協調し，他人を思いやる心や感動する心など，豊かな人間性」をはぐくむのに最適な教材であるといえよう。

5節　ストレスマネジメント教育実施上の留意点

　ストレスマネジメント教育を行なう場合には対象者の発達段階や社会・文化的土壌を配慮しなければならないが，本書は子どものストレスマネジメント教育を取り扱っているので，子どもを対象とする場合の実施上の留意点を以下に述べる。

① 指導者自身が体験する

　多くの親は，いつも「わが子のために…」と思っている。教師も「生徒のために…」と考えがちである。そして，子どもにつくそうとする。しかも，その効果がみえずに傷つくのもまれではない。その心情はもっともなことではあるが，その前にまず自分自身の心身の状態を安定させ，健康に保っておくことが必要である。なぜならば，自分を理解し，自分の心身をコントロールできなければ，他者を理解することや援助することはできないからである。11章で示しているように，親や教師にもさまざまなストレスがある。そのためにも，親や教師がストレスマネジメント教育・研修を受けて，みずからがその効果を体験することから始め，それを基盤にしてストレスマネジメントの理論と方法を習熟することが重要である。親や教師自身がその効果を実感して方法を習熟すれば，子どもに伝えるときにも自信をもって伝えられるからである。

② ストレスマネジメント教育は日常の教育活動の延長である

　ストレスマネジメント教育は，日常の教育活動の延長線上にあるものである。まず子どもをどう理解し，どう接するかという問題が基本にあり，そのうえでストレスマネジメント教育が適用されるのである。学級崩壊が叫ばれる今日，日常の教育場面における子どもの理解やそれに基づく人間関係を無視して，唐突に実施しても効果がないばかりか，逆効果になりかねない。日ごろから子どもたちをよく観察し，積極的に子どもにかかわる

ような行動と，それに基づく学級経営が行なわれているときに，ストレスマネジメント教育はより効果的になる。

③ 担任がストレスマネジメント教育を担当するのが理想的である

　ストレスマネジメント教育を担当できるのは，学校では担任，養護教諭，体育教師，スクールカウンセラーなどである。その中でも，子どもともっとも接する機会が多く，子どものことをよく知っている担任が，健康教育という観点から指導することが理想的であろう。なぜならば，ストレスマネジメント教育は通常の保健指導の一環として位置づけられるし，より個別的対処が必要な子どもに対しては家庭や養護教諭，スクールカウンセラーと連携をとりながらケアできるような体制を確立しやすいからである。

④ ストレスマネジメント教育の時間をつくる

　学校教育の中でストレスマネジメント教育のためにまとまった時間をとることができるのは，「特別活動」「体育・保健体育」「総合的な学習の時間」などである。しかし，ストレスマネジメント教育はいつでも，どこでも実施できるものであり，朝や帰りのショート・ホームルームの時間なども利用できる。ただし，動作法やイメージ法などの導入の段階では，子どもたちの体験に十分配慮する必要があるので，時間的に余裕のある「特別活動」「体育・保健体育」「総合的な学習の時間」を活用することが望ましい。

⑤ ストレスマネジメントは教材である

　ストレスマネジメントの具体的な方法はいろいろあるが，それらはあくまでも教材である。ただ何でもやればよいというのではなく，対象者の年齢，主たる目的などから，最適な具体的方法をおのおのの実施場面できめ細かく考えていく必要がある。どのような教材を選択し，いかに活用するかは，子どもの実態と教師の人間性や能力にかかわっている。

⑥ 導入を工夫する

　ストレスマネジメント教育を行なう場合には，導入を工夫することが大切である。漸進性弛緩法や動作法によるペア・リラクセーションがよいからといって，唐突に第3段階（1章，図1-2参照）から入っても習得のための練習は長続きしない。第1段階のストレスの概念理解や第2段階の自分のストレス反応に気づく段階が重要なのである。幼稚園児や小学生低学年では人形を利用したり，あるいは竹中（1997）が報告しているように小学生には漫画のキャラクターを利用してストーリー形式で進めるのも効果的である。中学生では，展開編1章（p.17）にあるように競技スポーツ選手の例を引用すると子どもがのりやすい。

⑦ 個人のペースを尊重する

　集団一斉授業という授業形態の中ではあるが，個人のペースを尊重するように配慮することが必要である。とくにリラックス感を実感するには個

人差がある。その個人差があることをしっかり子どもたちに伝えることが重要である。そして，なかなかリラックス感が体験できない子どもに対しては，なにか気になっていることがないかをゆっくり聴いてみることが大切であるし，必要があれば動作法を適用して，じっくりリラックス感を体験させることが効果的である。また，生活の中で子どもなりのストレスマネジメントをしていることが多く，それを尊重することも大切である。散歩や軽いジョギングなどの運動・スポーツ，音楽，読書などもストレス反応を軽減する有効な技法である。

⑧ したくない子どもには強制しない

多くの子どもが楽しいと感じることでも，なかにはそれに興味を示さない子どもがいる。教師に反発している子や教師をきらいな子，友人とうまくいかずクラス（学校）になじめない子，とにかく人と同じことはしたくない個性的な子など，そういう子どもにストレスマネジメント教育を強制はしない。ただし，放っておくということではない。まず，それについて子どもと話し合い，やる気になるのを待つ，あるいはやる気にならないのならばクラスでひとり浮き上がることがないように配慮する必要がある。

⑨ 指導者みずからが授業研究やスーパー・ビジョンを受ける

ストレスマネジメント教育はまだその緒についたばかりである。したがって，今後さまざまな工夫が展開されていくことが予想される。そのために，同じ方法でも指導者によって内容が異なったり，対象者によってその反応がまちまちであったりするかもしれない。また日常の延長であるがゆえに，指導者自身では気づきにくい不備な点も多々あろう。学校における授業研究やカウンセリングにおける事例研究に通じることであるが，ストレスマネジメント教育を実施する際には，第三者にモニターしてもらい，アドバイスを受ける機会をもつことが必要である。

⑩ 環境整備と相談を啓蒙する

ストレスにうまく対処できなくなったり，どうしていいかわからなくなったら，家族，友人，担任，養護教諭，スクールカウンセラーなどに"おしゃべり"感覚で話をすることを日常的に勧めておくとよい。というのは，自分のことをわかってくれようとする人に自分の気持ちを話すことは，非常に効果的なストレスマネジメントになるからである。そのためにも，日ごろから家庭や学校で相談することを啓蒙する必要がある。そして，保護者と学校が連携を図り，子どもが気軽に相談できる環境整備と，子どもからのことばにならないサインでさえキャッチできるような感性を磨いておくことが大人には必要である。また，3節でも述べているようにストレスマネジメント教育システムを組織することが，ストレス予防措置をより効果的に機能させることにつながる。

3章 伝統的ストレスマネジメント技法

ストレスマネジメント教育の中で適用されている方法は，自己コントロール法に基づく方法と対人関係に基づく方法に大別される。前者の中には動作によるストレスマネジメント技法とイメージによるストレスマネジメント技法がある。対人関係にかかわるものとしてはソーシャルサポートやコミュニケーションスキル学習などがある。しかし，他者が困っている人にどのように援助の手を差し伸べようとしても，それを受け入れるかどうかは当の本人の問題だから，ストレスマネジメント教育では自己コントロールの視点が重要になるのである。

1節　動作によるストレスマネジメント技法

1. 漸進性弛緩法

漸進性弛緩法は，心身のリラクセーションを段階的に得るために，ジェイコブソン（Jacobson, 1929）によって開発された訓練法である。彼は，身体各部の筋弛緩によって大脳の興奮を低下させ，それによって不安を軽減することができると考え，ストレス緩和や神経症の治療法として筋弛緩の体系的技法を開発した。自律訓練法が心理的側面から心身のリラクセーションをもたらす技法であるとすれば，漸進性弛緩法は身体的側面からリラクセーションをめざす方法であるといえよう。いずれも心身交互作用によって最終的には心身のリラクセーション体験ができるようになっているが，自律訓練法は心の中に身体のイメージを思い浮かべ，それに対する独特な注意のしかた（受動的注意集中）が求められるため，小学生や中学生の中にはそれに乗りにくい子どもがいる。一方，漸進性弛緩法は現実の身体の緊張と弛緩を手がかりにするため，外界や他者に向けられている構えを自体や内界に向けやすくさせ，確かな手応えが実感できる。したがって，心に注意を向け続けることができない子どもにも適している。とくに，ストレスマネジメント教育の中で小学生低学年や幼稚園児を対象とする場合には効果的である。

たとえば，「嫌だなぁとか，心配だなぁというときには，みんなの身体はどうなりますか？」とたずね，子どもから「トイレに行きたくなる」「身体がカチコチになる」「胸がドキドキする」などの反応が出たあとで，

「身体がカチコチに硬くなるね。身体が硬くなると（茹でる前のスパゲッティなどの麺類を見せながら）このスパゲッティみたいにこうしてちょっと力を加えるだけで，ほらっ，ポキンと折れちゃうね。でも，グニャグニャのスパゲッティは折れないね（その日の昼食に麺類が出れば，それを例にあげて説明するとよい）。みんなの身体もいつも硬いとポキンと折れてしまうから，時どきはグニャグニャのスパゲッティみたいになるといいんだよ。」

と導入し，「みんなの腕を硬いスパゲッティみたいにして…，今度はグニャグャにして…」というように，幼稚園児でも楽しい雰囲気の中でリラクセーション体験ができるように実習することが可能である。

　原法では1セッションに約40分以上要するため，「いつでも，どこでも，一人で」気軽に実施するというわけにはいかない。そこで，ここではジェイコブソンの原法をさらに簡便にした成瀬 (1988) の「自己コントロール法」に基づくリラクセーション法を取り上げることにする。この方法は，各筋群をひとつのまとまったシステムとしてとらえ，身体部位に力を入れる(緊張)，その状態を保持する，そして力を抜く（弛緩）ということを繰り返しながら，その部位を順番に広げていき，最終的に全身をリラックスできるようにするものである。その手順は以下のようになっている。その際，順番に力を入れて，それとは逆の順番で力を抜いていくようにする。たとえば，⑩の場合ならば，仰臥位で掌を床に向けている状態から両手首を背屈するように力を入れたら，両手は力を入れたままにして，次に両足首を背屈するように力を入れ，最後に顔まで力を入れる。その後，逆の順番で顔から両手まで力を抜いていく。

　①右手（左利きの人は左手）
　②左手（　〃　右手）
　③右足（左利きの人は左足）
　④左足（　〃　右足）
　⑤両手（両手同時に力を入れる→抜く）
　⑥両足（両足同時に力を入れる→抜く）
　⑦両手　→　両足
　⑧両手　→　両足　→　胸
　⑨両手　→　両足　→　胸　→　腰
　⑩両手　→　両足　→　胸　→　腰　→　顔

　最初は筋群を緊張させていく感じと弛緩させていく感じを十分に味わう必要から，仰臥位で安静にして行なうとよい。その状態で緊張と弛緩をコントロールできるようになったら，脇や背中も緊張と弛緩コントロールの対象にする。さらにコントロールが上達すると，必要に応じて座位や立位で行なうことができるようになる。その際，順番は上記のとおりでよいが，立位姿勢の場合は足首の背屈をすると姿勢維持が不安定になるので，足首はそれまでと反対に爪先を丸めるように底屈方向に力を入れ，手首も拳を握るように掌屈させるとよい。その効果は，顕著である。初めて漸進性弛緩法を行なった人でも，「身体の力が抜けて軽い，温かい，身体がなんとなく重たいようなそれでいてお風呂上がりのようなホッとした感じ，なんとなく眠たい感じ，心が穏やかになって気持ちいい」など，リラックス感を体験することができる。そのため，スピールバーガー（Spielberger et al., 1973）によって開発された状態不安尺度によってその効果を確認すると，本編11章や展開編2章で示したように実施後に不安が減少することがわかる。また，リラクセーション訓練によって免疫機能が高まる

(Green & Green, 1987)，酸素消費量が減少する（林・山中，1999）など，免疫学的・生理学的効果も認められている。これらはリラクセーション状態によってもたらされる効果であるが，もっとも重要なことは，自分の身体に注意を向け，みずからの主体的努力によってその部位を緊張させ，そして弛緩させていく過程と，その行為にともなう体験である。本来，リラクセーションとはリラックスした状態と，その状態をコントロールする主体的な過程の両方を指し，それを毎日繰り返すことによって構えや気持ちの切り替えができるようになるのである。

2．呼吸法

呼吸なくして生命の維持はできないため，人は生まれてから死ぬまで休むことなく呼吸を続ける。実に，一生のうちに数億回繰り返し行なうことになる。しかしそのほとんどは無意識的（反射的）に行なわれ，しかも，その時どきの心身の状態によって変わり，浅く小刻みなものであったり，深くゆったりしたものであったり，荒々しいものであったりする。意識的に行なわれるのは，緊張場面で「深呼吸をして心を落ち着けよう」と思って行なうときぐらいである。

ところで人はみな，赤ん坊のときには「呼吸の達人」であり，深い安らぎを得ることができる腹式呼吸を得意としている。しかし，成長するにつれて，勉強や仕事，対人関係等のストレスから浅い胸式呼吸が，いつの間にか習慣となってしまう。そして，この胸式呼吸の習慣化が心身のさまざまな不調をよび起こすことになる。そのため，胸式呼吸の習慣をくずし，リラックスしているときにみられる腹式呼吸を回復することが重要なこととなる。

そうした腹式呼吸を積極的に活用して，心身の健康の回復・維持・増進に役立てるのが呼吸法である。詳しくは参考文献（Farhi, 1996 ; Loehr & Migdow, 1986 ; 春木・本間，1996）を参照していただきたい。

(1) 呼吸法の効用

まず，生理的効果としては次のようなことがあげられる。

1回の呼吸で出し入れする空気量（1回換気量）は，胸式呼吸では300～500 cc であり，腹式呼吸では2,300～3,500 cc である。すなわち，腹式呼吸では胸式呼吸の約7倍の換気量となる。また，血液の流れは，重力の関係で肺の下のほうが活発で，肺の頂点で1分間に0.07 ℓ，中ほどで0.66 ℓ，底のほうでは1.29 ℓ，つまり下部3分の1で上部3分の2の約2倍も流れている。そのため，腹式呼吸は呼吸数を減少させ，かつ肺のもっとも効率のよい部分を使って，たっぷり楽に酸素を取り入れることができる。したがって，肺と心臓の負担が軽減し，血圧も高くならない。

さらに，腹式呼吸による横隔膜の上下運動が，穏やかに絶え間なく内部器官をマッサージする。横隔膜が下がると器官およびその血管が圧縮され血液が心

臓に送りもどされ，横隔膜が上がると静脈から酸素をもった血液が器官に効率よく流れ込む。このように，循環組織全体のはたらきを高める。それに加え，肝臓をマッサージし胆汁を早く分泌させ解毒作用を促進させるなど，身体内部組織の機能も高める。

次に，心理的効果としては次のようなことがあげられる。

呼吸法により心身がリラックスした状態になると，余裕をもって自己をコントロールできるようになる。したがって，いろいろな刺激，ストレス，課題に過剰反応しないで対処できるようになる（ストレス耐性の向上）。また，呼吸に受動的な注意を集中することにより，心身への気づきが高まり，内省力，自己向上性が増大する。さらに，創造性や問題解決能力も高まる。

```
1，2，3……………………鼻から息を吸い
4…………………………………いったん止め
5，6，7，8，9，10……口から息を吐き出す
※「吸う」より「吐く」ほうに重点を！
```

図3-1　10秒呼吸（腹式呼吸）

⑵　呼吸法の実際

多くの方法があるが，もっとも簡便な腹式呼吸「10秒呼吸」を紹介する（図3-1）。具体的な内容は，次のとおりである。

①姿勢を整える（いすの背に軽くもたれ，膝は鈍角にし，両手は膝の上にのせ，首は軽くうなだれる）
②静かに閉眼する
③吸っている息をすべて口から吐き出す
④「1，2，3」で，鼻から息を吸いながら，お腹をふくらませる
⑤「4」で，いったん止める
⑥「5，…，9，10」で，口から息を吐き出しながら，お腹をへこませる
⑦［④〜⑥］を3分間行なう
⑧消去動作を行なう（ジャンケンの「グー」「パー」の繰り返し，肘の屈伸，伸び，など）

以上の要領で，1日3回実施する。

⑶　実施上の留意点

呼吸法（10秒呼吸）を実施するにあたっては，次のような点に留意する必要がある。

①　時間や腹式にとらわれすぎない

　最初は，呼吸に気持ちを向けるだけで落ち着かないこともある。とくに，10秒という時間や腹式にとらわれすぎると，かえって緊張が増す。あくまで自分にとって無理のない自然なリズムとペースを心がける。そして，徐々に安静感が深まるようにゆったりとした呼吸にしていくことが大切である。

②　身体の動きに注意する

息を「吸う」ときは腹がふくれて身体が緊張し，息を「吐く」ときには腹がへこみ身体が弛緩する。呼吸にともなって自然に生じる身体の緊張と弛緩に注意を向けることが，心身の自己コントロールにとって重要である。

③　「吸う」より「吐く」ほうに重点を置く

吸う息は自然にまかせ，吐く息は，顔面の緊張が高まらない程度に軽く唇をすぼめて，口から細く長く遠くに吐き出すように調整する。吸う時間の2倍以上の時間をかけて吐くことがポイントである。そして，吐くときに「日ごろの緊張や疲れ，不安や不満などのマイナスの感情が気持ちよく吐き出される」と想像することにより，さらに効果が高まる。

3．バイオフィードバック法

バイオフィードバックとは，電気的な装置を用いて（図3-2），人の内部で起こっている生理的事象（たとえば，心拍，筋電図，脳波，GSRなど）を視覚および聴覚信号の形で示して，これによって不随意あるいは感じられない事象を，呈示された信号を操作することによってコントロールしようという技法である（Basmajian, 1983）。

カミヤ（Kamiya, 1969）は，脳波のα波バイオフィードバックによって，禅の瞑想と同じ状態が可能になるとの報告をし，科学的な癒しの方法として注目された。その後，緊張性頭痛への筋電図バイオフィードバック（Budzynski et al., 1970），本態性高血圧への血圧バイオフィードバック，脳卒中の患者への筋電図バイオフィードバックなど，心身医学からリハビリテーションにわたるまで，バイオフィードバックは広く活用されていった。わが国では，日本バイオフィードバック学会が設立され，医学，心理，体育，工学など，さまざまな分野の研究者や臨床家が会員となっている。現在，スポーツや医学臨床の分野で，もっとも用いられているのは，筋電図とGSRである。市販の機器では，筋電図バイオフィードバック装置が15万円，GSRバイオフィードバック装置は，5万円ぐらいである。ここでは，筋電図バイオフィードバック訓練の実際について述べる。

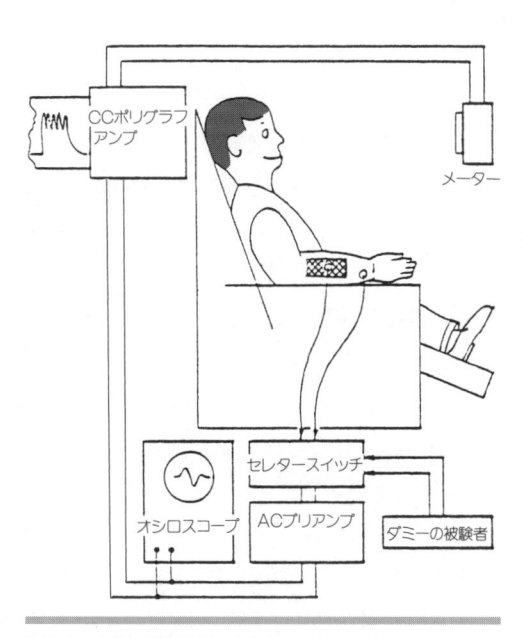

図3-2　初期の筋電図バイオフィードバックシステム（Budzynski et al., 1970）

(1)　筋電図バイオフィードバック訓練

導入はどんな療法でも大切である。バイオフィードバックによってどんな効果が得られるのかをきちんと説明する。リラクセーションがいかに大切かとい

うことも説明し，自分なりのリラックス法を話し合っておくとよい。電極をつけるので，ビリッとこないかといった不安には，セラピストが実際つけてみるなどの工夫が必要であろう。

　① 電極部位

　まず，どこに電極をつけるかである。心の緊張が全体としてあらわれやすいのが額といわれている。緊張すると，眉間にしわをよせるからである。また，精神的緊張は肩にあらわれやすいので，肩に電極を装着してもよい。肩や額での訓練をする前に，前腕やふくらはぎなど，操作しやすい部位で練習してみるのもよい。

　② ベースライン

　フィードバック音を聞かないで，どれくらい弛緩できるかをまず測定しておく（ベースライン測定）。

　③ バイオフィードバック訓練

　筋緊張が音に変換され，緊張が高くなると「ピピピ」と連続音が速くなる。弛緩すると「ピ…ピ…ピ」とゆっくりとした間隔で音がなる。体験者は，その音を聞きながら，どう構えたら音がゆっくりになるのかを探していくのである。また，制御しやすいレベルを設定することも大切である（シェーピング）。音を操作するのは，すべて体験者にまかされているので，その方略を体験者自身が探すことになる。だから，訓練開始当初は逆に緊張が高くなったり，より混乱することが多い。音を遅くする方法がわからないときは，呼吸法や自律訓練法，漸進性弛緩法などの方法を教えるとよい。

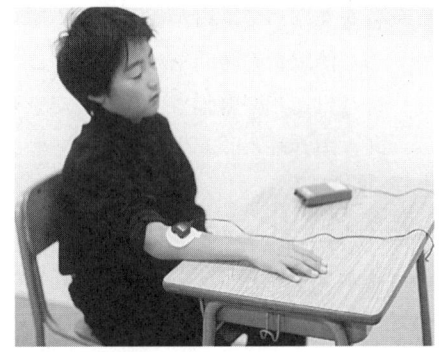

写真3-1／バイオフィードバック訓練

　④ 生活への効果

　弛緩のための構えをつくることが目的である。だから，バイオフィードバック装置がなくても，弛緩ができるまで訓練する必要がある。そしてはじめて，生活への効果が期待される。時に，治療室では緊張がコントロールできるのに日常生活にもどるとうまくいかないといったことがある。そういった場合は，日常生活場面をイメージしてもらいながら，バイオフィードバック訓練を行なうなどの工夫が必要になる。

(2) バイオフィードバックの利点

　バイオフィードバックの利点として次のようなことがあげられる（Schwarz, 1987 ⑥は筆者の追加）。

　① 自分の意志で生体反応を制御できることに気づく
　② 思考と生理反応の相互関係がわかる
　③ 生体反応の自己コントロールに必要な知識や方法を教える
　④ 副作用が少ない
　⑤ 治療経過の情報をグラフ化したり客観的にみることができる

⑥ 自律訓練などの自己鍛錬法に懐疑的な人にも効果を実感させ得る
(3) バイオフィードバックの観点に基づいた装置を用いない方法

　バイオフィードバック装置は，電子機器の発達にともない安価になってきたとはいえ手軽に利用できるものではない。まして，授業という集団で使うことは経済的にほとんど無理である。しかし，バイオフィードバックの原理を活用することはできる。たとえば，授業前に，心拍数を各自計ることはできる。合唱コンクールの前に，心拍を計ればいつもとは違うことに気づくし，心と身体の一体性を実感できる。また，バイオフィードバック装置のかわりをひとが行なうという発想にたった方法が動作法である。もちろん，動作法では「そうそう，いま上手に力が抜けたね」というフィードバック原理だけでなく，「だんだん力が抜けていくよ」といったフィードフォワード原理も活用している。

4．動作法

　ここではもっとも代表的な動作法の技法のみを紹介する（表3-1）。詳しくは成瀬（1995）を参照し，研修会で実体験することをおすすめする。

表3-1　動作法による主な技法

- リラクセーション（弛緩）技法
  - (1)肩の上下・肩の反らせ
  - (2)軀幹のひねり
  - (3)足首のゆるめ
  - (4)坐位での背反らせ
  - (5)坐位での股折り
- 単位動作技法
  - (6)腕上げ
- タテ系動作技法
  - 坐位法
  - 膝立法
  - 立位法
  - (7)立位での踏みしめ

(1)　肩の上下・肩の反らせ
　ストレスマネジメント教育でもっとも活用しやすい課題である。詳しくは5章を参照していただきたい。

(2)　軀幹のひねり（イラスト3-1）

▲イラスト3-1　軀幹のひねり

　肩や腰をよりゆるめるための課題である。尻をブロックすると，腰あたりに効く。腰あたりをブロックすると，肩あたりに効く。肩にそえた補助の力の加える方向によっても，効く部位が異なる。

(3)　足首のゆるめ（写真3-2）
　「気持ちを楽ーに構えてください。自然にね。」
　すねとふくらはぎに力が入っているかどうか

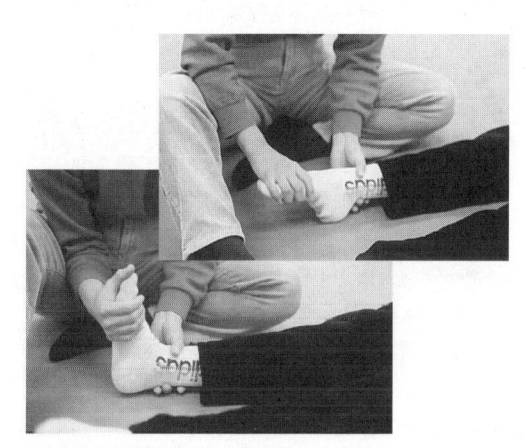

写真3-2／足首のゆるめ

は，腱の硬さでわかる。ゆっくり屈または伸方向に押す。

- 曲げる方向への援助　「ふくらはぎが伸ばされて気持ちよい感じはありますか。」
- 伸ばす方向への援助　「身体が伸びて気持ちよい感じはありますか。」

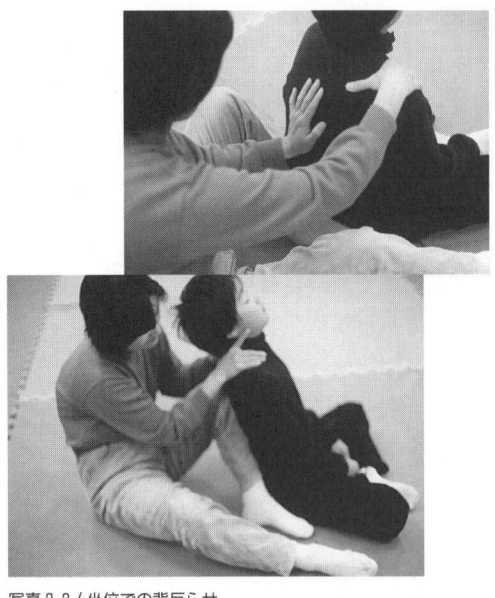

写真 3-3／坐位での背反らせ

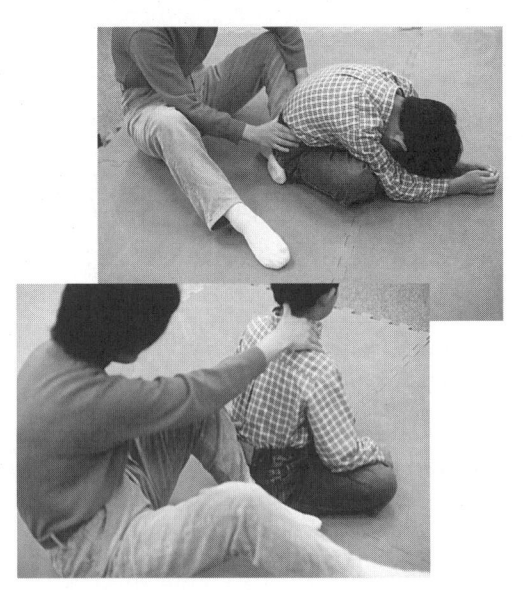

写真 3-4／坐位での股ゆるめと軸づくり

⑷ 坐位での背反らせ（写真 3-3）

　猫背，肩凝りに効果的課題である。背を前に後ろに動かす動作をやってもらって，背が動かず，代わりに腰が反ったり，首が反ったりすることを確かめて，背を反らすおまかせの弛緩訓練をする。その後，背だけを動かす課題を求めると，弛緩訓練の成果がわかりやすい。

⑸ 坐位での股折り（写真 3-4）

　腰が屈んで，骨盤が立たない人は，肩が凝ったり，腰を痛めたりしやすい。そこで，腰を楽に動かすための弛緩訓練が坐位での股折りである。

〈股ゆるめ〉

　腰が硬い人は，上体を前に折ると，股からではなく腹から折れる。腰が起きるように補助しながら，肘を曲げて脱力してもらう。その時，尻が浮き気味になるので，尻がきちんと着くように下方向への援助もする。筋肉を伸ばすことが目的ではないので，ぐいぐいと背にあてた補助の手の力を強めない。

〈軸づくり〉

　脱力したら，腰をブロックしたまま，
「頭から尻まで1本の軸を通して，その軸が折れないように起きあがってきてください。」
と言い，腰が立ち，シャキッとした感じ，知覚世界がいままでと違う体験ができれば成功である。

⑹ 腕上げ（写真 3-5）

〈腕上げあわせ〉

　人に合わせ自分をみつめるための課題である。多動傾向のある子どもなど，自分のペースが優位になっているとき，また，せっかちでいつも動いていないと気がすまず，そのために身体を無理して心身症的な反応が出ている人へ行なう。
「先生といっしょにゆっくり動かそうね。気持ちが集中して気持ちがいいよ。」
　トレーニーが速く動かそうとすれば，手の補助でゆっくり動かすことを提案し，どちらが動かしているのかわからないほどの一体感が出るまで行なう。

〈腕上げによる肩部位のゆるめ〉

　腕と肩胛骨部位が分離しておらず，腕を上げる

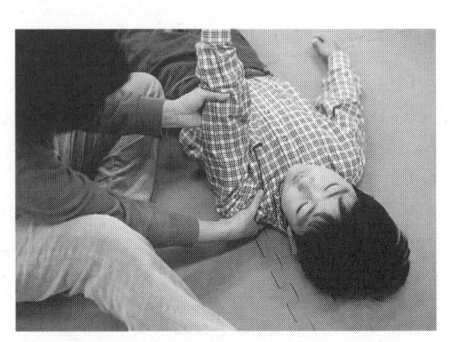

写真 3-5／腕上げ

ことに不自由を感じている人へ行なう。楽に動かせる範囲から肩がきゅうくつに感じる所まで自分で動かしてもらい，そこで，ふっと力を抜くことを求める。力が抜けると，もう少し動かせる範囲が広がるので，また動かしてもらい，そこでまたゆるめる。肩胛骨が動かないようにブロックすることがコツである。

(7) 立位での踏みしめ（写真3-6）

がんばりすぎる人には最適な課題である。同じことでも，「楽にやれるよ」というメッセージを送ることができる。

> 「頭から踵まで1本のしなやかな軸をイメージしてください。その軸を折らないように，その軸を前に倒せるところまで倒してください。（トレーナーが前に軸を倒したあと）では，補助を離しますよ。いいですか。」

離すと倒れる人は，自分で自分の身体の感じがわかっていないので，これを練習することによって，現実検討能力を培うこともできる。また，前に軸を動かすとき，足指先に力を入れ，倒れまいと踵が浮いてしまう人は，肩にも思わず力が入っているのでそれを指摘する。

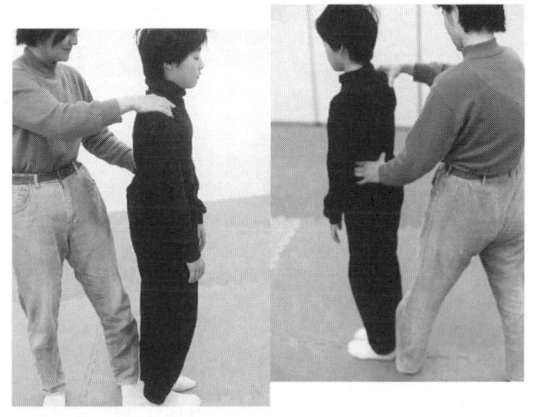

写真 3-6／立位での踏みしめ

> 「思わず肩に力が入っていませんか，点検してみましょう。足裏がぴたりと着いて，しっかり踏めるといいですね。」

2節　イメージによるストレスマネジメント技法

1. 自律訓練法

シュルツ（Schultz, 1932）は，催眠の精神生理学的メカニズムについての研究をはじめ，催眠状態のもたらす基本的要因として，弛緩が重要であることを知り，"Das Autogene Training"（自律訓練法）を出版した。その治療法は，その弟子のルーテ（Luthe, 1963）の活躍とあいまって世界的に広まった。自律訓練法の目的は，「内的な弛緩」によって心理生理的な再体制化（Umschaltung）をはかることであり，たんに筋肉的な緊張を除去するものではない。わが国では，精神医学や心身医学の領域でも自律訓練法が導入され，広く臨床適用されるにいたっている。しかし，この訓練法が「自律神経系の訓練法」と誤解されているむきもある。"autogenic"の語意は，自生的・自発的であり，自律神経系の「自律」は"autonomic"である。もちろん，自律訓練法により，自律神経系の活動に好影響を与えることも事実であるが，この訓練法の最大の特徴が，人間の主体性・自発性をみずからの努力によって達成する方法であることを忘れてはならない（シュルツ・成瀬，1963）。

自律訓練法は，準備段階，標準練習，イメージ練習，特殊練習の4つの部分からなり，中心になるのは標準練習である。標準練習が終了したら，目的によってイメージ練習か特殊練習の2つのコースのいずれかを選択する。学校や集団で行なう場合は，標準練習で十分であり，なかでも「重感と温感」の2つをマスターすればよい。

「よいイメージを浮かべることが，成功への秘訣といわれているが，自律訓練法は"念ずれば，実現する"ということを身体で実感できる。これをマスターすると，自分の心身を思い通りにリラックスできる」と教示するとよい。イメージ練習は，2.イメージ法で述べる。

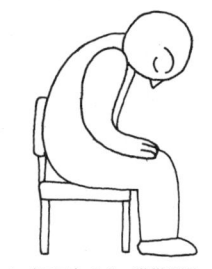

(1) 準備段階

　① 心構え

　虚心，持念，留意という3つの心構えがある。虚心とは，公式を早く実現しようときばったり注意したりしないで，ぼんやりと公式に心を向けていることであり，受動的注意集中ともよばれる。「身体が重たくなる」と構えるのではなく，「向こうから自然と重たい感じがやってくる」といった構えである。持念とは，絶えず公式を心の中に維持することであり，留意とは，公式が示す身体部位に心を置くことである。

▲イラスト3-2　準備運動

　② 練習回数と時間

　標準的な方法では「三三九度」と覚えておくとよい。一日，朝，昼，晩と三回行ない，一回につき三試行を行なう。一試行練習を行なったら，きっぱりと終了覚醒し，すぐに二試行目を行なう。一試行の練習時間ははじめのうちは30～60秒とし，それ以上長くやらない。

　③ 終了覚醒（取り消し動作）

　一試行練習が終わったら，両腕を強く2～3回屈伸し，深く呼吸し目を開けるという動作を行なう。自己催眠を解く動作なのでとても重要である。

(2) 標準練習

　　　0．安静感　　　　　訓練公式「気持ちが（とても）落ち着いている」
　　　1．重たい感じ　　　訓練公式「右（左）腕が重たい」
　　　2．温かい感じ　　　訓練公式「右（左）腕が温かい」
　　　3．心臓調整　　　　訓練公式「心臓が静かに規則正しく打っている」
　　　4．呼吸調整　　　　訓練公式「楽に呼吸（いき）をしている」
　　　5．腹部の温感　　　訓練公式「胃のあたりが温かい」
　　　6．額が冷たい感じ　訓練公式「額が涼しい」

〈実際の進め方〉

　リラックスした姿勢と構えをつくり，「右腕が重たい。気持ちが落ち着いている。右腕が重たい」とゆっくりと1分ほど唱え，肘の曲げ伸ばし・背伸びという取り消し動作を必ず行なう。これが1試行であり，続けて，2試行行なう。右腕の重たい感じが出てきたら，「右腕が重たい。気持ちが落ち着いている。左腕が重たい」と公式を付け加えていく。左腕が重たい感じが出てきたら，次に，「右腕が重たい。左腕が重たい。両腕が重たい。気持ちが落ち着いている。右足が重たい」と進み，「右腕が重たい。左腕が重たい。両腕が重たい。右足が重たい。左足が重たい。両腕，両足が重たい。気持ちが落ち着いている」と進む。

　マスターしていくと，すぐに，感じが出てくるので，「両腕が重たい。両足が

重たい。右腕が温かい」と訓練公式1を「両腕」と簡略にして，訓練公式2を加えていく。すなわち，「両腕が重たい。両足が重たい。右腕が温かい。左腕が温かい」とくるんでいくように，公式を加えていく。さらに，「両腕が重たい。両足が重たい。両腕が温かい。両足が温かい。心臓が静かに規則正しく打っている」と進む。

　公式はわずかでも変えてはならない。たとえば，「右腕が重たくなる」と唱えてはならない。「重たくなる」というのは「〜ねばならない」といった過剰な努力のしかたを連想する。さりげない注意といった受動的注意集中の状態が大切だからである。また，「右手が重たい」も誤りである。「手」というと，手首から先をイメージしてしまう。「腕」は肩のつけねから手指先までである。

　喘息，過呼吸，アトピー性皮膚炎，心臓疾患などの症状がある場合は，その器官の公式を唱えないのが原則である。自律訓練法を十分に習得しているスクールカウンセラーなどの専門家のアドバイスを受けながら進めるとよい。

　標準練習を行なっていると，筋肉がピクピクしたり笑いたくなったり感情がわき出てくることがある。これをルーテは自律性解放とよび，治療上有意義であり，そのまま発散させることがよいと考えた。

　「これをやっているとき，身体がピクピクしたり，なにかおかしくなることがあります。それは，身体に溜まった疲れが，身体の外に出ていっていると思ってください。」
と言うと，安心する。

2．イメージ法

　イメージ法は，現実場面での問題やむずかしいことを，イメージの中で克服する体験によって，現実生活をよりよいものにすることをめざしている。スポーツの試合，学力試験，また修学旅行などの乗り物酔いなど，予測できるストレスに対して行なうイメージ法が取り組みやすい。また，気持ちをさわやかにするために行なうイメージ法も危険性が少ない。心理療法としては気がかりなことを整理するイメージ法がある。また，催眠の手続きをとらないで，イメージを浮かべる解決イメージ法がある。

(1)　予測できるストレスへのイメージ法（乗り物酔いを例に）

　① 準　備

　まず，「乗り物酔い防止のイメージトレーニングをする」と希望者を募る。保護者の了解も得ていたほうがよい。次に，参加者に，よいイメージをもつことで実際，乗り物酔いにならないということを伝える。スポーツ選手のイメージトレーニングの話やビデオを見て動機づけを高める。さらに，乗り物酔いになったときに，こんなことをすれば気分や身体が楽になるという各自のストレス対処を話し合っておく。グループで話してもよいし，シートに記入してもよい。「窓を開ける，隣の人と話をする，深呼吸をする」などがよく出る。また，緊

張すると自律神経が乱れ，さらに，心身が不調になるという悪循環が起こる。それを断ち切るために，リラックス法とイメージ法があることを説明する。

② リラックス法

自律訓練の標準練習，漸進性弛緩法，呼吸法，動作法，運動催眠などから，自分にあったリラックス法によって，まず，リラックスする。

③ イメージ法

「明日は楽しい旅行です。あなたの部屋のイメージが浮かんできます。…はい，浮かんできたら，右手の親指をちょっとあげてください（集団でするときは，合図も事前に練習しておく）。お布団に入って，"ぐっすり眠ってすっきりと目が覚めます"と自分にメッセージを送ってみましょう。寝つかれないときは，自分の好きな方法でリラックスしましょう。…（体調がよくないと酔いやすいので，前日の睡眠は大切である。スポーツの試合がテーマでも同じ）朝ですよ。6時にすっきりと目が覚めました（事前の話し合いで，何時ごろ起きるかを聞いておく）。準備はもうできていますね。朝ごはんもおいしいですね。では，学校に行きましょう。バスが見えますよ。近づいてみましょう。どうですか，バスはエンジンをかけています。排気ガスの臭いがしますね。今日は臭いがしても平気ですね。もしちょっと嫌だなと思った人は，深呼吸をしてみてください。すーっと楽になりますよ。じゃ，バスに乗りましょう。…歌を歌ったり楽しい雰囲気ですね。いつもと違って，ぜんぜん酔いませんね。とっても楽しいですね。…ちょっと，バスがカーブにさしかかりました。くねくねした道ですね。右に身体が倒れる。…左に倒れる。…どうですか。こんなに揺れても，今日は平気ですね。でも，ちょっとむかむかしてきた人がいたら，深呼吸をしてみましょう。…それでもむかむかする人は，肩を上げてストンと力を抜くことをしましょう。…"窓をちょっと開けて"と頼んでもいいですよ。…隣の人とお話すると楽になる人はそうしましょう。…はい，気持ちがいいですね。楽しいイメージが浮かんでいますよ。」

④ 解イメージ

「それでは，10から1まで数を数えます。だんだん，イメージがぼんやりしてきます。そして，すっきり，さっぱりした気持ちで目が覚めます。10，9，8，もうイメージはぼんやりしてきましたね。頭もすっきりしてきましたよ。7，6，5，4，はい，もうさっぱりした気持ちですね。3，2，1，はい。ぐーっと背伸びをして，はい，目を開けましょう。」

クラス全体で行なうときは，準備とリラックス法をやって，イメージ法は省略し，

「むかむかしてきても，リラックス法や窓を開けたりすれば，大丈夫です。楽しい気持ちで旅行ができます。」

とメッセージを送るだけで効果的である。

(2) 気持ちをさわやかにするイメージ法

「心と身体がホッとする場面をイメージすると身体の底から元気がわいてきます。目を閉じると，さわやかなあたたかい陽がさした野原や砂浜が浮かんできます。ごろんと寝転がっているあなたが見えてきます。気持ちよさそうですね。それじゃ，そのイメージの中に入って，寝転がっているあなたになってみましょう。背中があたたかくて気持ちがいいですね。そよ風が吹いて，身体全体が気持ちいいですね。身体の疲れがとれていきますね。…」

イメージを終わるときは，自律訓練の取り消し動作と同じ手続きで，さっぱり，すっきりと目を開ける。

(3) 気がかりなことを整理するイメージ法

フォーカシングから生まれた箱イメージ法，わが国で開発された壺イメージ法や壺描画法（田嶌，1987）がある。また，親や友だちにしてもらったこと，

しかえしたことなどをふりかえる内観法（三木，1976）もイメージ法のひとつである。また，災害のショックを整理する方法として，災害前と災害後の自画像を描くのもひとつのイメージ法である。しかし，これらの方法は，カウンセリングの訓練を十分に受けてからでないと，実施しないほうがよい。

(4) 解決イメージ法

テーマは，学校での勉強，家での勉強，スポーツ，友だちとの遊びから選んでもらう。もっともうまくやれているイメージを浮かべる。そのイメージを絵やことばにする。次に，もっともうまくやれているイメージを10点とすると，この1週間は，何点ぐらいだったかをたずねる。たとえば，6点だったとすると，1点あげるには何をすればよいかを具体的に考えてもらう。「マンガを遠ざける。帰ったらドリルをする」といった自分なりの努力を宣言できればよい。次の週にどれくらいやれたかを報告する。原因を探すのではなく，解決に視点をあてたイメージ法である（展開編6章参照）。

3．暗示法

暗示とは，他者ないし自分自身から，暗々裏にある志向的な意味をもつことばやジェスチュアやシンボルなどの刺激が与えられると，知らないうちに主体の感覚，観念，志向，判断，意図，行為，感情，信念などの精神過程や行動が影響を受けて，その志向する方向へ変化する心理的現象である（成瀬，1968）。一般的に暗示というときには"暗示を与える"というように与えられる刺激をさすが，刺激によって生じる心理学的過程も暗示とよぶ。暗示によって人為的に引き起こされた特異な意識性（変性意識状態）と被暗示性（暗示のかかりやすさ）が強まった状態が催眠である。他者から暗示が与えられる場合が他者催眠で，みずから暗示するものが自己催眠である。

前述した自律訓練法は自己催眠の一種であり，心身症や神経症の治療だけではなく，健康増進やストレス緩和を目的として従来から一般に広く活用されている。スウェーデンでは，自律訓練法とは異なるが，健康教育の一環として暗示効果を積極的に取り入れたストレスマネジメント教育が展開されている。その特徴は，暗示効果を利用したカセットテープを活用していることである。言語暗示と穏やかな音楽から構成された学習プログラムがカセットテープに録音されており，それを学校や家庭で繰り返し聞いて独習できるように工夫されている。その内容は，表3-2に示しているようなウネスタル（Unestål, 1982）の競技選手用に開発されたメンタルトレーニング・プログラムに基づいている。

このプログラムの特徴は，以下のような催眠研

表3-2 基本的なメンタルトレーニング（Unestål, 1982）

ステップ1：身体的リラクセーション
ステップ2：精神的リラクセーション
ステップ3：観念運動トレーニング
ステップ4：問題解決トレーニング
ステップ5：自己イメージと目標イメージトレーニング
ステップ6：注意集中トレーニング
ステップ7：自己活性化トレーニング
ステップ8：メンタルリハーサル
ステップ9：パフォーマンス暗示

究の結果(Uneståhl, 1973)に依拠し，漸進性弛緩法によるリラクセーションとイメージ体験を強化したあとに催眠暗示を活用することである。

①規則的かつ系統的な長期間の自己催眠は他者催眠よりもすぐれていた
②オーディオテープに録音した催眠暗示は，スタンフォード被催眠暗示性標準尺度では，実際に目の前にいる催眠者によって与えられた暗示と同じ効果を示した
③長期間のイメージトレーニングによってイメージの鮮明性と統御性が増大した
④長期間のリラクセーションとイメージトレーニングによって，スタンフォード被催眠暗示性標準尺度では，催眠のスキルが増大した

　このメンタルトレーニング・プログラムが競技者の心理的コンディショニングや実力発揮に有効であったことから，そのエッセンスが子どものためのストレスマネジメント教育に取り入れられるようになったのである。具体的には，子どもの発達段階に応じて使用することばを変えて，5～8歳用，6～12歳用，ティーンエージャー用の3通りのプログラムが用意され，オーディオテープ化されたものが教材として教育現場に普及している。そのテープの特徴は，漸進性弛緩法によるリラクセーション後に，イメージを思い浮かべるように誘導し，安心感，自尊心，自信などをはぐくむ暗示が与えられていることである。たとえば小学生用に作られたテープ（Solin, 1996）では，終始ゆっくりしたテンポで静かな音楽が流れ，漸進性弛緩法に関する言語教示のあとに，次のような内容が録音されている。

- 次にとても気に入っていて，安全で美しい特別な場所にいるところを思い浮かべましょう
- そこは本当にある場所ですか，あなたの心の中で作り出した場所ですか
- そこは海辺や田舎の公園ですか，それともとても素敵な部屋ですか
- その場所に，とても好きな人や動物といっしょにいることを考えてください
- しばらくの間，自分が思い浮かべた場所について考えてください（15秒間）
- 楽しい時をそこで過ごしている自分自身に気づいてください
- 少しの間，そこにとどまっていましょう（2分間）
- この特別な場所は，好きなときにいつでももどることができます
- そこは，いつも安全で自分だけの場所です
- この場所にもどってきたときには，幸せを感じ，気分がよくなります
- さあ，朝起きたときのように，背伸びをしましょう
- 目を開けて，身体の内部のここちよさを感じましょう

　このように安全で美しい場所や心が和むイメージに誘導され，リラックスしたイメージを体験したあとに，「好きなときにいつでももどることができ，その場所では幸せを感じ，気分がよくなる」という暗示が与えられるのである。カセットテープを週に2～3回，1回に5～10分聴けばよいということで，スウェーデンの教育現場ではカセットテープを使ったストレスマネジメント教育に人気がある。しかし，問題がないわけではない。このテープを使う前に，ストレスマネジメント教育の導入を工夫することが重要であることに変わりはないし，教師自身が日ごろから子どもとコミュニケーションをはかり，日常的に子どものストレスに配慮できるようになることが必要である。オーディオテープ

にかかわらずビデオテープ（山中・冨永，1999）でも，それに依存するのではなく，リラクセーション体験を得るための参考材料として活用することが望ましい。

3節　ソーシャルサポートによるストレスマネジメント技法

1．コミュニケーションスキル法

「ファミコンの○○ソフト貸してくれない！」と言われて断りたいけれど断れない。手を挙げて発言したいけれどできない。一方的に自分の意見を主張して人の意見を聞けない。コミュニケーションがスムーズにいかないとストレスが溜まる。そのため，思いがけずに一気に爆発するか，身体に溜め込んで不調を訴えるか，まわりの人をイライラさせる。気持ちがよいコミュニケーションのしかたを学ぶことは，ストレス対処には不可欠である。

(1) アサーショントレーニング

困った注文や不快な場面に出合ったときの対応のしかたとして，相手を責めるやり方（攻撃的），自分の思いを取り下げるやり方（非主張的），自分の思いを大切にし，かつ相手にも配慮するやり方（アサーティブ）の3通りがある。アサーティブな対応が，相手にも自分にも最もストレスを生じさせない方法であり，そのスキル訓練をアサーティブトレーニングとよんでいる（平木，1993；Patel, 1989）。

〈step1：自分のコミュニケーションのしかたを知る〉

山田（1999）は P. F. スタディを参考にして，さまざまなストレス場面が描かれた絵の主人公の吹き出しに，自分だったらどう答えるかを記入するテスト（図3-3）を作成している（展開編5章）。ストレス場面は，「わたしのたいせつなものこわしたでしょう」「たのまれていたものかってくるのわすれちゃった」「あら，テストね。80点だったの」など，16場面から構成されている。子どもが吹き出しにせりふを書き終わったら，それが「攻撃型」か「あきらめ型（非主張的）」か「よりよい話し型」かのどれかに分けるように求められる。あきらめ型は，「よい子」に多く，自分の本心すら気づいていないこともある。冷静にふりかえることにより，自分が「攻撃型」だったことに気づく子もいる。

〈step2：アサーティブを知る〉

・「自分がやりたいことを言うことは人権として許されており，人もまたこの権利をもっている」ことを知る。
・「自分の気持ちを表明することは悪いことではない」ことを教える。
・表情，身振り，態度などの非言語コミュニケーションが大切なことを

図3-3　ストレス場面での応答テスト（山田，1999）

体験する。二人ペアになり，一人がメッセージの受け手，一人が送り手となる。教師が黒板に簡単なメッセージ（相談にのってくれない，何するんだ，など）を書き，受け手はそれを見ないで，送り手だけが見る。送り手はことばを使わないで，受け手の肩にふれることで，メッセージを伝える（展開編3章）。

「好き」「嫌だ」「悲しい」などの感情のことばをメッセージとし，表情でのみ伝えるというワークも非言語コミュニケーションを体験できる。

- 「いいよ」と言いながら「不快な表情」をするといった2重メッセージを送らない。
- 「あきらめ型」の人の気持ちの奥には「攻撃性」が潜んでいて，それは時として「八つ当たり」として出てしまうことがあることを知る。「会社で自分の気持ちをすべておさえている大人が，家に帰ると子どもが散らかしているおもちゃを見て怒鳴り散らすといった例がある」ことなどを教える。過去の感情のしこりが表出されているのであって，いま子どもたちの散らかしにふさわしい言い方になっていない。
- 「～すべきだ」と理想が強調されすぎたり，「～したらどうしよう」と結果が気になりすぎると，思うように人に自分の気持ちを伝えることができなくなる。大切なのは，いまベストをつくして自分の思いを伝え他者を理解しようと努めている感覚である。そういったことを教える。
- ねばり強くなる。すぐに引き下がらないで，ねばり強く主張する。
- 批判する人へ適切に反応する。
- 怒りのエネルギーを創造的に使う。

〈step3：アサーティブを体験するために攻撃・非主張を体験する〉

大人の場合，現実場面を想定して，攻撃・非主張の練習のロールプレイを行なうことができる。しかし，子どもの場合，ロールプレイで攻撃的になりすぎて，あとの人間関係に響くことがある。山田は，語る内容を捨象して，動物の擬音で表現する練習を行なっている。また，リラクセーション訓練を導入することにより，落ち着いて主張できるようになる。

(2) 構成的グループ・エンカウンター

國分（1992）は，育てるカウンセリングとして，適切な人間関係のとり方，すなわちリレイション体験を学校教育の中で実践することを提案している。その体験ワークの中に，コミュニケーションスキルに関するものが多く含まれる。

 a．「あなたの～が好きです」
  友だちのよい点を探し，その人に伝え，自分も友だちから好きなところを言ってもらう。二人ペアになり，相手の長所や好感がもてることを一言ずつ交代で言い合う。

 b．「私はわたしよ」
  「"わたし"はこの世に一人しかいません。お友だちにはない，わたしだけのことを探してみましょう。他の人が経験していないことや自分で好きな個性だと思うことをカードに3つ書いてください。」
  カードを回収し，だれのかを当てる。

 c．目かくし歩き
  二人ひと組でペアを組み，一人は目かくしをし，もう一人はことばを使わないで，目かくしをした人を連れて校舎を散歩する。非言語的コミュニケーションの大切さを実感する。　＊その他，さまざまなワークが提案されている。

2. ソーシャルサポート

ソーシャルサポートとは，その人をとりまく重要な他者から得られるさまざまな種類の援助（support）のことであるが，その定義や分類はいろいろある。たとえばコブ（Cobb, 1976）は，次のように定義している。

①他者からケアされている，愛されていると信じさせるような情報
②他者から尊重されている，価値ある者とみなされていると信じさせるような情報
③相互に義務を負うようなコミュニケーションネットワークに所属していると信じさせるような情報

こうした情報やメッセージが繰り返し与えられることによって，安心感や自尊心が増すことは容易に想像できる。コブが主として情動面に関するサポートに焦点を当てているのに対して，ハウス（House, 1981）は情動的サポートの他に，品物やサービスという形で困っている人に直接的に援助する物質的サポートや，問題や悩みを抱えている人に利用可能な情報を提供する情報的サポートなどをあげている。なかでも情動的サポートと情報的サポートについては，ストレスの直接的軽減効果と緩衝効果があることが指摘されている。

このように他者から与えられるソーシャルサポートの内容はさまざまであるが，もっとも重要なことは，そのサポートを本人がどのように受けとめるかということである。というのは，どんなに援助の手を差し伸べようとしても，それを受け入れるかどうかは，本人しだいだからである。この点に関連してバレラ（Barrera, 1986）は，ソーシャルサポートとして社会的ネットワーク（social embeddedness），知覚されたサポート（preceived support），実行サポート（enacted suppot）の3つをあげている。ここでいう社会的ネットワークとは，社会的ネットワークの大きさやそれを構成する成員間の緊密性などのような人間関係の構造をさしている。知覚されたサポートとは，他者から援助を受ける可能性に対する期待，あるいは援助に対する主観的評価を意味している。また，実行サポートとは，他者から実際に受けた援助である。社会的ネットワークや実行サポートとストレス反応の一貫した関係は見いだされていないが，知覚されたサポートについては，それが高いほどストレス反応が低いということが示されている。つまり，他者から援助してもらえるという期待が強いほどストレス反応が軽減されるということである。その理由としては，サポート期待がストレッサーに対する嫌悪性やコントロール感といった認知的評価に影響し，ストレス反応を抑制するからだと考えられている（Cohen & Wills, 1985）。

従来のソーシャルサポートとストレス反応の関係に関する研究は大人を対象としたものであったが，岡安ら（1993）は知覚されたサポートの観点から中学生のストレスを調査した。その結果，生徒が学校ストレッサーを感じていたとしても，本人が周囲の人に相談したりなぐさめられたりするソーシャルサポートを受けることができると思っていると，ストレス反応が軽減することをがわ

かった。小学生についても，嶋田（1993）によって同様の結果が示されている。以上のような調査結果を踏まえると，ストレスマネジメント教育の一環として，日ごろから子どもたちに困ったことがあったらだれかに相談したり，援助を求めるように啓蒙しておくことと，実際にそのような体験を援助する具体的なアプローチが必要であるといえよう。なぜならば，他者からの援助に対する期待は，それまでに受けた援助体験によって影響されると考えられるが，実際の学校生活ではそのような体験を得ることがむずかしくなっているからである。

　ストレスが高まっている段階では，周囲の大人や仲間から安心してサポートを受けることが重要であり，そのためには環境整備が必要である。1995年から開始されたスクールカウンセラーの学校配置は，子どもや教師からするとソーシャルサポートシステムを確立するための人的，制度的環境整備として位置づけられる。もちろん，それが有効なサポート資源であると子どもたちから認められるためには，カウンセリングルームはなにか問題を抱えている人だけが利用する特別な所という印象を払拭し，気軽に話せる雰囲気づくりを日ごろから心がける必要がある。そのようなソーシャルサポート・システムの確立と同時に，子ども自身がサポート資源になれるように成長することも配慮されなければならない。いつもサポートされるばかりでは自立が妨げられかねないし，自尊心が育ちにくいことも危惧される。落ち着いて元気が出たら，サポートする側になることが望ましい。生きているからよいこともあれば，悪いこともある。援助体験をしたり，被援助体験をしたり，相互に支えあう体験が大切である。そうでなければ，自尊心や自信がはぐくまれないだけではなく，さまざまな否定的感情が強化されることにもなりかねない。カウンセリングの中でさえ，カウンセラーがクライエントを支えるだけではなく，逆にカウンセラーがクライエントから支えられていることもある。悲しみや苦しみの中から生まれたクライエントの笑顔は，カウンセラーを安心させ，時には自分の存在やアプローチの有効性を肯定してくれることもある。クライエントの存在自体が，カウンセラーの支えになる。実生活の中でも，こうした体験をすることは多々ある。それは親子関係や教師と児童・生徒の関係の中でもしばしば実感されることである。子どもどうしの関係の中でこのような体験を促進することは容易なことではないが，まったく不可能なわけではない。

　たとえば，前述しているように「構成的グループ・エンカウンター」の手法やねらいを取り入れた授業を展開することもできる。教師がファシリテーター（グループ・エンカウンターのリーダー）として存在し，子どもたちが他者との交流の中で自分に気づき，他者の気持ちを知り，自分の対応のしかたや生き方を考えるようにして，ソーシャルサポートの大切さに気づくようにはたらきかけるのである。しかし，もっとも効果的な援助体験や被援助体験は，4章，5章で述べている動作法に基づくペア・リラクセーションである。

4章 動作法に基づくストレスマネジメント教育の展開

ストレスマネジメント教育のひとつの有力な技法が動作法である。それは，生徒どうし，援助する・援助される体験を通して，ストレスに対処できるさまざまな体験をはぐくむ。本章では，動作法の基礎知識を学ぶため，動作法の歴史・理論・展開を述べる。次に，ストレスマネジメント教育の中に動作法を位置づける意義とねらいを述べる。さらに，動作法に基づいたストレスマネジメント技法のもっとも有効な技法のひとつであるペア・リラクセーションを例にとり，その理論的位置づけや実施上の留意点を述べる。

1節　動作法の歴史

　小林（1966）は，脳性マヒの青年を催眠に誘導したところ，上がらなかった腕が上がることを報告した。この報告を受けて成瀬悟策（九州大学名誉教授）とその弟子たちは，脳性マヒ児・者の運動改善をめざした心理学的なアプローチをはじめた。催眠はことばの理解ができないとむずかしいこと，催眠にかかりにくい人がいること，催眠状態から醒めると効果があまり持続しないことなど，限界があることがわかった。そこで，催眠中の何が運動の改善をもたらしたのかを検討した。わかったことは，リラクセーション（弛緩）が大切だということであった。

　リラクセーションには，自己弛緩と他律弛緩があり，重要なのは自己弛緩のほうであった。他律弛緩は，筋肉などの身体が弛緩するために身体に直接はたらきかける方法であり，筋弛緩剤やマッサージなどがその代表である。自己弛緩は，自分が身体をゆるめるという行為と能力をさし，暗示を自分で唱える自律訓練法と身体に力を入れて脱力する漸進性弛緩法が代表的であった。すなわち，筋肉など身体がゆるんでいる状態と自分が身体をゆるめるという行為を明確に区別した（図4-1）。自律訓練法も漸進性弛緩法もいずれもすべてひとりで行なわなければならず，脳性マヒ児・者にとってはどのように努力してよいかがむずかしい問題であった。そこで，援助者が，緊張している身体部位に手をそえて援助しながらいっしょに動かしたり，ゆるめるまで待ったりする他動援助弛緩法が開発され，弛緩訓練と名づけられた。ここで，援助する人をトレーナー，援助される人をトレーニーとよぶ。たとえば，トレーニー（脳性マヒ児）の曲がっている肘をトレーナーが伸ばすとトレーニーの緊張が増大することが

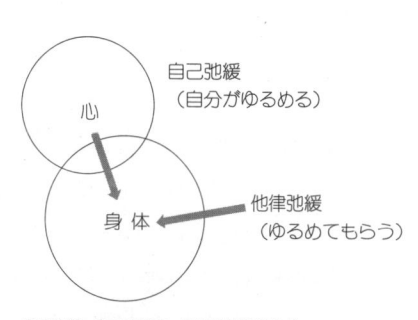

図4-1　自己弛緩と他律弛緩

ある。この緊張は，筋の緊張としてあらわれるし，心の緊張としてもあらわれる。トレーナーは，「いま，ギューッとがんばってるね，ふわっとできないかな」と声かけをする。少しでも，トレーニーがゆるめることができると，「そうそう，いまの感じだよ。上手だね」とフィードバックし，トレーナーの援助の手をゆるめる。トレーニーは，トレーナーのことばかけや援助の手の感じから，自分でゆるめるコツを少しずつ習得していく。

また，単一関節部位を自分でうまく動かせるように援助する単位動作訓練，日常生活の動作の基本となる立位や歩行を援助する基本動作訓練が考案された。弛緩訓練，単位動作訓練，基本動作訓練を総称して「動作訓練」とよび，組織的な訓練法が開発されていった。

成瀬らによる脳性マヒ児への研究成果（成瀬，1973）は朝日学術奨励賞を受けるなどマスコミでも大きく報道され，全国から脳性マヒ児が訓練を受けに訪れるようになった。そこで，森繁久弥らの「あゆみの箱」の基金で福岡県朝倉郡夜須町に「やすらぎ荘」が建設され，そこを本拠地として，1週間集団宿泊形式の訓練キャンプが開始された。訓練キャンプでは動作訓練が中心となったが，脳性マヒ児への心にはたらきかける方法として遊戯療法が重視され，「集団療法」として位置づけられた。また，食事・排泄などの「生活指導」も重視された。こうして動作訓練，集団療法，生活指導の3つを柱とした「心理リハビリテーション」が生まれた。

動作訓練は，養護・訓練の主要な方法として養護学校に受け入れられていった。初期のころ，やすらぎ荘を訪れた脳性マヒ児は，緊張は強いが動きがよい子が多かった。だから，弛緩訓練を中心に訓練を行なえば，あとは自分で動かし方を工夫し，運動が改善していく事例がたくさんあった。ところが，障害が重度重複化していく中，弛緩訓練中心では，キャンプが終わった直後はよいが，すぐに元にもどるということが多々みられるようになった。また，この足首がもう少し伸びればといったトレーナーの情熱が，ついつい他動の力を強め，その結果，訓練を嫌がるようなトレーニーが出てきた。子どもの心を大切にする訓練法でありながら，訓練を拒否する子が出てしまうのはおかしい。そこで，技法の改変が試みられた。坐位や膝立ち，立位といった姿勢動作の中で訓練をするという方法が考案され，「タテ系動作訓練法」と名づけられた。姿勢動作中心だと，訓練成果がすぐに日常生活に活用される。また，弛緩の成果がすぐに姿勢や動きの成果として感じられやすいので，トレーニーが訓練を嫌がることがほとんどなくなった。

たとえば，坐位訓練では，背中が屈となっているときは，トレーナーに身体をまかせるようにまず弛緩を行なう（おまかせ脱力）。身も心も他者にまかせる体験がトレーニーにできるように援助する。少しでもまかせられるようになると，頭から尻まで1本の軸をつくり，力を入れる練習をする（軸づくり）。また，

腰が引けている場合は腰を起こし，前に股を折る弛緩をする。腰を立てたまま，頭から尻に軸をつくり，身体を立てていく。次に，左右のバランスづくりのために，右・左の尻にうまく体重をのせる練習をする（左右の踏みしめ）。

このような，タテ系動作訓練法は，させられる体験より，自分でする体験が強調されるため，訓練への拒否も少なくなったのである。

2節　動作法の理論

催眠によって，脳性マヒ児・者の運動が改善されたことから，脳性マヒ児・者への心理的なはたらきかけについての研究がなされた。ひとつは，集団遊戯療法である。脳性マヒ児10名を集めて，週に1回，1時間程度の集団遊びを行なった。その結果，運動の改善がみられた子どもと，逆に運動が悪化した子どもが出てきた。運動が改善した子どもは，もともと外界への興味・関心が乏しい子だった。運動が悪化した子どもは，リーダー的存在の活発な子だった（大野，1989）。もう一つの研究は，筋電図バイオフィードバックである。大野（1972）は，まだバイオフィードバック研究が世界的に普及していないころ，脳性マヒ者に，筋電図の波形を呈示し，その波形を小さくするように求め，随意的に筋緊張を弛緩することに成功した。

この事実と催眠による事実から，成瀬（1985）は，「意図→努力→身体運動」の理論を提唱した。すなわち，身体運動は，意図と努力によって実現されるものであり，その一連の過程を「動作」とよび，「運動」と明確に区別した。

集団遊戯療法で，運動改善がみられた子どもは，もともと意図が不活性な子であり，他児の活発なはたらきかけにともない意図が活性化され，その結果，膝立ちをするなど運動が改善されたと説明できる。一方，運動が悪化した子どもは，もともと動きがよく，意図は活性化していた。ところが，自分なりの努力のしかたでがんばるので，それが強化され，より筋緊張が強くなったと説明できる。また催眠での運動改善は，直接「努力のしかた」にはたらきかけたためだと説明できる。また，筋電図バイオフィードバックでは，身体運動としての緊張弛緩の情報が詳しく与えられたため，身体（身体運動）と心（意図や努力）の関係を変えることができたと説明できる。

「意図→努力→身体運動」という動作図式（図4-2）はあたりまえのようだが，いまの医学や教育の現状をみると，この図式が驚くほど新鮮にみえる。たとえば，医学での脳卒中の後遺症のリハビリテーションをみれば，多くは他動訓練がなされている。これは，手足の硬さをやわらげるために，機械的に，手足の曲げ伸ばしを理学療法士が行なうのである。患者は，理学療法士が行なう他動運動に身をまかせればいいのであろうか，ま

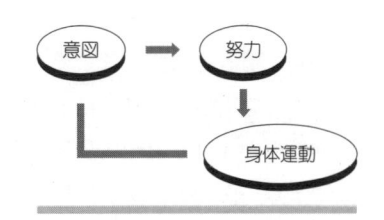

図4-2　動作図式

たは，いっしょに動かそうと努力すればいいのであろうか。そういった患者の構え，意図，努力のしかたをいっさい問うていないのが他動訓練である。一方，教育をみれば，50メートルを車いすで何秒で走れたかといった，成績中心の取り組みがなされている。脳性マヒ児の場合，がんばらせた結果，腰痛がひどくなり，車いすにも座れなくなったといった報告もある。この結果中心の「がんばれ」教育は，普通教育でも日常化している。「がんばれ」という意図へのはたらきかけと，「何秒で」という身体運動の結果のみに視点を置き，努力のしかたを考慮していない。このように，いま実践されている療法や教育をみると，動作図式（図4-2）は新鮮な枠組みを提供している。

　次に，心理療法として動作法をとらえるとき，「体験内容」と「体験様式」という概念が重要になる。人は皆，悩みを抱えている。たとえば，過去の失敗（図4-3の△a）が思い出されて苦しいと悩んでいる人のことを考えてみよう。△の中味が，体験の内容である。精神分析やカウンセリングでは，その過去の失敗から連想することを求める。時には母子関係の歪みにまでさかのぼることもある。それは，体験内容に視点をあてた心理療法である。動作法による心理療法では，その内容ではなく，過去の失敗とのつきあい方（図4-3の矢印）に視点をあてる。過去の失敗が思い出されると，どう自分が身構えているかということを尋ねる。身体に力が入り，心臓がドキドキし，居ても立ってもいられないならば，そういった構えを変えるために，身体をゆるめたり，しっかりと立つ練習をし，過去の失敗とのつきあい方を変えていく。過去の失敗という思い出に圧倒され，コントロールできなくなっている自分のあり方が問題なのであって，過去の失敗という内容そのものが問題となるわけではない。そういった立場の心理療法を「体験治療論」とよんでいる（成瀬，1995）。

　動作法では主たる体験を3つ考えている（成瀬，1999）。「生活体験」と「動作体験」と「ともなう体験」である（図4-4）。

　「生活体験」とは，日常生活を送っているときの体験のしかたであり，ひいては生き方である。たとえば，勉強や仕事をするときにその結果のみを重視してしゃにむにがんばるような生き方をしている人もいれば，まわりの人に気を遣ってばかりいて自分の気持ちを抑えてしまう生き方をしている人もいる。そういった生活体験のしかたでは，神経症や心身症などさまざまな問題を引き起こす。そこでストレスマネジメント授業や動作法では，日常生活でのがんばり方や生き方の基となる望ましい努力のしかたを提案し，そこで得られる動作の体験を「動作体験」

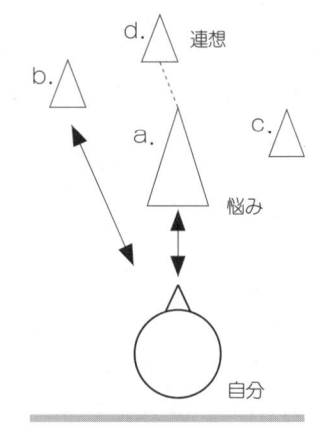

図4-3　体験内容（△）と体験様式（↕）

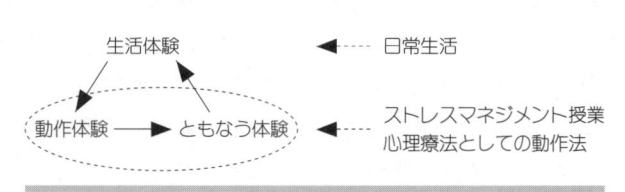

図4-4　体験のトライアングル

とよび，またその「動作体験」にともなうさまざまな体験を「ともなう体験」とよんでいる。ともなう体験には，ホッとしたといった安心感，なにかやれる気がするといった自己効力感，自分の身体をいたわろうとする自体慈愛感，他者の努力を実感する共感などがある（展開編1章参照）。こういった「ともなう体験」が起こって，はじめて望ましい生活体験の変化が生じる。そこで，体験ワークにあたっては，

> 「勉強や仕事をするっていうのはがんばることだよね。それはとってもすばらしいことなんだけど，がんばり方っていうのがあるよね。たとえば，肩を上げて耳までくっつけようと思ってください。その時に，全身に力を入れて肩を上げることもできれば，肩だけ力を入れて他は適度に力を抜くっていうがんばり方もあるよね。全身に力を入れていては，すごく疲れちゃうでしょ。勉強しているときもたまにそういったがんばり方を点検してみるといいですね」

と教示しながら行なう。

動作法では，援助の手段として，直接身体にふれる。この「身体にふれる」ことの理論的な意味をおさえておきたい。「自分ではどうしても力の抜き方がわからない。力が入っているのかさえわからない」といったときに，他者から動かしてもらうとよくわかる。他者にさわってもらうとよく感じられる。自分ができないところを，できるようになるために，手伝ってもらうのである。つまり，自己理解や自己コントロールを促進するために，他者の「ふれる」という援助がある。しかし，自分で緊張を感じられたり，力をうまく抜くことができるようになれば，この援助はかえって妨げとなる。「身体にふれる」というのは，「してもらう体験」から「自分でする体験」へと変えていくための，援助の一過程にすぎない。これは，スポーツの援助で生徒の身体を補強するのと同じ考えである。だから，人間関係をよくしよう，なかよくしよう，といった目的で「身体にふれる」のではない。このため，構成的グループ・エンカウンターでの肩もみや肩ほぐしといった体験ワークとは基本的に異なる。また，自閉症児を対象に「とけあう体験」を重視した動作法を考案した今野（1990）とも異なる。ここで述べている動作法に基づくストレスマネジメントは，自己理解を深めるために他者の援助が有効であるという考えに基づいている。

3節　動作法の展開

動作法が，脳性マヒ児・者への催眠から生まれたことはすでに述べた。催眠の手続きは用いないが，催眠のリラクセーションを活かした方法といえる。催眠から生まれた方法として，もうひとつイメージ法がある。動作法が運動催眠を精巧にしたのに対し，イメージ法は知覚催眠を精巧にした方法である。この2つの方法の歴史的な流れを表4-1に示す。

脳性マヒ児への訓練として開発された動作訓練は，さまざまな障害をもつ人

へ適用され，効果をあげてきた。今野と大野（1977）は，自閉症児や多動児に，単位動作訓練である腕上げ動作を適用した結果，視線が合うなどの人間関係の改善や，落ち着くなどの問題行動の改善を報告した。そこで，動作そのものの改善ではなく，問題行動や対人関係など，動作以外の心理行動の改善を目的として動作をもちいるとき，これを「動作法」とよぶことになった。

さらに，鶴（1985）は，慢性の統合失調症患者に動作訓練を適用した結果，あいさつをはじめるなど，人間関係のよい変化を報告した。また，不登校や神経症・心身症にも効果が報告された（藤岡，1992；窪田，1991；吉川，1992）。一方で，スポーツ選手に適用した結果，成績の向上がみられたとの報告もなされた（星野，1992；山中，1992）。また，失語症者などの高齢障害者への適用が報告され（中島，1996），1級ホームヘルパーのテキストの心理学的援助の一方法として紹介されるにいたった。さらに，1995年の阪神・淡路大震災では，リラックス動作法と称して避難所や仮設住宅で実施され，心の回復支援に寄与した（冨永，1995）。

このように，当初，動作の改善を目的として開発された動作訓練は，全人格的成長をうながす心理療法として，また，健康増進のための健康法として発展してきた。すなわち，動作を通して，対人関係や自己をみつめる方法として，わが国独自な心理療法として発展しつつある。日本臨床動作学会として学会も設立され，会員は臨床心理士のみならず，医師，理学療法士，助産師，教師など多岐にわたっている。

近年の動作法による心理療法の効果をみると，これまでの心理療法では，長期にわたって治療が困難であった事例が劇的に変化している報告が多い。たとえば，吉川（1992）は，腰の痛みから立位ができなくなり5年間医療ケアを受けていた少年が，動作法による心理療法開始後，わずか1週間で立位が可能となり，野球をするまでに回復した事例を報告している。畠中（1996）は，被害関係念慮のある青年に，肩を反るという課題のみを行ない，社会自立を援助していった事例を報告している。また村田

表4-1 動作法とイメージ法の展開

	動作法の展開		イメージ法の展開
1966	脳性マヒ者への催眠（木村 駿・小林 茂）動作訓練 やすらぎ荘開設 心理リハビリテーション研究所開設	1965	持続催眠法（栗山一八）
		1976	三角形イメージ法（藤原勝紀）
1977	自閉・多動へ（今野義孝・大野清志）		
1985	統合失調症へ（鶴 光代）	1987	壺イメージ法（田嶌誠一）
1992	神経症・心身症へ（藤岡孝志・吉川吉美）		
1992	スポーツへ（星野公夫・山中 寛）		
1992	普通学級での動作訓練ごっこ（野田和裕）		
1995	高齢者福祉（中島健一）	1994	エリクソニアン・ブリーフサイコセラピィ（宮田敬一）
1995	PTSD（冨永良喜）		
1996	境界例へ（畠中雄平）		
1997	動作法によるストレスマネジメント教育（山中 寛・冨永良喜）		
1998	新生児と産じよく婦への動作法（阿賀野多恵子）		
1998	自己臭へ（村田有美）		
1999	普通学校での教育動作（菱沼昇一）	1999	イメージ動作法（冨永良喜）

（1998）は，自己臭に悩む青年に動作法による心理療法を適用したところ，数回の面接で自己臭が治癒したという驚くべき報告がなされている。

また，母乳育児をすすめる助産所で動作法を取り入れた母子指導を行なっている阿賀野（1998）によれば，1～2回のセッションで母親のイライラが鎮まり，よい母子相互作用が展開するという。これは，子育て不安や虐待が注目を集めている中，従来の言語面接ではなし得なかった効果を期待できる。

このように動作法の劇的な効果ばかり述べると，魔術的なものとして誤解される恐れがあるので，いずれの事例も，クライエントへの的確な見立てと，慎重な導入があってはじめて有効なことを付け加えておきたい。たとえば，畠中は，過去の話に終始したり周囲への不信や攻撃が表明されているときには，動作法の課題を提案していない。2か月の面接のあと，クライエントが「まわりをなんとかしようとするより，自分自身が変わったほうが楽かも」と表明したとき，はじめて自分を変えていく方法として動作法を提案している。

一方，スポーツの分野では，山中 寛がシドニーオリンピック・スポーツカウンセラー（野球）を務めていることもあり，動作法の効果と理論はプロ野球界でも認められつつある。

動作法によるストレスマネジメント教育の歴史も述べておきたい。1992年，日本リハビリテーション心理学会にて，野田ら（1994）が動作訓練ごっこと称して，普通学級で動作法によるストレスマネジメント教育を実践し，人間関係の促進などがみられたことを報告した。さらに，小学校校長である菱沼(1999)は，教育動作という名称で学校で実践中である。また山中と冨永（編者）によって，ストレスマネジメント教育臨床研究会が1998年に発足し，神戸と鹿児島で研修会が開催された。

一方，イメージ法は，持続催眠法（栗山，1995），三角形イメージ法（藤原，1994）壺イメージ法（田嶌，1987）など，わが国オリジナルの方法が次つぎに開発されていった。また，宮田（1994）はミルトン・エリクソンのブリーフサイコセラピーをわが国に紹介し，なかでも解決志向的カウンセリングは，望ましいイメージを浮かべるイメージ法である。さらに，冨永（1999）は，イメージ法の中で動作法を行なう心理療法を提唱している。

4節　ストレスマネジメント教育展開の経緯

動作法をストレスマネジメント教育に応用できないかと思うようになったのは，筆者が1995年から開始された文部省（現文部科学省）のスクールカウンセラー活用調査研究事業にかかわり，スクールカウンセラーとして教育現場に赴くようになってからである。実は，その3年前に竹中晃二らとの共同研究（竹中・他，未発表）の中ですでに「ストレスマネジメント教育」ということばは

聞いていたが，その当時は子どものストレスの主要な原因のひとつは「忙しさ」（限られた時間の中で多くの課題を遂行しなければならないという時間的切迫感，Lazarus & Folkman, 1984 参照）なのだから，わざわざストレスマネジメント教育の時間を設けて子どもたちを忙しくさせるぐらいならば，むしろゆっくりする時間を確保するほうがよいと考えていた。しかし，スクールカウンセラーとして，いつも疲れてイライラしている多くの児童・生徒を目の当たりにして考えが変わった。彼らのストレスには時間的切迫感だけではなく，対人関係の希薄さや，ストレッサーに対する構えや体験様式も影響しており，たんにゆっくりさせればよいという状況ではなかった。そういう子どもの実態に目を向けず，二者択一的に学校の教育制度や親の養育態度を批判する社会的風潮にもうんざりしていた。心理臨床的な知見や方法を活用してもっと積極的に目の前にいる子どもたちのストレス軽減をはかり，将来のストレスに対する予防的措置となるような心理学的な取り組みができないかと痛切に感じるようになっていった。言いかえれば，それほど子どもたちにストレスが溜まっていることが実感できるようになったのである。しかも，そのような子どもの数は少なくなかった。何らかの対策を講じないかぎり，その数は増え続けるのではないかと推測された。その状況はいまも変わっていない。そうなると，個別的カウンセリングだけではとても間に合わない。そのようなことに思いをめぐらせるようになって，集団も対象にできるストレスマネジメント教育の必要性を考えるようになったのである。

　幸いなことに，その年に文部省の海外研究開発動向調査にかかわる研究者派遣事業によって，ストレスマネジメント教育の先進国・スウェーデンに視察に出かけることができた。そこでは，ソリン（Solin, 1996）が中心となって催眠研究で有名なウネストール（Unestahl）のメンタルトレーニングプログラムを応用し，催眠の暗示効果を利用したオーディオ・テープをストレスマネジメント授業の中で頻繁に使用していた。一方，アメリカのエドワードとホフマイヤー（Edwards & Hofmeier, 1991）の提唱するストレスマネジメント教育では，ストレス概念の理解や自分のストレス反応に対する気づきを高める工夫がなされており，日本でも竹中ら（1994）の研究が始まったばかりであった。その詳細については2章を参照していただくとして，それらには共通する特徴があった。それは，ストレス対処法としてリラクセーション技法を導入していることと，快適イメージや言語暗示の活用，あるいは学習ノートに自分の長所を記入させるなど，それぞれ方法は異なるものの安心感，自尊心，自信などを育てる工夫がなされていることであった。

　リラクセーション効果と，安心感や自尊心など自己の存在感にかかわるはたらきかけがストレスマネジメント教育に有効であるということから，動作法の活用によってよりいっそうの教育効果が期待できるのではないかと考えるよう

になった。なぜならば，動作法はリラクセーション効果はもとより，自己存在感の育成・強化や安定化を促進するからである。また，心身の自己コントロール能力の向上や心身の調和的なはたらきをもたらすのに効果的であり，動作努力の過程で得られる新しい体験は日常生活上の体験のしかたを変化させ，主体の見方，感じ方，生き方に直接影響するからである。

5節　動作法に基づくストレスマネジメント教育の目的

1. 学校ストレス介入モデル

　ラザルスとフォルクマン（Lazarus & Folkman, 1984）は，心理的ストレス過程においてストレッサーを緩和したりストレス反応を軽減する個人的要因として，身体的健康，自己効力感，問題解決スキル，社会的スキル，ソーシャルサポートなどをあげている。つまり，これらの個人的要因が認知的評価やコーピングに影響し，ストレス予防に効果的に作用するのである。とくに，自己効力感，社会的スキル，ソーシャルサポート，リラクセーションがストレス緩和に及ぼす効果については，認知行動療法の観点から多くの研究が報告されている。最近では，そうした研究成果を踏まえて子どもの学校ストレスに対する介入モデルが検討されるようになってきた。嶋田（1998）は，膨大な質問紙調査から児童・生徒においても「学校ストレッサーの経験→認知的評価→コーピング→ストレス反応」という心理的ストレス過程が存在することを明らかにし，図4-5に示すような心理的ストレス過程に応じて4種類の介入方法を提案している。

　第一は「環境調整」に代表されるような介入であり，ストレッサーになり得るような出来事を経験しないですむようにすることである。たとえば，新しい環境に適応するためにストレスが高まる入学直後の時期に試験をしないとか，いじめる側といじめられる側を同じクラスにしない，あるいは極端な場合にはいじめられている児童や生徒を転校させるなどがこれにあたる。これは危機介入などの場合に効果を発揮することもあるが，すべてのストレッサーを除去することは現実の生活の中では不可能に近いし，ストレスを克服することによって自信がつくことなどを考えあわせると，必ずしも適切な方法であるとはいいがたい。

　第二は，経験する出来事に対する受けとめ方や構えを変えるように認知的評価の段階で行なうはたらきかけである。たとえば，必要以上にクラスメートを嫌悪的に感じている子どもに対して，クラスメートに対する感じ方

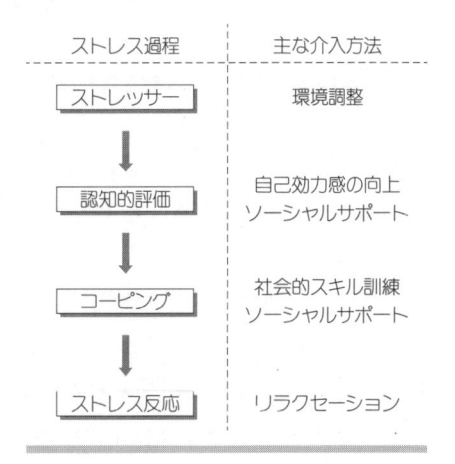

図4-5　心理的ストレス過程とその介入方法

や受けとめ方を整理させたり，クラスメートとのつきあい方に自信をもたせたりすることである。その代表的なものは「自己効力感（self efficacy）の向上」である。これはバンデューラ（Bandura, 1977）がその社会学習理論の中で提唱した概念であり，ある課題状況下で行動を起こす前にその個人が「自分にはこのようなことがこれだけできる」というように感じる遂行可能感をさしている。たとえば，あるスポーツ種目に自信をもつとそれが友人関係にも及ぶというように，自分ができることから徐々に日常生活全般に対する自信を増すこと（般化）によって，ストレッサーに対する嫌悪感を低下させたり，コントロール感を高めることをめざすのである。

　第三は，コーピング段階にかかわり，経験する出来事に対して具体的な対処法を身につけさせることを目標とするはたらきかけである。その代表的なものは，人間関係を円滑にするために必要な「社会的スキルの獲得」である。たとえば，相手の身になって行動する，自分が悪いと思ったら素直に謝る，人の嫌がることをしないなど，基本的な生活技能の習得を促進することを目標としている。困ったら周囲の人に相談したり，援助を求めたりすることも重要である。そのようにして得られる「ソーシャルサポート」は，ストレス緩和に有効に作用する。しかも，ソーシャルサポートを受ける当人の立場からすると，ソーシャルサポートを受ける体験は安心感や安全感や他者との連帯感につながり，認知的評価にも効果的に作用する。だれかが自分のことをわかってくれる，支えてくれると思うことができると，人は意外とがんばれるものである。

　第四は，ストレス反応の軽減を目的とした介入である。ストレスが溜まると不安や緊張が高まるので，それらを発散させる場や機会を設けたり，そのためにリラクセーション技法を習得させたりすることがこれにあたる。緊張と不安は相関関係にあり，緊張や不安が緩和されると安心感が増す。リラクセーション技法としては，自律訓練法，バイオフィードバック法などもあるが，ストレスマネジメント教育の中で頻繁に活用される技法は漸進性弛緩法である。

2. ストレスマネジメント教育研究の不備
(1) 介入モデルと教育実践のズレ

　前述した介入モデルは，認知行動療法研究に依拠しているが，それを教育実践に導入するにはさまざまな工夫を要する。個人に対するカウンセリングにおいてでさえ，ひとりの子どもを支え，自信をもたせ，主体的に生きることができるように援助することはたいへんなことである。まして，クラスや集団が対象となると並大抵のことではない。たとえば，図4-5にある自己効力感の向上にしてもしかりである。「生まれたころは天才，幼稚園で秀才，小学校で凡人，中学校になると不登校やいじめの対象にならず健康でいてくれさえすれば…」というように，子どもの成長にともなって子どもに対する期待がしぼんでいく

思いを多くの親が経験する。本来，学校は「生きる力」を育成する場であり，自己効力感の向上もその一環としてとらえられる。しかし，大人が競争原理と知育偏重に駆り立てられると，教科に関しては「できる・できない」という結果に主眼を置いた目標志向的アプローチが重視されがちになる。その結果，親は子どもの成長とともに上記のような思いをし，当の子どもは自己効力感や自尊心を高められず，自己存在感や安心感・安全感までもが脅かされるようになる。展開編2章で進学校における高校生の「つまずきのパターン」を述べているが，それは小学生にも当てはまるのである。

　だからこそ，教師や親はなんとか子どもを支援しようと苦慮する。しかし，子どもは活動している時間の大半を学校で過ごし，教師や親よりも友だちといっしょにいることが多い。大人が直接的に子どもを支援するには限度がある。そのような状況だからこそ，友だちからのソーシャルサポートが得られればそれに越したことはない。しかも，友人関係は日本の小・中学生にとって重大なストレス源である。もし，友だちからのソーシャルサポートが得られればストレスは緩和され，それは結果的に問題焦点型方略として効果的に作用すると考えられる。しかし，実際にはなかなかモデル通りには運ばない。岡安ら（1993）は，質問紙調査によって他者（父親・母親・きょうだい・先生・友だち）からサポートを受ける可能性に対する期待が学校ストレス軽減効果に及ぼす影響を検討し，中学生では友だちからのサポートがストレス緩和に有効でない場合が多いことを示している。

　そうであるならば，とりあえずストレス反応を緩和するためにリラクセーション技法を指導しようということになる。従来のストレスマネジメント教育の中でリラクセーション技法として導入されている漸進性弛緩法は，「ストレッサー→認知的評価→コーピング→ストレス反応」という心理的ストレス過程の中で，直接的には不安やイライラなどの否定的情動反応とそれにともなう身体的過緊張などを軽減するという点ではストレス反応軽減に効果的である。そのうえ，気分転換のための行為として意図的に活用されるようになれば，それは情動焦点型コーピングとして機能することになる。また，漸進性弛緩法を習得することによって心身の自己コントロール能力が向上するために構えの切り替えがうまくなり，結果的にストレッサーに対する認知的評価に効果的に作用するようになるということも期待される。しかし，漸進性弛緩法の習得段階で思い通りに力を入れたり抜いたりすること自体がまずむずかしい。また，身体の感じやそれにともなう精神内界の変化に注意を向けることにいらだちや，毎日継続的に実施することに面倒くささを感じる人も少なくない。まして，中学生段階では小学生ほど訓練に対する乗りもよくないことが多い。そうであるからこそ，中学生を対象とする場合にも適用できる具体的なリラクセーション法が工夫されなければならない。

⑵ 対象について

　従来のストレスマネジメント教育に関する研究は，一連の教育プログラムの評価に重点を置いた実践的研究ということができる。ストレスマネジメント教育研究は現在の教育現場においてそれ自体価値のあるものであるが，そのような研究を概観すると，対象となる子どもの年齢層にかたよりがある。子どもに対する教育的援助を検討する場合に，発達段階に応じてそのプログラム内容を工夫することは当然のことである。ところが，前述した嶋田（1998）のように，学校ストレスに関する基礎的調査研究では子どもの発達段階が考慮されているが，ストレスマネジメント教育に関する実践的研究では小学生を対象にした研究が多く，中学生を対象にした研究が少ないのが実状である。その確かな理由はわからない。強いていえば，早期教育の重要性から必然的に小学生中心の研究になってしまったということであろうし，その延長として最近では「すぐキレる」幼稚園児を対象とするストレスマネジメント教育が検討され始めている。一方で，中学生を対象とする場合には，授業に対する動機づけがむずかしいために実践的研究が遅れているのではないかと推測される。加えて，前述したような中学生に対するストレス介入モデル適用のむずかしさから実践的研究が進まなかったのではないかと考えられる。実際，教育現場でいじめや不登校をはじめ，ストレスに起因していると思われるさまざまな問題行動が話題になるのは，中学生に関するものが圧倒的に多い。早期教育はもちろん重要であるが，日本の現状では小学生や幼稚園児同様に，中学生を対象とするストレスマネジメント教育を緊急に導入しなければならない。

3．動作法に基づくストレスマネジメント教育のねらい

　安心感，自尊心，自信は，ストレッサーに対する認知的評価やコーピングに影響する。安心感を基盤にして自尊心や自信に満ちていれば，ストレッサーに対して必要以上に脅威的あるいは嫌悪的に受けとめることも少なくなり，なんとかできるというコントロール感も増すからである。そうなれば，コーピングも情動焦点型より問題焦点型が多くなると推測される。しかし，理論的にはたしかにそうなると考えられるが，現代社会では安心感や自尊心をはぐくむのは並大抵のことではない。仮に安心感や自尊心が増したからといって，果たして友人関係に起因するストレスに対して積極的に問題解決をはかるような対処行動をとるようになるかは疑問である。というのは，日本の小・中学生にストレスをもたらす主要な原因は友人関係であり，その根底には自己存在感の希薄化や対人関係の貧弱さがあることを指摘する研究も少なくないからである。前述した岡安ら（1993）の結果も，友だちからのソーシャルサポートが本質的に役立たないということではなく，日常生活の中で友だちからの実質的なサポート体験が希薄化していることを反映しているのではないかと考えられる。したが

って，現在の子どもにとってより効果的なストレスマネジメント教育を行なうためには，安心感や自尊心をはぐくむと同時に，自己存在感を実感させ，対人関係に関する直接的体験を促進するような具体的な教育的はたらきかけが工夫されなければならない。

　そこで，動作法に基づくストレスマネジメント教育を考えるようになったのである。従来のストレスマネジメント教育の不備に対して，生徒どうしがペアになってリラクセーション課題に取り組むことができるように工夫すれば，たんにストレス反応に対するリラクセーション効果だけではなく，自己存在感が明確になり，動作体験に基づく対人関係の場を保証できる。しかも，ペアになった双方がリラクセーション課題のもとで援助体験と被援助体験をするように条件設定をすることによって，安心感や共動作感や共体験に基づいて自己理解や他者理解が深まり，結果的に友人関係に対する構えや対処行動にも好影響をもたらすことが可能になる。

　問題は方法である。動作法はトレーナー（カウンセラー）がトレーニー（クライエント）に行なうマン・ツー・マン方式による心理学的援助である。それをいかにクラスや集団に適用するかである。ひとりの教師やスクールカウンセラーが，同時に多数の生徒に動作法を適用することは不可能である。しかし，スーパーバイザーが初心者のトレーナー志望者にペアを組ませてトレーナー役（援助者）とトレーニー役（被援助者）を体験させながら動作法の実習指導を行なうように，教師やスクールカウンセラーが動作法に通じ，生徒どうしがペアになって動作法の実習体験ができるように動作課題を工夫すれば導入は可能である。そのような観点から，教室でいすに座って実施できるように「ペア・リラクセーション」を考案したのである（Yamanaka, 1996）。詳細なプログラムは5章に譲るが，次節では肩の上下プログラムを中心にペア・リラクセーションの概要とその効果について述べることにする。

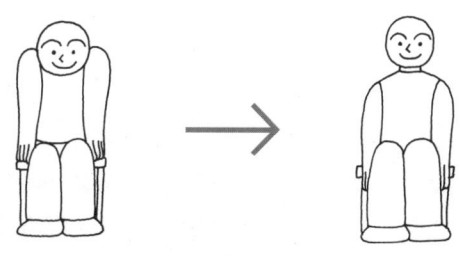

(a) セルフ・リラクセーション

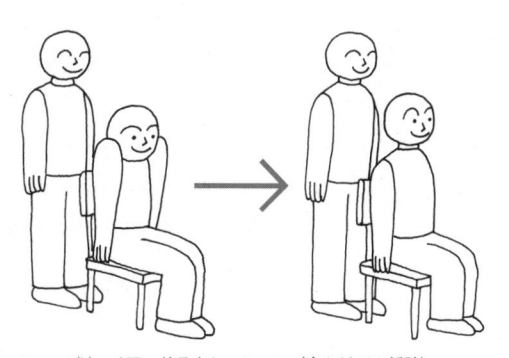

(b) ペア・リラクセーション（声かけでの援助）

(c) ペア・リラクセーション（動作援助）

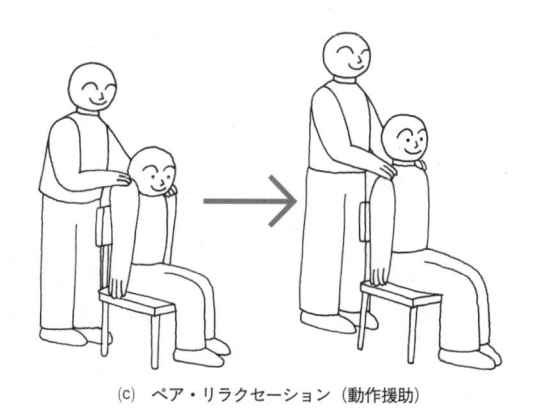

▲イラスト 4-1　肩の上下プログラム

6節　ペア・リラクセーションによる
　　　　ストレスマネジメント教育の効果

1. 肩の上下プログラムの概要

　ペア・リラクセーションには「肩の上下プログラム」と「肩の反らせプログラム」がある。ここでは子どもどうしで実施する場合に取り組みやすい肩の上下プログラムを取り上げ，その概要を述べる。

　肩の上下プログラムは，セルフ・リラクセーションとペア・リラクセーションからなる。セルフ・リラクセーションはイラスト4-1(a)のようにいすに腰かけ，自分ひとりで肩を上げ，その状態を維持し，力を抜くという動作課題である。もちろん，トレーニーの背後にトレーナーはいない。この一連の過程で肩以外の腰や腕などに力を入れないようにコントロールして，自分の身体（自体）の感覚を感じることが重要になる。ペア・リラクセーションでは，トレーニーはセルフ・リラクセーションと同じように肩の上下動作課題を実現するように努力するが，その際トレーナーの援助を受け入れ，協力して動作課題を遂行することになる。ペア・リラクセーションはトレーナーの援助のしかたによって，「声かけでの援助」（イラスト4-1(b)）と，トレーナーの手をトレーニーの肩にふれて援助する「動作援助」（イラスト4-1(c)）に分けられる。さらに動作援助はその援助のしかたによって，「そーっとふれる援助」「やさしく押さえる援助」「少し強めに押さえる援助」「腕をしっかり支える援助（おまかせ）」に分かれる。

　次に，セルフ・リラクセーションと「そーっとふれる援助」を例にあげ，ペア・リラクセーションにおける体験とその効果を述べる。

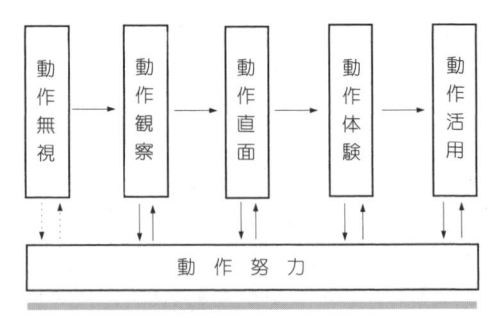

図4-6　動作の体験様式の変化

2. ペア・リラクセーションにおける体験とその効果

　肩の上下プログラムにおけるセルフ・リラクセーションでは，まず肩を意識し，肩を耳につけるようにまっすぐに上げるが，これが意外にむずかしい。力を入れても肩を上げることができなかったり，顔をしかめて突き出したり，顎が上がったり，首筋に力を入れたり，なかには腰が痛くなるほど腰を反ったり，肘や指先にまで力が入ってしまうことがある。力を抜くようにことばで指示してもうまく抜けなかったり，力を抜いていく感じや抜けた感じを感受できないということもある。それを指摘して，お目当ての肩だけに力を入れるように言語指示してもできない人が多い。このように不適切な動作状況に直面（以後，「動作直面」）したときに意図通りに動作を実現できないのは，動作課題に対す

る経験が少ないために自体感があいまいであったり，動作努力が適正に行なわれていないことが影響している。また，主体的に自体を動かしていながらその感覚を感受できないということは，注意が自体や内界に向かず動作過程を無視（以後，「動作無視」）してしまっているからであるといえよう。そもそも動作が，主体の活動の結果であることを意識したり実感していることは稀である。子どもに限らず大人でさえ，注意が外界や他者に向いてしまっていて，みずからの動作状況を観察（以後，「動作観察」）できないことが多い。もちろん，日常生活中で課題に注意しているときは，それが知的課題であれスポーツのような動作課題であれ，構えは課題のほうに向いているので，動作の体験過程に注意が向かないのが自然である。しかし，リラクセーションや動作課題遂行においては，自体に注意を向け，動作無視の状態から動作体験へといたるように適切に動作努力をしなければならない。それを図示すると図4-6のようになるが，実際には適切に動作努力をすることがむずかしいのである。

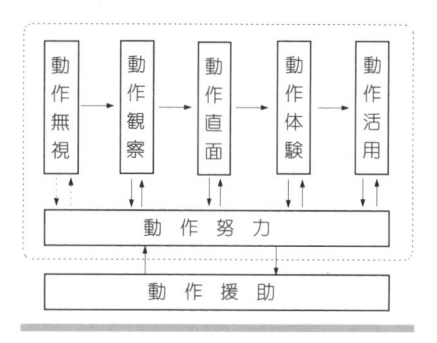

図4-7 動作の体験様式と動作援助

しかし，動作援助によるペア・リラクセーションになるとそれが変わる。トレーナーの手が肩にふれると，トレーニーは自分の肩に注意を向けやすくなる。そうすると，自体の中で肩の部位を正確に同定することができ，肩や他の部位の状態がはっきりわかるようになる。さらに，肩を上げる方向も明確になるので，他の部位には力を入れずに肩を上げようとする動作努力が適正にできるようになる。つまり，自体感や自体操作感，自己努力感が明確になる。それと並行して自体をリラックスさせていくことができるようになる場合が多いが，仮に適正に力を抜けない動作状況に直面しても，自体を緊張させる感じと，それに次いで自体をリラックスさせていく感じに注意を向け，それを感受し，努力のしかたを工夫することによって，リラクセーションとその状態にいたる「動作体験」を得ることができるようになる。最終的には，動作体験を日常生活の中で活用し，緊張したり不安になると肩のリラクセーションをひとりで行なうようになる(以後，「動作活用」)。また，実際にそうしなくても，いざとなれば肩のリラクセーションをすれば大丈夫というように生きるための構えがとれるようになる。このような動作課題の実現過程を通して，自己存在感や身体的自己効力感が育成，強化されるのである。

ペア・リラクセーションにおける体験様式の変化を図示すると，図4-7のようになる。つまり，トレーナーの手の動きを通した直接的な動作援助によって，「動作無視→動作観察→動作直面→動作体験→動作活用」という体験様式の変化が生じるのである。それが可能になる前提条件として，ありのままの自分が受け入れられ，大切にされているという絶対的自己存在肯定感がある。それは，

勉強ができるとか，足が速いとか，ピアノを弾けるとか，静かに座っていられるとか，ゴミを拾ったからというような条件つきではない，トレーナーからのトレーニーに対する肯定的態度と具体的かつ直接的な動作援助によって実感される。そのような絶対的自己存在肯

表4-2 ペア・リラクセーション中の体験内容

トレーニーの体験	トレーナーの体験
① 自体に注意を向けやすくする	① トレーニーの身体に注意を向ける
② 肩の位置や状態がはっきりわかる	② トレーニーの肩のようすがわかる
③ 肩を上げる方向がわかりやすくなる	③ トレーニーの肩に力が入っているのがわかる
④ 肩を適切に上げることができるようになる	④ トレーニーが肩を上げ続けようと力を入れてがんばっているのがわかる
⑤ 適切に力を抜くことができるようになる	⑤ トレーニーの肩の力が抜けていくのがよくわかる
⑥ リラックス感を強く実感できるようになる	⑥ トレーニーが力を抜いた後も，さらに力が抜けていくのがわかる
⑦ トレーナーの手を温かく感じる	⑦ 自分の手が温かくなる

定感に基づく動作体験を通して，安心感や自尊心もはぐくまれるのである。

　一方，トレーナーのほうも自分の手をトレーニーの肩にふれたまま，相手の動作に追従するように努力することによって，それまでにない独特の体験をすることになる。とくに，相手の動作に追従して自分の手を相手の肩に添え続けることによって，相手と自分がともに在り，相手の動作に注意しながら刻々の動作の変化を同時進行的に共有・共感する。そして，動作課題の解決に向けて協力して動作を実現しているという共動作感や，それに基づくさまざまな共体験をする。つまり，トレーニーの動作を援助する過程で自己活動が自然に活性化されるのである。ペア・リラクセーション中のトレーニーの体験内容に対応して，トレーナーの体験内容を示すと表4-2のようになる。ただし，⑦の手を温かく感じる（手が温かくなる）は，最後の段階で感じるとは限らない。最初に感じることもあれば，途中で感じることもある。

　このように動作課題解決の過程で，トレーニーは自体感，自体操作感，自己努力感，自己存在感を通して自己理解が深まる。つまり，自分がわかる。トレーナーは，共動作感や共体験によって他者理解が促進される。つまり，相手がわかる。さらに，こうした動作体験にともなってトレーニーは安全感・安心感，自己尊重感，自己効力感を実感し，トレーナーは自己効力感や，自分が相手のために役立つという自己有用感を感じるようになる。

　クラスで継続してペア・リラクセーションに取り組む場合には，ペアになる相手を適宜変えることによって多くのクラスメートとのあいだでトレーニー体験とトレーナー体験を可能にすることができる。そうした体験によって，クラス構成メンバー相互間で全体的に自己理解と他者理解が深まる。結果的に，クラスの雰囲気が好転し，他人を思いやる心や，互いに認め合いともに協力して生きていく態度，自他の生命や人権を尊重する心がはぐくまれていくのである。

　また，ストレスマネジメント教育を指導する教師やスクールカウンセラーの癒しにもつながる。「心の教育」が重視されるようになったが，心の実態は相対

的で，ある事柄や状況とのかかわりにおいて現われてくる。そのため，子どもをよく観察しながらかかわらないと子どもの心がわかりにくい。しかし，ペア・リラクセーションでは主体的活動としての動作を取り扱うので子どもがみえる。教師と子どもとペアを組めば，たしかな実感として子どもがわかる。つまり，みえるからかかわるし，かかわると子どもが変わる。そして，子どもが変わる姿をみて，嬉しくなって癒される。教師が癒されるのは健やかに成

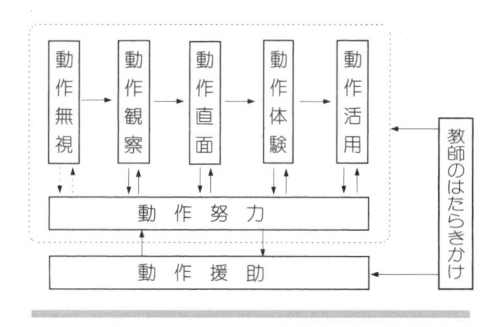

図4-8 ペア・リラクセーション課題における教師の役割

長する子どもの笑顔にふれ，自分が子どもの成長に関与でき，役に立っていると実感できるときである。これは動作法を実践しているトレーナーやカウンセラーに，しばしば見受けられる現象である。

3. ペア・リラクセーションがストレスにならないための条件

きわめて効果的であるということは，適用を誤ると逆効果になるということである。そうならないために適用上の最低限の注意点を以下にあげることにする。

① 導入を工夫する

　基礎編2章の5節「ストレスマネジメント教育実施上の留意点」や展開編1章の4節「心の授業としてのストレスマネジメント教育」で述べているように，まず導入を工夫しなければならない。とくに，ストレスマネジメント教育の第2段階では，一人ひとりに自分のストレッサーやストレス反応を考えさせ，それを話し合う時間や発表する時間を設けるとよい。他者のストレスに関する話を聞くことによって，ストレスを感じているのは自分だけではないことを知り安心する。また，自分と他者のストレスの共通点や相違点に気づく。そのことは，自己理解や他者理解の手がかりになる可能性がある。第2段階までにこのような準備状況が整ってから，ペア・リラクセーションを導入すると，トレーナーの援助を受け入れ，協力して課題遂行にあたろうとする態度が形成されやすくなる。

② トレーナーのはたらきかけ方を工夫する

　トレーニーが絶対的自己存在肯定感を実感するためには，トレーニーに対するトレーナーのはたらきかけが重要になる。そのために，トレーニーの肩に手を置く前に，教師やスクールカウンセラーが「赤ちゃんにそーっと手をふれるように」とか，「小さなヒヨコをそーっと掌に包むように」というように，トレーナーの動作援助に関するイメージを賦活するような教示を与えるとよい。トレーナーはそのように援助しようと試み，トレーニ

ーはそのような教示を聞いて，実際にそのように援助されることによって，絶対的自己存在肯定感を実感し，安心感や自尊心を増していく。また，ペア・リラクセーションの途中で突然手が肩から離れると，トレーニーは突き放されたり見放された感じがしてリラックス感を感受できなくなり，ときには不愉快や不安になることがあるので，手を離すときは「手を離すと，すーっとしたさわやかな感じを感じることができます」といった教示をしなければならない。つまり，教師は図4-8に示すように，トレーナーの適切な動作援助とトレーニーの動作努力を引き出すようにはたらきかけなければならない。

③　トレーニーの構えに配慮する

　構えが他者や外界に向いてしまっていると，自体を動かしていながらその感じがわからないという動作無視の状態になり，動作体験が硬直化して不自由になる。ペア・リラクセーションの過程で，相手に手を置かれることによって逆に相手を意識しすぎて，動作に注意が向かなくなることがある。それを断ち，自分の身体に注意を向け続けることができるようにするための工夫として，緊張を持続しているときとリラックスしているときに，トレーニーに「いま，どんな感じ？」と身体の感じを尋ねるのである。もちろん最初からトレーナーにタイミングよくそのように尋ねることはむずかしいので，最初は教師かスクールカウンセラーが「"いま，どんな感じ？"と尋ねてみてください」と一斉に指示し，子どもたちどうしが尋ねてそれに応えるための時間をとるようにするとよい。

④　トレーニーの体験に配慮する

　子どもは拒否されること以上に無視されることを恐れている。無視は自己存在感を否定し，安心感や自尊心を傷つけるからである。その対極にあるのが関与や関心である。ペア・リラクセーション中に肩を上げているときや肩の力を抜いているときに，「いまの身体の感じは？」と尋ねられることによって，必然的にトレーニーは自体へ注意することをうながされることになる。その結果，動作体験を明確化したり，動作体験を得やすくなる。また，トレーナーの注意や関心が自分に向けられていることに自然と気づかされる。しかも，その時，トレーナーの手はトレーニーの肩に置かれている。このような状況の中で，トレーニーの動作体験とそれにともなう体験が豊かになるのである。

⑤　トレーニー体験とトレーナー体験を話し合えるように配慮する

　ペア・リラクセーションでは動作体験が重視される。そのため，ことばはあくまでも補助的に用いる。ペア・リラクセーション中には，「いまの身体の感じ」を尋ねても，トレーニーがそれに応じるのは動作課題にかかわることばのやりとりにとどめたほうがよい。ただなかよく話をするという

目的で無制限に話すことを認めると，いつの間にか動作体験からはずれてしまうからである。しかし，ペア・リラクセーションが終了してトレーナーが手を離した後は，互いにペア・リラクセーション中の動作体験や感想などを十分に確かめることができるように，話し合いの時間を確保するとよい。話し合いによって，トレーニーは自分が理解されていると感じやすくなり，トレーナーはトレーニーの体験を理解したり，トレーナーとしてのはたらきかけ方を工夫する手がかりを得ることができる。このようにして相手を思いやり，相手の身になって行動できるように変わっていくのである。

5章 動作法に基づく ストレスマネジメント教育プログラム

　　　　　　　　　　　　　肩には当人の構えが現われる。威勢がいいと肩をいからせるし，調子が悪いと肩を落とす。肩は，心の活動が反映されやすい身体部位である。本章では，肩を中心とするストレスマネジメント教育プログラムを紹介する。その内容は，「準備段階」「肩の上下プログラム」「肩の反らせプログラム」から構成されている。肩の上下プログラムと反らせプログラムには，それぞれセルフ・リラクセーションとペア・リラクセーションがある。このプログラムはたんにリラクセーション効果だけではなく，自分自身や他者に向き合い，動作課題を遂行することによって自己理解や他者理解を深めることができる。

1節　準備段階

　プレッシャーやショックに出合ったときのストレス反応やストレス対処について話し合う授業（展開編1章参照）をしたあとに，いよいよ体験ワークをはじめる。その時，肩のプログラムを行なう前に，ウォーミングアップ動作をしたい。背伸びは，日常的に行なっているので，違和感なく取り組みやすい。強調する点は，背伸びをしたあと，リラックス感が味わえるように教示をすることである。また，肩のプログラムは，試合や試験など，いまから何か挑戦しないといけないときに，適度に緊張感を保ちながらリラックスする方法であるので，行なうときの姿勢が大切となる。「ホッとする姿勢」と「構えの姿勢」の2つを体験する。

1. 背伸びなどの動作

教師の活動	トレーニーの活動
(1)「それでは，ちょっと背伸びをしてリラックスしてみましょう。ハイ」（と言っていっしょにする）	手を組んで，手首・肘・肩を頭上に引き上げるようにする。
(2)「手を組んで，背伸びをしましょう。そのまま，肘を伸ばしましょう。足にも力を入れて，膝やつま先もいっしょに伸ばしましょう」（約20秒ほど）	足も伸ばし身体全体に力を入れる。
(3)「ハイ，ストン，と力を抜きましょう。まだ，動かないで，身体全体がらくーになっていく感じを味わってみましょう」	身体に力を入れたあと，力を抜いて，そのリラックスする感じを味わう。力を抜いたあと，すぐに動かないで，力を抜いていく身体の感じや気分を感

【アレンジ】
　手を組んで，左右に倒したり，ねじったりして，疲れが溜まっているところをさがしてみるのもよい。

じとる。

2．ホッとする姿勢

教師の活動	トレーニーの活動
(1)「ホッとする姿勢です。自分がリラックスできると思う姿勢をつくってみてください」(20秒ほど間をとる)	 ホッとする姿勢を自分なりに考え感じ工夫する。
(2)　さまざまな姿勢を矯正せずに，子どもに自由にまかせる。	 ストレスが溜まっている子どもほど，背もたれに大げさに背中を反らせたり，床に寝転がることがある。また，絶えず，緊張しておかないと気がすまない子は，足を曲げたままの姿勢をつくることがある。また，机に伏せてしまう子もいる。
(3)　あたたかい季節であれば床に寝そべることをすすめてもよいかもしれない。バスタオルを持ってきてもらって教室の中で自分が落ち着く場所をさがして，「心と身体がホッとする姿勢をとってみましょう」と呼びかけてもよい。  	
(4)　リラクセーションを習得するにつれて，これらの姿勢がどのように変化していくかもみていく。	

3．構えの姿勢

教師の活動	トレーニーの活動
(1)「構えの姿勢です。背もたれから背を離して少し浅く座ります」	いすに尻全体で座るようにする。背もたれに寄りかからないようにする。
(2)「両腕はだらんと横に垂らします」	 両腕は力を抜き，体側に下ろす。
(3)「そして，頭のてっぺんからお尻まで1本のしなやかな軸を通します。腰が痛い人は，腰を反りすぎていませんか」	顎を引いて背筋を伸ばし，姿勢がまっすぐになるようにする。
(4)「身体の軸を少し前に倒したりうしろに傾けたりして，一番どっしり	

する感じのところに身体を据えます」

⑤「目を閉じると気持ちをさらに集中することができます」（10秒ほど間をとる）

⑥「こういう姿勢をつくるだけで，気持ちがしゃきっとすることがあります」

⑦「はい，ホッとする姿勢にしましょう」
【これを2回ほど繰り返す】
　背を伸ばして身体の軸をつくるだけで，「しんどい」「腰が痛い」という子がいる。その時は，「そこに疲れが溜まっているか，がんばりすぎているので，もう一度，ホッとする姿勢にもどしましょう」と伝える。
　目を閉じられない子がいる。不安感が高い子であり，家庭でのストレスが想像できる。「目を閉じたくない人は閉じなくてもいいんですよ」と伝える。

　試合や試験に臨むときのリラクセーションは，ホッとする姿勢ではなく，まっすぐの姿勢で行なう。
　ホッとする姿勢でリラクセーションを行なった場合も，「立位」課題などで，心を活性化して課題を終わることがコツである。

2節　肩の上下プログラム

　肩の上下プログラムには，セルフ・リラクセーションとペア・リラクセーションがある。ペア・リラクセーションにはステップⅠ～Ⅴまでがあり，子どもどうしがペアを組み，お互いにトレーナー体験とトレーニー体験ができるように工夫されている。教師やスクールカウンセラーが，クラスで集団を対象にペア・リラクセーション課題を導入できるように，それぞれのステップごとに教師の活動，トレーニーの活動，トレーナーの活動に分けて実際の進め方を以下に示している。子どもの学習ペースに合わせて，ステップⅠから順次ステップⅡ，Ⅲと進むようにする。ただし，ステップⅤについては，子どもどうしで課題を遂行することは容易ではない。原則的に，リラクセーション体験をしたいにもかかわらずどうしても体験できない子どもに対して，教師がトレーナーとしてリラクセーション体験を援助する場合や，スクールカウンセラーがカウンセリングの中で子どもを援助する場合に限り適用することとする。もちろん，教師やスクールカウンセラーはステップⅤだけではなく，すべてのステップについて自分自身がペア・リラクセーションを体験しておくことが必要である。
　ここに紹介している肩の上下プログラムでは，両肩同時に上げ，それを維持し，力を抜くということを基本にしている。しかし，片方の肩だけ上げて，そ

れを維持し，上げていないほうの肩の力を抜き，その後，上げているほうの肩の力を抜くという課題を設定することもできる。その際，もう一方の肩や頸には力を入れないようにして片側の肩を上げることはむずかしいので，両肩同時のリラクセーション課題ができるようになってから導入するようにする。つまり，両肩を基本とするリラクセーション動作ができるようになったら，セルフ・リラセーション，ペア・リラクセーションの各ステップにおいて左右それぞれの肩でリラクセーション動作課題を設定するように工夫するとよい。ただし，左右の肩でそれぞれ片側のリラクセーション動作を行なったあとは，最後に両肩同時の上下プログラムを行なって終わるようにする。

　一連のプログラムにそってペア・リラクセーション課題を導入する場合に，教師やスクールカウンセラーは子どもたちが安心して課題に取り組むことができるようにクラスの雰囲気づくりを心がけなければならない。そのためには日ごろからのクラス経営が重要になるのはいうまでもないが，導入を工夫すると同時に課題を正確に指導し，その努力に向けて子どもたちを励ます必要がある。これらの点に関しては，2章，4章，6章，7章，11章を参考にしていただきたい。また，実際のプログラムの指導や実施状況については，筆者らが編集したビデオ（山中，1999；山中・冨永，1999）を参照していただきたい。

1．セルフ・リラクセーション

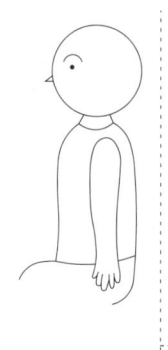

教師の活動	トレーニーの活動
(1)「構えの姿勢をとりましょう」と励ます。	いすに尻全体で座るようにする。その際，背もたれに寄りかからないようにする。
(2) 頭から尻までがしなやかな1本の軸になるように指示し，構えの姿勢がとれているかどうか確認する。とれていないトレーニーがいれば，修正するように援助する。 　構えの姿勢がとれているか確認したあとに，「嫌でなければ目を閉じましょう」と励ます。	顎を引いて背筋を伸ばし，姿勢がまっすぐになるようにする。両手は力を抜き，体側に下ろす。
(3)「両肩を耳につけるようにゆっくり上げましょう」と伝える。急いで上げると肩や腰が痛くなることがあるので「ゆっくり」を強調する。	頭，肩，背中を曲げないように，両肩を耳のほうにゆっくりと精いっぱい引き上げる。
(4)「いっぱいに肩を上げたら，肩以外に力が入っていないか確かめてみましょう。両肘や指先に力が入っていませんか！　顔はスマイルですよ」	肩を上げたまま維持して，顔，肘，両手，その他の身体部位に力が入らないようにする。力を入れているときの身体の感覚を感じる。

2節　肩の上下プログラム

教師の活動	トレーニーの活動	トレーナーの活動
と伝える。力が入っていたら抜くように指示し，腰が反っている場合には「おへそを引っ込めて」と伝えるとよい。		
(5)「はい，肩の力を抜きましょう。ハイ，ストーン。抜いたあとも，すぐ動かないで肩の感じを感じてみましょう。すると，もっと力が抜けることがあります」（5秒ほど間をとる）		両肩の力を抜く。その時，身体のリラックス感を味わう。
(6) (3)～(5)を2～3回繰り返す。その間に，ストンと一気に抜いたり，ゆっくり抜いたり力の抜き方を工夫するとよい。		(3)～(5)を2～3回繰り返し，ホッとする姿勢をとる。

2．ペア・リラクセーション〈ステップ1：声かけだけでの援助〉

教師の活動	トレーニーの活動	トレーナーの活動
(1)「二人ペアになってください。いすに座っている人（トレーニー）がリラックスを体験する人，うしろに立つ人（トレーナー）が手伝う人です」と伝え，ペアが組めない子どもがいないか，しっかり見ておく。ペアになる相手がいない場合には，教師と取り組むようにする。	いすに尻全体で座るようにする。その際，背もたれに寄りかからないようにする。	トレーニーの真うしろに立ってトレーニーの姿勢を確認する。
(2) トレーニーに対して構えの姿勢をとるように伝え，トレーナーはトレーニーが構えの姿勢がとれているかどうかを確かめて，顎が上がっていたり，背中が曲がっていたり，腰が反っていたりしたら，ことばで教えるように励ます。	顎を引いて背筋を伸ばし，姿勢がまっすぐになるようにする。両手は力を抜き，体側に下ろす。 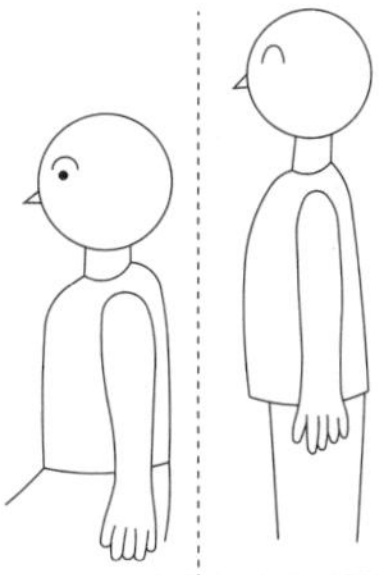	トレーニーの姿勢が歪んでいたら，まっすぐになるようにことばで励ます。
(3)「トレーニーは両肩を耳のほうにゆっくり，いっぱい引き上げてみましょう」と伝える。急いで上げると肩や腰が痛くなることがあるので「ゆっくり」を強調する。「トレーナーは，トレーニーが肩以外に力を入れていないかを確かめてみましょう。肘・手・腰・顔に力が入っていたら教えてあげてください」と励まして，5秒ほど間をとる。	頭，肩，背中を曲げないように，両肩を耳のほうにゆっくりと精いっぱい引き上げる。 	トレーニーの動作を観察しながら，肩以外の身体部位に力が入っていたら，ことばでリラックスするように励ます。
(4)「トレーナーは，トレーニーがいま，どんな感じかトレーニーにたず	その肩の位置を維持して，顔，肘，両手，その他の身体部位に	トレーニーの姿勢に注意しながら，トレーニーが肩を上げて

教師の活動	トレーニーの活動	トレーナーの活動
ねてみましょう。先生が云ったあとに続けて声をかけましょう。"いま，どんな感じ？"はい。トレーニーはどんな感じか教えてあげましょう」と励ます。身体の感じについて話す時間は一言，二言話す程度にする。	力が入らないようにする。	いるときの感じについてたずねる。
(5) セルフ・リラクセーションの(5)と同じように「力を抜いたあとも，すぐ動かないで肩の感じを感じてみましょう」と伝えたあと，(4)と同じように「トレーニーにいま，どんな感じかをたずねましょう」と励ます。	両肩の力を抜く。その時，身体のリラックス感を味わう。	トレーニーの姿勢に注意しながら，肩の力を抜いたときの感じについて尋ねる。
(6) (2)～(5)を2～3回繰り返して，「それでは，トレーニーはホッとする姿勢で，トレーナーと二人でいまの感じや気づいたことを話し合ってみましょう」と励まし，1～2分間をとる。	(2)～(5)を2～3回繰り返し，ホッとする姿勢をとる。感じたことについてトレーナーと話し合う。	(2)～(5)を2～3回繰り返す。その間のトレーニーの変化をよく観察し，気づいたことをトレーニーに伝えて話し合う。
(7) 「トレーナーとトレーニーが入れかわりましょう」と伝え，(1)～(6)を2～3回繰り返す。	トレーナーになる。	トレーニーになる。

3．ペア・リラクセーション〈ステップⅡ：そっとふれる動作援助〉

教師の活動	トレーニーの活動	トレーナーの活動
(1) ステップⅠの(1)と同じように構えの姿勢をとるように励ます。	ステップⅠの(1)と同じように背もたれに寄りかからないように座る。	ステップⅠの(1)と同じようにトレーニーの姿勢を確認する。
(2) 「赤ちゃんにふれるようにそっと，トレーニーの両肩に手をふれましょう」とトレーナーを励ます。その後，ステップⅠの(2)と同じように励ます。トレーナーの手のふれ方については，トレーニーが大切にされていると感じるように表現を工夫する。	ステップⅠの(2)と同じように姿勢がまっすぐになるようにする。	トレーニーの両肩をそっと両手でふれ（ex.赤ちゃんにふれるように），トレーニーの姿勢を確認し，まっすぐになるようにことばで励ます。
(3) 「トレーニーは両肩を耳のほうにゆっくり，いっぱい引き上げましょう。トレーナーは両手でトレーニーの両肩にふれたまま，トレーニーの動きに合わせましょう」	ステップⅠの(3)と同じように両肩を耳のほうにゆっくりと精いっぱい引き上げる。	トレーニーの両肩をそっと両手でふれたまま，トレーニーの両肩の動きに追従する。
(4) 「トレーナーはトレーニーががんばっているのを手を通して感じるようにしましょう」。その後，ステップⅠの(4)と同じように「トレーニーにいま，どんな感じかをたずねましょ	ステップⅠの(4)と同じように引き上げた肩の位置を維持する。	トレーニーの両肩をそっとふれたまま，トレーニーの動作努力を感じとるようにし，ステップⅠの(4)と同じようにする。

2節　肩の上下プログラム

教師の活動	トレーニーの活動	トレーナーの活動
(5) セルフ・リラクセーションの(5)と同じように「力を抜いたあともすぐ動かないで肩の感じを感じてみましょう」と励ましたあと、「トレーナーはトレーニーの肩の力が抜けるのを感じるようにしましょう。そして肩を下ろしたあとも力が抜けたことがわかったら"抜けたよ"と教えてあげましょう」と励まし、5秒ほど間をとって、ステップⅠの(4)のように「トレーニーにいま、どんな感じかをたずねましょう」と励ます。	ステップⅠの(5)と同じように両肩の力を抜き、その時の身体のリラックス感を味わう。	トレーニーの両肩をそっと両手でふれたまま、トレーニーのリラクセーション動作に追従する。その際、トレーニーの両肩の力が抜けていくのを感じとるようにし、肩の力を抜いたときの感じについてたずねる。
(6) 「それではトレーナーはそっと手を離してみましょう。その時トレーニーは肩の感じになにか変化があるかもしれないので、注意してみましょう」と励ます。その後、ステップⅠの(6)と同じように話し合いの時間を1〜2分間とる。	ステップⅠの(6)と同じようにする。ステップⅠとの違いなどについてトレーナーと話し合う。	トレーニーの肩からそっと手を離して、ステップⅠの(6)と同じようにトレーニーと気づいたことを話し合う。
(7) ステップⅠの(7)と同じようにトレーナーとトレーニーの交代をうながす。	トレーナーになる	トレーニーになる。

4．ペア・リラクセーション〈ステップⅢ：やさしく押さえる動作援助〉

教師の活動	トレーニーの活動	トレーナーの活動
(1) ステップⅡの(1)と同じように構えの姿勢をとるように励ます。	ステップⅠの(1)と同じように背もたれに寄りかからないように座る。	ステップⅡの(1)と同じようにトレーニーの姿勢を確認する。
(2) ステップⅡの(2)と同じように、トレーナーの手のふれ方についてはトレーニーが大切にされていると感じるように表現を工夫する。	ステップⅠの(2)と同じように姿勢がまっすぐになるようにする。	ステップⅡの(2)と同じようにトレーニーの両肩にそっと両手をふれる。
(3) ステップⅡの(3)と同じようにトレーニーは両肩を耳のほうに引き上げ、トレーナーはそれに追従するように励ます。	ステップⅠの(3)と同じように両肩を耳のほうにゆっくりと精いっぱい引き上げる。	ステップⅡの(3)と同じようにトレーニーの両肩の動きに追従する。
(4) トレーニーが両肩を引き上げたところで、「トレーナーはトレーニーの両肩に生卵が割れない程度にほんの少し力を加えましょう」と励まし、	ステップⅠの(4)と同じように引き上げた肩の位置を維持する。そして、トレーナーの手によって力が加えられたとき、肩	トレーニーが両肩を引き上げて維持しているところで、トレーニーの両肩にほんの少し力を加え（ex.生卵が割れない程

教師の活動	トレーニーの活動	トレーナーの活動
ステップIIの(4)と同じように「トレーニーにいま、どんな感じかをたずねましょう」と励ます。	が下がらないように努力する。	度)、トレーニーの動作努力を感じるようにする。そして肩を上げているときの感じについてたずねる。
(5) ステップIIの(5)と同じように、力を抜いたあともすぐ動かず、トレーニーもトレーナーも肩の力が抜けるのを感じるように励まし、その後「トレーニーにいま、どんな感じかをたずねましょう」と励ます。	ステップIの(5)と同じように両肩の力を抜き、その時の身体のリラックス感を味わう。	ステップIIの(5)と同じようにする。ただし、トレーニーが肩の力を抜くときに、トレーニーの肩から手が離れないように注意して自分の手の力を抜いて、トレーニーの動きに追従する。
(6) ステップIIの(6)と同じようにトレーナーの手をトレーニーの肩から離すときの感じに注意を向けるように励まし、その後、話し合いの時間を1〜2分間とる。	ステップIの(6)と同じようにする。ステップIやIIの違いについてトレーナーと話し合う。	ステップIIの(6)と同じようにトレーニーの肩からそっと手を離して、トレーニーと気づいたことを話し合う。
(7) ステップIの(7)と同じようにトレーナーとトレーニーの交代をうながす。	トレーナーになる。	トレーニーになる。

5. ペア・リラクセーション〈ステップIV：少し強めに押さえる動作援助〉

教師の活動	トレーニーの活動	トレーナーの活動
(1) ステップIIの(1)と同じように構えの姿勢をとるように励ます。	ステップIの(1)と同じように背もたれに寄りかからないようにする。	ステップIIの(1)と同じようにトレーニーの姿勢を確認する。
(2) ステップIIの(2)と同じように、トレーナーの手のふれ方についてはトレーニーが大切にされていると感じるように表現を工夫する。	ステップIの(2)と同じように姿勢がまっすぐになるようにする。	ステップIIの(2)と同じようにトレーニーの両肩にそっと手をふれるようにする。
(3) ステップIIの(3)と同じように、トレーニーは両肩を耳のほうに引き上げ、トレーナーはそれに追従するように励ます。	ステップIの(3)と同じように両肩を耳のほうにゆっくりと精いっぱい引き上げる。	ステップIIの(3)と同じようにトレーニーの両肩の動きに追従する。
(4) トレーニーが両肩を引き上げたところで「トレーナーはトレーニーの両肩にゆで卵が割れない程度に少し力を加えてみましょう」と励まし、ステップIIの(4)と同じように「トレーニーにいま、どんな感じかをたずねましょう」と励ます。	ステップIIIの(4)と同じように引き上げた肩の位置を維持する。そして、トレーナーの手によって力が加えられたときに肩が下がらないように努力する。	トレーニーが両肩を引き上げて維持しているところで、トレーニーの両肩に少し力を加え(ex.ゆで卵が割れない程度)、ステップIIIの(4)と同じようにトレーニーの動作努力を感じるようにして、その時の感じについてたずねる。
(5) ステップIIの(5)と同じように、力	ステップIの(5)と同じように	ステップIIIの(5)と同じよう

2節　肩の上下プログラム

を抜いたあともすぐ動かず，トレーニーもトレーナーも肩の力が抜けるのを感じるように励まし，その後「トレーニーにいま，どんな感じかをたずねましょう」と励ます。 (6)　ステップIIの(6)と同じように，トレーナーの手をトレーニーの肩から離すときの感じに注意を向けるように励まし，その後，話し合いの時間を1〜2分間とる。 (7)　ステップIの(7)と同じようにトレーナーとトレーニーの交代をうながす。	両肩の力を抜き，その時の身体のリラックス感を味わう。 ステップIの(6)と同じようにする。ステップI〜IIIとの違いについてトレーナーと話し合う。 トレーナーになる。	トレーニーが肩の力を抜くときに，トレーニーの肩から手が離れないように注意して自分の手の力を抜いて，トレーニーの動きに追従する。 ステップIIの(6)と同じようにトレーニーの肩からそっと手を離して，トレーニーと気づいたことを話し合う。 トレーニーになる。

6．ペア・リラクセーション〈ステップV：腕をしっかり支える動作援助〉

教師（トレーナー）の活動		トレーニーの活動
(1)　トレーニーの真うしろに立ってトレーニーの姿勢を確認する。		ステップIの(1)と同じように背もたれに寄りかからないようにする。
(2)　トレーニーの両肩にそっと両手でふれ，トレーニーの姿勢を確認し，まっすぐになるように励ます。		ステップIの(2)と同じように姿勢がまっすぐになるようにする。
(3)　トレーニーの両肩にそっとふれたまま，「両肩を耳のほうにゆっくり引き上げましょう」と励まし，トレーニーの両肩の動きに追従する。		ステップIの(3)と同じように両肩を耳のほうにゆっくりと精いっぱい引き上げる。
(4)　トレーニーが両肩を引き上げたところで，「そのまま肩が下がらないようにがんばってください」と励まし，自分の両手をトレーニーの両上腕に移動し，しっかりやさしく持つ。その状態で身体の感じをたずねる。		ステップIの(4)と同じように引き上げた肩の位置を維持する。
(5)　両肩の力を抜くようにことばで励まし，肩が下がらないようにその腕をしっかり受けとめ，支える。完全に力を抜いていないときには，さらに力を抜くように励ます。そして，その状態の身体の感じをたずねる。		両肩の力をできるだけ完全に抜くようにする。力を抜いても，教師（トレーナー）が腕を支えているので，肩は下がらないが，完全に教師に肩や腕をあずける気持ちで力を抜く。

教師の活動	トレーニーの活動
(6)「そっと腕を下ろしますよ。あなたは力を抜いたままにしておいてください」と励ましながら腕を下ろす。そして，腕を持ったままその感じをたずねる。	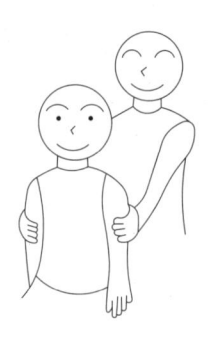 教師の指示に従い，力を抜いた状態を維持し，その身体の感じを味わう。
(7) (2)～(6)を2～3回繰り返して「それでは，そっと手を離しますよ。その時，肩や腕の感じに変化があるかもしれないので注意してみましょう」と励まし，手を離す。5秒ほど間をとって身体の感じをたずねる。	(2)～(6)を2～3回繰り返し，手が離れた瞬間の感じを感じる。その後，ホッとする姿勢をとる。

3節　肩の反らせプログラム

　肩の上下プログラムを習得したら，次に肩の反らせという動作課題を行なう。肩を反らせる動作は，心理的にも生理的にも効果的な動作といわれている。気持ちが沈んでいるときの姿勢は，頭が垂れて，背が丸まり，肩が内側に閉じていることが多い。また，肩凝りは，持続的に肩が少し上がり，そのため筋肉の血行が悪くなり痛みが生じるためといわれている。その姿勢動作を解放する動作が肩の反らせである。肩を反る動作は，肩を開く動作でもあり，「肩のひらき」ともよばれている。一見簡単そうだが，この動作はかなりむずかしい。思わず背中まで力が入りすぎてしまったり，両腕だけに力が入ったり，肩を反らそうと思っても，肩が動かなかったりすることがある。ステップⅣの肩をしっかり支えてもらって力を抜けるようになると，ふだん緊張する場面でリラックス動作ができるようになる。

1．セルフ・リラクセーション

教師の活動	トレーニーの活動
(1) 肩の反らせのモデル図を黒板に書いて，動かし方，方向を説明する。「気持ちが沈むと背中が丸くなり肩が前にすぼみますね。それと反対の動きをします。それが肩を反らせる動きです」	肩の反らせのモデル図 いすに尻全体で座るようにする。その際，背もたれに寄りかからないようにする。
(2)「構えの姿勢をとりましょう」と励ます。	
(3)「頭から尻までしなやかな1本の軸になるようにしましょう」と指示	顎を引いて背筋を伸ばし，姿勢がまっすぐになるようにする。両手は力を

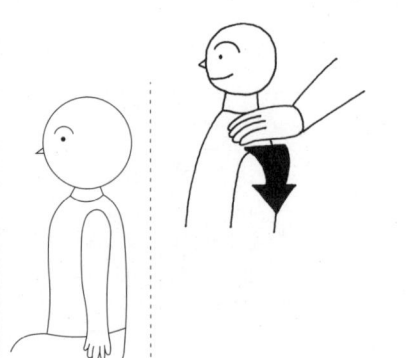

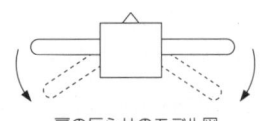

3節　肩の反らせプログラム

し，構えの姿勢がとれているかどうかを確認する。	抜き，体側に下ろす。
⑷「両肩を開くように反っていきましょう。肘だけ動いていたり，お腹が突き出て背中だけが反ったりしていないかを確かめながら，肩だけに力を入れて開いていきます」	肩を上げないようにし，腕の力で肩を引っぱって動かさず，また背中を反らさないで，肩を開くようにして反らす。
⑸「いっぱい肩を反らせたら，肩に力を入れたまま，他のところが思わず力が入っていないかを点検してみましょう。頭はまっすぐですか。両肘は力が入っていませんか。背中は，腰は，両足は…？　最後は，顔はスマイルですよ」と伝える。他の部位に力が入っていたら"力を抜かなければならない"と思うのではなく"そこがホッと楽になればいいなー"と思うだけでいいですよ」と伝える。	両肩を反ったまま維持して，顔，肘，両手，その他の身体部位に力が入っていないかを点検する。
⑹「はい，肩の力を抜きましょう。はい，ストーン。力を抜いたあとも，すぐ動かないで肩の感じを感じてみましょう。するともっと力が抜けることがあります」 （5秒ほど間をとる）	両肩の力を抜く。その時，リラックス感を味わう。
⑺　⑶～⑸を2～3回繰り返す。その間に，ストンと一気に抜いたり，ゆっくり抜いたり力の抜き方を工夫するとよい。	⑶～⑸を2～3回繰り返し，ホッとする姿勢をとる。

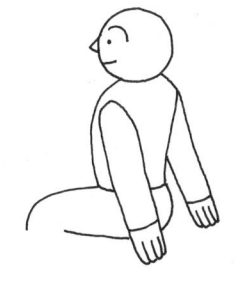

2．ペア・リラクセーション〈ステップ1：声かけだけでの援助〉

教師の活動	トレーニーの活動	トレーナーの活動
⑴「二人ペアになってください。いすに座っている人がリラックスを体験する人（トレーニー），うしろに立つ人が手伝う人（トレーナー）です」と伝え，ペアが組めない子どもがいないか，しっかり見ておく。ペアになる相手がいない場合には，教師と取り組むようにする。	いすに尻全体で座るようにする。その際，背もたれに寄りかからないようにする。 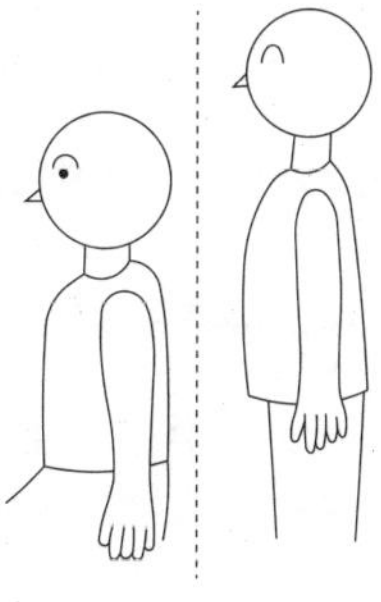	トレーニーの真うしろに立ってトレーニーの姿勢を確認する。
⑵　トレーニーに対して構えの姿勢をとるように伝え，トレーナーはトレーニーが構えの姿勢がとれているかどうかを確かめて，顎が上がっていたり，背中が曲がっていたり，腰が	顎を引いて背筋を伸ばし，姿勢がまっすぐになるようにする。両手は力を抜き，体側に下ろす。	トレーニーの姿勢が歪んでいたら，まっすぐになるようにことばで励ます。

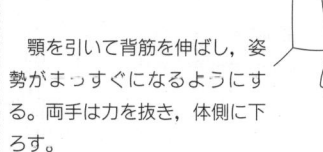

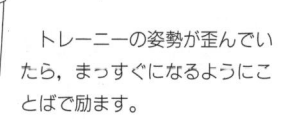

教師の活動	トレーニーの活動	トレーナーの活動
反っていたりしたら，ことばで教えるように励ます。		
(3)「トレーニーは両肩を開くように反っていきましょう。肘だけ動いていたり，お腹が突き出て背中だけが反ったりしていないかを確かめながら，肩だけ力を入れて開いていきましょう」と伝える。	肩を上げないようにし，腕の力で肩を引っぱって動かさず，また背中を反らないで，肩を開くように反らす。	トレーニーの動作を観察しながら，肩以外の身体部位に力が入っていたら，ことばでリラックスするように励ます。
(4)「トレーナーは，いま，どんな感じかをトレーニーにたずねてみましょう。先生が言ったあとに続けて声をかけましょう。"いま，どんな感じ？"はい。トレーニーはどんな感じか教えてあげましょう」と励ます。身体の感じについて話す時間は，一言，二言話す程度にする。	両肩を反ったまま維持して，顔，肘，両手，その他の身体部位に力が入っていないかを点検する。	トレーニーの姿勢に注意しながら，トレーニーが肩を反っているときの感じについてたずねる。
(5)「はい，肩の力を抜きましょう。はい，ストーン。力を抜いたあとも，すぐ動かないで肩の感じを感じてみましょう。するともっと力が抜けることがあります」 （5秒ほど間をとる）	両肩の力を抜く。その時，リラックス感を味わう。	トレーニーの姿勢に注意しながら，肩の力を抜いたときの感じについてたずねる。
(6) (3)〜(5)を2〜3回繰り返して「トレーニーはホッとする姿勢で，トレーナーと二人でいまの感じや気づいたことを話し合ってみましょう」と励まし，1〜2分間をとる。	(3)〜(5)を2〜3回繰り返し，ホッとする姿勢をとる。感じたことをトレーナーと話し合う。	(3)〜(5)を2〜3回繰り返す。その間のトレーニーの変化をよく観察し，気づいたことをトレーニーに伝えて話し合う。
(7)「トレーナーとトレーニーが入れかわりましょう」と伝え，(1)〜(6)を2〜3回繰り返す。	トレーナーになる。	トレーニーになる。

3．ペア・リラクセーション〈ステップⅡ：肩に指でふれての援助〉

教師の活動	トレーニーの活動	トレーナーの活動
(1)「二人ペアになってください。いすに座っている人がリラックスを体験する人，うしろに立つ人が手伝う人です」と伝える。	いすに尻全体で座るようにする。その際，背もたれに寄りかからないようにする。構えの姿勢をつくる。	トレーニーの真うしろに立ってトレーニーの姿勢を確認する。
(2)「肩を反らすという動きはむずかしいですね。動きのイメージがつくりやすいように，今度は，トレーナーに肩の先を人差し指でさわってもらいます」と伝え，構えの姿勢をま	肩を反らす動きをイメージするために，トレーナーから肩を指でさわってもらう。	トレーニーの肩の先端を人差し指でさわり，「肩を反らす動かし方がはっきりします」と伝える。

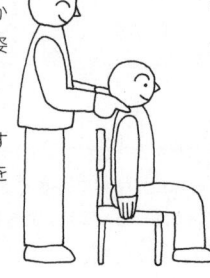

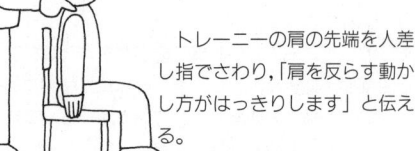

3節 肩の反らせプログラム

教師の活動	トレーニーの活動	トレーナーの活動
ずとってもらってからはじめる。		
(3)「トレーニーは両肩を開くように反っていきましょう。肘だけ動いていたり、お腹が突き出て背中だけが反ったりしていないかを確かめながら、肩だけに力を入れて開いていきましょう」と伝える。	肩を上げないようにし、腕の力で肩を引っぱって動かさず、また背中を反らないで、肩を開くようにして反らす。	トレーニーの肩の先端に人差し指を置いたまま、トレーニーの肩の動きに追従し、トレーニーの肩の動きを観察する。
(4)「肩がうまく動いているか、どんな感じかをたずねてみましょう」とトレーナーがトレーニーに声をかけられるように励ます。	両肩を反ったまま維持して、顔、肘、両手、その他の身体部位に力が入っていないかを点検する。	「肩はうまく反って開いていますか？ どんな感じですか？」とたずねる。左右の肩の動きを観察して、わかったことをトレーニーに伝える。
(5)「はい、肩の力を抜きましょう。はい、ストーン。力を抜いたあとも、すぐ動かないで肩の感じを感じてみましょう。するともっと力が抜けることがあります。（5秒ほど間をとる）」とトレーナーがトレーニーに声をかけられるように励ます。	両肩の力を抜く。その時、リラックス感を味わう。	トレーニーの両肩の先端に人差し指を置いたまま、トレーナーのリラクセーション動作に追従する。その際、トレーニーの両肩の力が抜けていくのを感じとるようにし、肩の力を抜いたときの感じについてたずねる。
(6) (3)～(5)を2～3回繰り返して、「トレーニーはホッとする姿勢で、トレーナーと二人でいまの感じや気づいたことを話し合ってみましょう」と励まし、1～2分間をとる。	(3)～(5)を2～3回繰り返し、ホッとする姿勢をとる。感じたことをトレーナーと話し合う。	(3)～(5)を2～3回繰り返す。その間のトレーニーの変化をよく観察し、気づいたことをトレーニーに伝えて話し合う。
(7)「トレーナーとトレーニーが入れかわりましょう」と伝え、(1)～(6)を2～3回繰り返す。	トレーナーになる。	トレーニーになる

4．ペア・リラクセーション〈ステップⅢ：肩をしっかりやさしく援助〉

教師の活動	トレーニーの活動	トレーナーの活動
(1)「二人ペアになってください。いすに座っている人がリラックスを体験する人、うしろに立つ人が手伝う人です」と伝える。	いすに尻全体で座るようにする。その際、背もたれに寄りかからないようにする。構えの姿勢をつくる。	トレーニーの真うしろに立ってトレーニーの姿勢を確認する。
(2)「肩に手を置いてもらうと動かす感じやゆるめる感じがはっきりしますよ。手を置くときのトレーナーの気持ちが大切です。"しっかりとやさしく"という感じです。生まれたばかりの赤ちゃんをしっかり抱きかかえるような気持ちですね」とトレーナーが援助できるようにする。	肩にトレーナーから手を置いてもらうと、肩を動かす感じがはっきりすることを感じる。	トレーニーの肩に包み込むようにしっかりとやさしく手を置く。

教師の活動	トレーニーの活動	トレーナーの活動
ふざけて首をしめたり，こそぐったり，といった反応がよくみられる。ふざけは，自分の心に向かえないといった抵抗のひとつである。そういった行為を教師がすぐに「やめなさい」と叱責すれば，教師の前ではしないだろうが，本物ではない。子ども自身が考えて，しっかり援助できることをめざす。「相手はホッとする感じを体験できていますか」と子どもに主導権を渡し，考えてもらう。		
⑶「トレーニーは両肩を開くように反っていきましょう。肘だけ動いていたり，お腹が突き出て背中だけが反ったりしていないかを確かめながら，肩だけ力を入れて開いていきましょう」と伝える。	肩を上げないようにし，腕の力で肩を引っぱって動かさず，また背中を反らないで，肩を開くようにして反らす。	トレーニーの肩に手を置いたまま，トレーニーの肩の動きに追従し，トレーニーの肩の動きを観察する。
⑷「肩がうまく動いているか，どんな感じかをたずねてみましょう」とトレーナーがトレーニーに声をかけられるように励ます。	両肩を反ったまま維持して，顔，肘，両手，その他の身体部位に力が入っていないかを点検する。	「肩はうまく反って開いていますか？ どんな感じですか？」とたずねる。左右の肩の動きを観察して，わかったことをトレーニーに伝える。
⑸「はい，肩の力を抜きましょう。はい，ストーン。力を抜いたあとも，すぐ動かないで肩の感じを感じてみましょう。するともっと力が抜けることがあります。（5秒ほど間をとる）」とトレーナーがトレーニーに声をかけられるように励ます。	両肩の力を抜く。その時，リラックス感を味わう。	トレーニーの肩に手を置いたまま，トレーニーのリラクセーション動作に追従する。その際，トレーニーの両肩の力が抜けていくのを感じとるようにし，肩の力を抜いたときの感じについてたずねる。
⑹ ⑶～⑸を2～3回繰り返して，「トレーニーはホッとする姿勢で，トレーナーと二人でいまの感じや気づいたことを話し合ってみましょう」と励まし，1～2分間をとる。	⑶～⑸を2～3回繰り返し，ホッとする姿勢をとる。感じたことをトレーナーと話し合う。	⑶～⑸を2～3回繰り返す。その間のトレーニーの変化をよく観察し，気づいたことをトレーニーに伝えて話し合う。
⑺「トレーナーとトレーニーが入れかわりましょう」と伝え，⑴～⑹を2～3回繰り返す。	トレーナーになる。	トレーニーになる

5．ペア・リラクセーション〈ステップⅣ：肩をしっかり支える援助〉

教師の活動	トレーニーの活動	トレーナーの活動
⑴「二人ペアになってください。いすに座っている人がリラックスを体験する人，うしろに立つ人が手伝う人	いすに尻全体で座るようにする。その際，背もたれに寄りかからないようにする。構えの姿	トレーニーの真うしろに立ってトレーニーの姿勢を確認する。

3節 肩の反らせプログラム

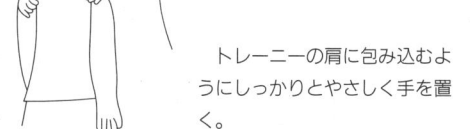

です」と伝える。	勢をつくる。	
(2) トレーナーがトレーニーの肩にしっかりやさしく手を置くように教示する。	肩の力を抜いて，肩の感じや気持ちをリラックスする。	トレーニーの肩に包み込むようにしっかりとやさしく手を置く。
(3) 「トレーニーが肩を開いたら，トレーナーはしっかり肩を支えます。トレーニーが肩の力を抜いても，しっかり支え続けます」と説明する。 「支えるコツは，親指で肩胛骨を支えて，人差し指から小指までは力を入れないことです」と伝える。	肘，背中，足などに力が入っていないかを点検しながら，肩を反って開く。	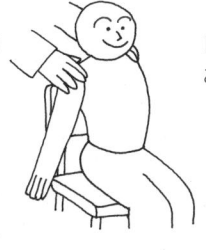 「肩を反って開いて」と言い，トレーニーが肩を開ききったところで，しっかり支える。
(4) トレーニーが肩の力をゆるめたら，しっかり支えることを強調する。肩の力をうまく抜けないときは，気づき課題をする。 【ゆるめられないときの気づき課題】 　肩の力が抜けないとき，肩の補助をゆっくりとゆるめていく。すると，肩に力が入ったままだと，肩がその位置でとまっている。そこで，「いま，肩に力が入っていますか」とたずねる。「気持ちを肩に置いて」少しでも肩がゆるんだら「いま，ゆるみましたよ。それです」と肩の位置がゼロにもどるまで励ます。	両肩の力を抜いて，トレーナーに身体をあずける。	「肩の力を抜きましょう」と言い，肩がゼロの位置にもどらないように，しっかりと支える。 トレーニーが十分力を抜けば，肩の重さを感じる。肩の重みを感じなければ，まだ力が入っている。 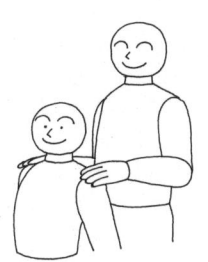
(5) ゆっくり支えの力をゆるめて，全部ゆるめても，肩に気持ちを向けると，もうひとつ力が抜けることがあることを伝え，自分の身体のわずかな緊張に気づいてゆるめることが大切なことを強調する。	トレーナーがゆっくり支えをゆるめるのに，自然にまかせる。	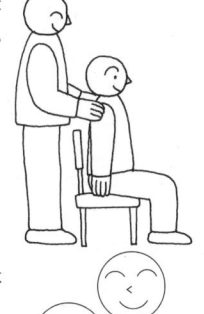 「ゆっくり支えをゆるめますよ。スーッとした体験ができればいいですね」と言いながら，支えをゆっくりとゆるめていく。
(6) (3)〜(5)を2〜3回繰り返して，「トレーニーはホッとする姿勢で，トレーナーと二人でいまの感じや気づいたことを話し合ってみましょう」と励まし，1〜2分間をとる。	(3)〜(5)を2〜3回繰り返し，ホッとする姿勢をとる。感じたことをトレーナーと話し合う。	(3)〜(5)を2〜3回繰り返す。その間のトレーニーの変化をよく観察し，気づいたことをトレーニーに伝えて話し合う。 
(7) 「トレーナーとトレーニーが入れかわりましょう」と伝え，(1)〜(6)を2〜3回繰り返す。	トレーナーになる。	トレーニーになる

4節　プログラム実施上の警告

　本プログラムを実施するとき,「やりたくない子に無理強いしない」「教師が体験してから行なう」「子どもの主体にはたらきかける」というのが原則である。この原則はきわめて重要である。

①　リラックスしてはいけない子がいることを知る

　　ふざける子。「よけいむかつくわ！」「催眠とちがうん」と反発する子。そういった子は，すぐに，心と身体をリラックスしてはいけない子であることを知っておかなくてはならない。だから，無理にリラックスを強制してはいけない。

　　深い心の傷を受けている人は，その心の傷に対処しようと，精いっぱいがんばっている。力も入っているし，動き回ることで苦痛を散らしていることがある。そういった人が，無理にリラックスをすると，心の奥底から，必死に閉じ込めている心の傷が蘇ってくる。その心の傷に圧倒され，気持ちが悪くなることがある。だから，強制してはいけない。そして，この子たちこそ，もっともストレスマネジメント教育を必要としている子どもたちであることを忘れてはならない。

　　　〇「なにか合わないなと思う人は，やらなくていいんですよ」
　　　〇「ストレスに対処する方法は，人さまざま，こんなのがよさそうだと思うものがみつかればいいですね」

といったメッセージを繰り返し送る。

　　けっして言ってはいけないメッセージは，

　　　×「遊びじゃないから，まじめにやれ」

②　教師が体験してから行なう

　　教師が，ストレスマネジメントの実体験がないと，授業は実施してはならない。学校全体，教育委員会で実施したいときは，体験なしに，授業を実施してはならない。

③　指示語ではなく主体語で語りかける

　　口調は〈～しなさい〉ではなく,〈～します〉である。指示語ではなく,子どもの身になり,子どもの立場から発せられることば(主体語)を発する(図5-1)。

　　　〇「今日，勉強に集中することができます」
　　　〇「なかよく友だちと過ごすことができます」
　　　〇「力が抜けて気持ちいい」
　　　×「力を抜け！」

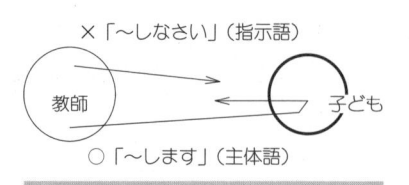

×「～しなさい」（指示語）
〇「～します」（主体語）

図5-1　主体語と指示語

6章 小学校における ストレスマネジメント教育の実際

ストレスマネジメント教育に関する実践的研究は，小学生を対象にしたものが多い。しかし，たんに小学生といっても1年生と6年生では心も身体もその発達的特徴は大きく異なるので，発達に応じた工夫が必要になる。本章では小学校4年生を対象にしたストレスマネジメント教育の初期段階を中心に，子どもたちがペア・リラクセーションやペアリングの際にどのように反応するか，それに対して教師がどのように援助するとよいかを紹介する。さらに，突発的な事件や報道に影響されて動揺している子どもたちにとって，ストレスマネジメント授業がいかに効果的であるかについて述べる。

1節 小学校でのストレスマネジメント教育指導案

　　　対　象：小学4年生
　　　単元名：不安・イライラの解消に向けて

1. 単元設定の理由

(1) 教材観

　近年，登校拒否や不登校，いじめ，無気力など，児童の学校不適応に関する問題が，教育現場だけの問題にとどまらず，大きな社会問題になっている。さらに，日常生活を送るうえで，子どもたちは多くの不安やイライラなど，さまざまなストレスを抱えていることはだれもが知っている。

　しかし，直接子どもの力でストレスを改善できるように配慮された取り組みは，いまだにほとんどないのが現状である。いま，求められていることは，原因究明よりもむしろ，問題を正しく分析することと，その問題に適合するような，合理的で実現可能な取り組みである。

　そこで，ストレスマネジメント教育を通じて，ストレスをうまくコントロールし，これを解消・克服することが人間関係を豊かにすることに気づかせたい。

(2) 児童観

　クラスの児童は，男女ともに仲がよく，明るく陽気である。気心のあった小グループによる遊びがほとんどであるようだが，特定の児童に対しての攻撃，いじめ等はないようである。

　反面，こそこそ話や落書き，また，「むかつく」ということばをよく発し，精神的にストレスが溜まっており，突然の言い争いや小さなけんかなどは絶えない。また，習い事や塾などで家庭での時間が少なく，身体を動かすことよりも家でテレビゲームなどをするほうを好み，ストレスを溜めてしまい，発散できないでいる児童が多いように感じる。

(3) 指導観

　不安やイライラは，ささいなきっかけで発生すること，そしてその原因は何かを考えさせたい。また，そのような不安やイライラした気持ちになったときに自分はどう行動すればよいかなどについてじっくり考えさせたい。
　さらに，不安やイライラの原因でもあるストレスに目を向け，自分自身や友だちを傷つけるストレスの解消法を知り，そのうえで自分も友だちも傷つけることなく，ストレスをうまく解消・克服することの必要性を理解させたい。そして，ペア・リラクセーションでは，自分自身の気持ちを整え「ホッとする」体験や，人の援助によってさらに自分がホッとしたり気分がよくなる体験が得られればと考えている。

2．単元目標

- 不安やイライラの構造を理解し，どうすればなくせるか，予防・防止できるかを考える。
- 相手の気持ちを考えることの大切さを理解する。
- どんな時にストレスを感じるのか，そのストレスの解消法・対処法をリラックス動作法を通して体験する。

3．指導計画

　第1次：不安やイライラの原因を考える。
　第2次：ペア・リラクセーションを体験する。

4．指導案

　ペア・リラクセーションを体験する。

【目標】被験者：ホッとした，すっきりした，ゆったりした体験をする
　　　　援助者：相手の気持ちを感じとる

学 習 活 動	指導上の留意点
【ひとりで】 1．いすに座る 　・楽な感じで座る	・深く腰をかけずに背筋をがんばりすぎない程度に伸ばし，軽くあごを引くように指示する
2．目を閉じて気持ちを落ち着かせる 　・意識を集中する	
3．肩の感じを味わう 　・肩に意識を集中する	・肩に注目させる
4．両肩を開き，他は力を抜く 　・両肩をうしろに反らせる 　・自分自身で反らすことができるところまで反らす 　・腰，お腹，手，腕の力は抜く	・頭を前にたれない ・腰や足に力を入れず，肩だけギュッと力を入れて反らすように指示する

5．両肩の力をゆるめる ・肩の荷を降ろす感じで力を抜く ・肩の力を抜いたあとも肩に注目し，力を入れない	・ストンと肩を下ろすように指示する
6．肩（身体）の感じを味わう 〈4．～6．を繰り返す〉	・肩が温かい，スーッとする，気持ちよい等がリラックス反応

【ペアで】

被 験 者	援 助 者	
7．いすに座る	7．いすのうしろに立つ	
8．目を閉じて気持ちを落ち着かせる		
9．肩の感じを味わう（ひとりで）		
10．肩の感じを味わう ・ひとりのときと援助者の手が置かれているときとの違いを味わう	8．ゆっくりと肩に手を置く ・力を入れない ・被験者のようすを手から感じとる	・肩を包み込むように手を置くようにうながす ・肩の感じをしっかりと味わわせる
11．両肩を開く ・両肩をうしろに反らせる ・自分自身で反らすことができるところまで反らす ・手や腕の力は抜く	9．被験者の動きに合わせて動かす	・援助者は動きを先行しないように指示する
12．両肩の力をゆるめる ・肩の荷を降ろす感じで力を抜く ・ゆるめている感じを味わう	10．被験者の動きに合わせて動かす ・被験者がゆるめている感じを感じとる	
13．肩の感じを味わう 〈9．～13．を繰り返す〉	〈被験者の動きに合わせて9．～10．を繰り返す〉	
14．肩（身体）の感じを味わう	11．補助の手をゆっくりと離す	・援助者はジワッと手を離すように指示する
15．援助者と交代する	12．被験者と交代する	

5．展開例（逐語）

　いまから「肩を開き，脱力する」という動作課題をやってもらいます。二人ペアになって，一人はいすに座って肩を開いて脱力します。もう一人は座っている人のうしろに立ちます。そして，座っている人が肩を開いて脱力するのを手伝います。

　いすに座っている人は，いすに深く座らずに浅く，そして背筋を伸ばして座り，上体を楽にします。頭はあまりがんばって固定しないで，少しあごを引いたぐらいのところでまっすぐ前を見て楽に静止させます。この時，肩や腰やお腹に余計な力が入らないようにしましょう。

　準備ができたら気持ちを集中します。集中できない人はゆっくり鼻から大きく息を吸って，口からゆっくりと吐きましょう。気持ちが集中できた人は軽く目を閉じてください。目を閉じて自分の身体の感じや気分を味わってください。

　うしろに立っている人は自分の前に座っている人を気持ちよくさせるために，どのように肩に手を置いたらよいのかを考えながらゆっくりと肩に手を置いてください。手は肩を包むようにして置きましょう。座っている人は，立っている人の手の感じを十分に味わってみてください。

座っている人は，息を吸いながらゆっくりと肩を開きます。立っている人は座っている人の肩の動きにつきあってあげてください。自分で肩を開くことができるところまで十分に開いてその位置で止めます。今度は息を吐きながらフーッと力を抜きます。はい，フーッ。力を抜き終わったら自分の身体や気持ちについてよく観察してみてください。（さらに2回，繰り返す）

味わえましたか？　それではゆっくりと目を開けましょう。

座っていた人と，立っていた人と交代しましょう。

2節　小学校での実践と効果

　現在，4年生のクラス担任をしており，4月当初から，ストレスマネジメント教育を試みている。

　1回目はクラス活動の時間に行なった。内容は，個々の不安やプレッシャー，イライラの体験を発表しあい，どんな時にそうなって，その時自分がどうなっているのかをふりかえった。また，どうすることによってそれが遠のいていったかを話し合った。さらにリレー大会を題材に，スポーツなどで緊張すると実力が発揮できない現実を共感した。そこで，一年間不必要な緊張を取り除き，リラックスして楽しい学校生活が送れたらいいなという話をした。そんな中で，「先生，緊張すると肩が凝るなあ」と言ったある子どもの発言を生かし，クラス目標を「かたの力をぬいて」（写真6-1）とし，「緊張したり，不安に思ったり，イライラしたりするときには肩の力を抜いてリラックスしよう。そうすれば気持ちもゆったりとして自分の実力も発揮できる」ということをクラス全体で確認しあった。そして，事あるごとに「はい，これを見て」とクラス目標を意識させ，強制せずにセルフ・リラクセーションのタイミングをうながした。

　また，「友だちの気持ちを感じとろう」を目標にペア・リラクセーションを道徳の時間にも行なった。肩を通じて体験者が自分の肩の力を抜こうとしていることを，援助者は手を通して感じ合う学習を行なった。手から伝わってくる体験者の努力をほとんどの子どもが実感でき，その意外さに子どもは感動したようだった。

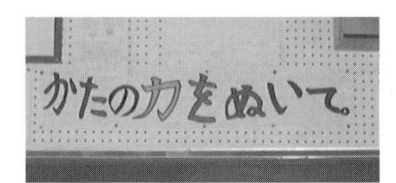

写真6-1／クラス目標

　セルフ・リラクセーション，ペア・リラクセーションを何度か体験した段階で，セルフ・リラクセーションを朝の会に短時間で行なった。また，教科授業の前にざわついている状態のときにも行なった。参加を強制はしなかったが，ほとんどの子どもがセルフ・リラクセーションを行なっていた。とくに教科授業の前でのセルフ・リラクセーションでは，集中した教科学習に入りやすい雰囲気を味わえた。家庭でもペア・リラクセーションをした子どもや，「先生，他のやり方も教えて」と言ってくる子もおり，子どもたちの多くが興味を

写真6-2／ペア・リラクセーション

もってくれているようである。時間がなく連絡などで少々いらついたりしたときに、「先生、いらついとるなあ。僕がリラックスさせたろ」と肩に手をのせてくる子もみられた。ホッとできたと感想を伝えると、「家に帰ってお父さんにもやるねん」と嬉しそうに言ったのが印象的だった。

こうした実践をしようとした裏付けは、以前、クラス担任ではない学年・クラスでストレスマネジメント教育を実施した結果にある。その実践と結果を紹介することにする。

1週間に1回、3週にわたり月曜日の2時間目にストレスマネジメント教育体験授業を行なった。授業終了時には「先生こんな感じでいいの？」と援助のしかたを確認する子どももみられた。休み時間にペア・リラクセーションを行なうペアもみかけられた。また、リラクセーションをすることで興味をもった子どもは家庭で個々にセルフ・リラクセーション、ペア・リラクセーションを行なっていた。さらに、クラス担任から次の時間に子どもたちが落ち着いているようすが聞けた。

1. 調査材料

(1) 小学生用ストレス反応尺度

児童が示す微妙な反応をとらえることのできる多面的な尺度の作成をめざし、子ども版顕在性不安検査（children's manifest anxiety scale：CMAS）、子ども版状態-特性不安尺度（the state-trait anxiety inventory for children：STAIC）などに、身体への気づきに関する項目などを付け加え、89項目の質問紙を構成した。

その回収データを主因子法による因子分析後バリマックス（varimax）回転し、因子負荷量の小さい項目を削除し、さらに、類似した質問項目を整理して30項目からなる小学生用ストレス反応尺度を構成した（南、1998）。

(2) ストレス反応を構成する因子の構造

393名の標本全体を主因子法による因子分析を行ない、児童のストレス反応の因子の構造を検討した。

主因子法による因子分析のあと、バリマックス回転させたところ、解釈可能な4因子が抽出された。それぞれに、「対人関係・不安の因子（11項目）」「情緒・無気力の因子（9項目）」「爽快感の因子（6項目）」「身体的反応の因子（4項目）」と命名した。

2. 手続き

授業前に、各授業担当者が調査用紙を配り、児童全員が質問内容を的確に把握し同じペースで回答できるよう質問項目を朗読し、児童が質問項目に一斉に記入する方法をとった。回答が終わると、体験群は教育動作法によるリラクセ

ーションの授業を，比較群は各クラスの教科授業を行なった。授業終了時間の少し前に，さきに行なった調査項目と同じ項目での再調査を同様の方法で実施した。

3．調査結果
(1) 1回目の授業
　① 児童のようす

　子どもたちとは，同じように学校生活を送るうえでの面識はあるものの，教科指導などでのつきあいはなかった。教室に向かっていると，「こっちです」と案内をしてくれる体験群の児童がいた。比較群の児童も指導者の存在が気になるようすで，何を行ないに体験群の教室に入るのか，教室をのぞきに来る児童が多かった。

　授業が始まり，調査用紙を配り，指導者の音読に合わせて記入をした。その後，「学校生活の中で，嫌だなーと思うことやプレッシャーに感じたりすることはありませんか？」と問いかけると，「友だちとけんかしたとき嫌だと思う」「仲間はずれにされるといや」「無視されたとき」「テストのときにプレッシャーを感じる」「リレー大会で自分の順番がくるとき嫌だ」「自分の思い通りにならないとき嫌だ」「叱られたとき」など，さまざまな意見が出た。そこで「そんな時に自分たちはどうしてる？」と問い返すと，「無視する」「泣く」「深呼吸する」「イライラする」など，そのストレスに対しての反応や対処が発表された。「たとえば深呼吸したら気持ちはどうなる？」とストレス対処法に話題を向け，「運動のときにも深呼吸するよね。ちょっとやってみようか」と提案し，体験してみると「気持ちが落ち着く」という意見が大半であった。「気持ちがよくなると楽ですねえ，心地よいですねえ，リラックスできますねえ。深呼吸以外に，もっとリラックスできる方法を紹介したいと思います」と話し出すと，興味をもって注視して聞いていた児童が多かった。

　説明を終え，いすだけを残して机を教室のうしろに運ぶように指示すると，大きな音を立てながら机を引きずって移動する児童が大半だったので，行動を中止させ，隣のクラスも授業をしていて音がうるさいのではないかと示唆する発言をすると，多くの児童は音が出ないように運ぶことができた。相変わらずぜんぜん気にせずに大きな音を出して運ぶ児童もいた。それを注意する児童はみられなかったが，開いていた窓を閉めて音が少しでも廊下に出ないようにした児童もみられた。円形状でいすに座り中心を向くように指示するが，円に入れない児童もおり，指導者が円を大きくするように指示することで全員がひとつの円で中心を向いて座ることができた。

　デモンストレーションを行なうために体験者役を募集するがなかなか出てこない。雰囲気的に，クラス全員の前で何をするのかといった不安，あまりめだ

ちたくないといった消極性が行動の妨げになっているようであった。「こういう時にみんなの前で動けることが勇気のある行動であり，立派な行動である」旨を語った直後，数人の男子が挙手をしてくれた。いちばん早く挙手をした児童に体験者役になってもらった。その児童は，まわりからのはやし立てもあり，全員の前で目を閉じて集中することに抵抗があったようだが，まわりの児童の言動を静止することにより集中できた。姿勢，肩の開き方，脱力のしかたなどを説明し，指導者が援助者となってやってみる。3回の教示が終わり，「どんな気持ちだった？」と質問すると，明るい表情で「気持ちええー」と答え，教室内がざわつく。まわりの児童は「ホントやろか？」といった感じであった。全員の前に勇気をもって出て来てくれたことをことばで評価して元の場所に帰らせた。次に，援助者なし（セルフ・リラクセーション）で全員で練習をしてみる。全員まじめに取り組もうとし，和やかな雰囲気であった。姿勢，肩の開き方，脱力のしかたなどを個々に練習する。「わからない」と訴える児童もいたので，順番にまわり，とくにわからなさそうな児童には援助して動かし方を伝えてまわった。肩を開いたときに，あごが前に出がちの児童が多かったので，この点に留意して肩を開くように注意した。

　「隣の人と二人でペアを組みなさい」と指示すると，ペアになれない児童が数人出た。男女ともに偶数人数だったので，指導者の指示でペアリングを終了した。次に，初めに座ってリラクセーションを行なう者と後から行なう者に分かれた。ペア・リラクセーションの前には，全体の雰囲気を動作課題が遂行しやすいように，座っている児童には気持ちを集中して自分の身体と気持ちを味わうように，立って援助する児童には座っている友だちが気持ちよいと思ってくれるような手の置き方を考えるように，ゆっくりした口調で穏やかにうながした。教示を始め，3回のペア・リラクセーションを行ない交代するときに，教室は「なるほど，気持ちよい」というグループと「え？　わからない」と，どんなふうに気持ちよいのかをまわりに聞くグループに二分された。ざわつきながら交代したあと，同じ手続きでペア・リラクセーションを実施した。その時，初めにリラクセーションを行なって「わからない」としていた児童も，役割が変わったら今度は座っている友だちが気持ちよいと思ってくれるような手の置き方を，横目で近くの友だちのようすを確認しながらまじめに考えていたようだった。3回のペア・リラクセーションを行なったあと，身体と気持ちの感じを聞くと，さきほどと同様に二分されていた。

　最後に，調査用紙に指導者の音読に合わせて記入をする。私語なしに真剣に記入できた。

　② 結　果

　1回目授業におけるストレス反応得点の平均を図6-1に示す。授業前と授業後の変化について，次のような点が認められる。

- 対人関係・不安の因子において，体験群に統計的に有意差があった。
- 情緒・無気力の因子において，有意な傾向はあったが有意差はみられなかった。
- 爽快感の因子において，体験群に統計的に有意差があった。
- 身体的反応の因子において，体験群に統計的に有意差があった。

なお，1回目授業後の児童の感想の一部を表6-1に示す。児童33名中，8名が記入した。

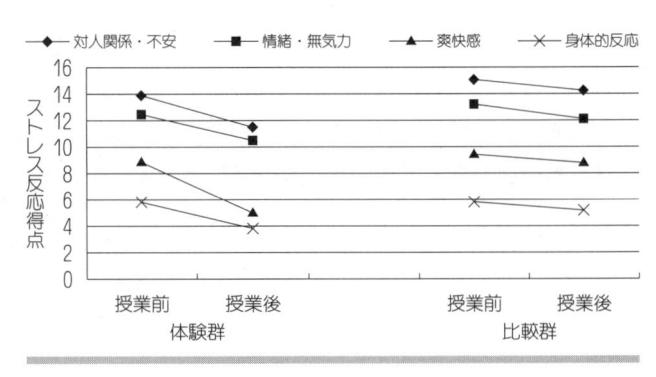

図6-1　1回目ストレス反応得点の平均

表6-1　1回目授業後の児童の感想

「僕は肩がスーッとした」
「とても軽くて楽な気持ちになった」
「リラックス動作法をやってとても気持ちがよい」
「肩が楽になった。気持ちよかった」

⑵　2回目の授業

① 児童のようす

授業前にクラス担任から「そんなに落ち着けるんだったら，もっと早くからやってもらえばよかった」と，1回目授業後のようすの安定さを示唆する意見を聞いた。

教室に入るなり，家でお母さんに肩の開きをやったことを報告する児童があった。教室の雰囲気は，慣れたせいかザワザワしている。調査用紙を配っているあいだに全員が着席する。質問項目の朗読を始めてもざわつきがとれないので，「隣の人に迷惑をかけないように静かにしましょう」と注意することにより，静かにさせる。質問紙調査が終わり，いすを残して机をうしろに運んで広くすることを指示する。多くが机を浮かせて運んでいるが私語が多いのでざわついている。声を出さずに口の前で人差し指を立ててアピールすると，それを見て気をつける子と，まったく気にしない子に分かれた。女子には初めから円形上の輪を大きく取ろうとする児童がめだった。1回目でペアを組むことがわかっていたためか，仲のよい友だちと隣り合わせで位置しているようであった。指導者の援助でなく，自分たちだけの力で輪になって座れたことを評価する。お母さんにやったと報告してくれた友だちのことを紹介し，他にもやった人がいるかをたずねると，10名弱の児童が手をあげた。お母さんに，お父さんに，お兄さんに，ひとりでやったなど，個々に報告してもらった。

前回行なったリラクセーションは全員が覚えているようだったが，復習をする。座り方の注意を始めると，全員が無口になり準備を始める。なかにはひとりで肩を開いている児童もみられた。軽く目を閉じて気持ちを落ち着けるように指示する。男子の数人がみんなのようすが気になるのかキョロキョロするが，ほとんどが目を閉じて気持ちを落ち着けようとしているので，目を閉じていった。背筋をまっすぐに正している児童がめだったので，あまりがんばって背筋

を伸ばさなくてもよいことを指示し，頭もがんばって背骨に乗せなくてもよいと教示する。全員が落ち着いたことを確認し，教示にしたがってセルフ・リラクセーションを行なう。まったく私語はないが，意識的に音を出している男子が一人いた。時どき目を開ける児童もいたが，みんなが目を閉じてやっているのを見てあわてて目を閉じて参加していた。3回の試行が終わり，ひとりだけで行なって落ち着いた気持ちになれた人を聞くと数人が挙手をした。集中できなかった人に聞くと，うるさくていろいろなことを考えたと発表してくれる。再度，教示にしたがってセルフ・リラクセーションを行なう。音を出す行動がなくなり，全員が前向きに取り組めた。

　次に，二人でペアになるように指示する。今回は，前回やった友だち以外の人とペアをつくるように言うと，動揺をみせながらもペアリングを始める。1回目と同じ児童がペアを組めないでいるので，指導者の援助でペアリングを行なう。指示する前にほとんどのペアが役割分担を決めており，一人は座り，一人は立っていた。座って気持ちを集中しようとしているのか目を閉じている児童もみられた。座っている児童に軽く目を閉じて気持ちを集中し自分の身体と気持ちを味わうように，立って援助する児童には座っている友だちが気持ちよいと思ってくれるような手の置き方を考えるようにうながした。その後，大きく深呼吸させる。うしろに立っている援助者に軽く前の人の肩に手を置くように指示する。教示をしてペア・リラクセーションを行なう。私語もなく，集中して取り組める。援助者にそっと手を離すように指示したあともざわつかず，座ってリラックスしている児童は身体の感じと気持ちを味わおうとしていた。立って援助していた児童の数人が首を回したり，肩をほぐしたりする動きをしていた。役割交替するときにペアで感想を言い合っているようすがうかがえた。入れ替わったあと，再度ペア・リラクセーションを行なう。教示が進むにつれて，「しーん」という雰囲気になる。小さな声での教示でも，教室の隅々まで届くようであった。

　座っている人が気持ちよくならないのは，うしろの人の責任かどうかという質問があり，座ってリラクセーションをしてもそんなに気持ちよいことがわからなかったペアでは，うしろで援助する側の悩みが出てきた。

　最後に，調査用紙に指導者の音読に合わせて記入をする。私語なしに真剣に記入できた。

　② 結　果

　2回目授業におけるストレス反応得点の平均を図6-2に示す。授業前と授業後の変化について，次のような点が認められる。

- ・対人関係・不安の因子において，有意な傾向はあったが有意差は認められなかった。
- ・情緒・無気力の因子において，体験群に統計的に有意差があった。

- 爽快感の因子において，体験群に統計的に有意差があった。
- 身体的反応の因子において，体験群に統計的に有意差があった。

なお，2回目授業後の児童の感想の一部を表6-2に示す。児童33名中，32名が記入した。

(3) 3回目の授業

① 児童のようす

神戸の事件（1997年に起きた中学生による殺人事件，展開編1章の表1-1参照）でA少年が逮捕された翌日が授業日であった。体験群の教室に向かう途中に保健室に立ち寄ると，比較群の女子や，他にも他学年の女子などが保健室で休んでいるのがめだった。理由は頭痛，腹痛などであった。体験群でも休み時間にふざけていて頭を打ってけがをし，治療を受けて休む男子がいた。教室に入るとガヤガヤしている。気のせいか児童のテンションが高く感じられる。調査用紙を配っていても私語が多く，立ちまわる男子がめだった。一人，二人と自分の席に着き，全員が着席するのを待つ。数分待って準備の状態を聞くと，いちばん最後までうろついていた男子一人がまだのようすなのでさらに待つ。その間に，クラスの男子一人がけがをしてクラス担任が付き添っているから大丈夫であるとの報告を受け，その男子一人を除いた形で質問項目を朗読する。ざわついた雰囲気で，質問に声を出しながら答える男子が現われるが，そのまま続けて進めると質問4くらいから全体が沈静化し，その声も聞こえなくなった。それと同時に朗読する声も徐々に小さくした。その後は，静かに回答記入できる。質問紙調査が終わり，いすを残して机をうしろに運び，円形状になって座るように指示をする。今回は前回のように音に注意するようすが少なく，派手な音とともに机の移動が始まった。その音は終始おさまることはなかった。最後まで女子の一人が場所を決められずに気まずそうにしていたが，近くでそれに気づいた女子が手招きし，着席できた。依然ザワザワとした雰囲気で，私語が多い。昨日，今日でなにか気になる話題があったのかと聞くと，全体に静かになり，「はい」と挙手をする

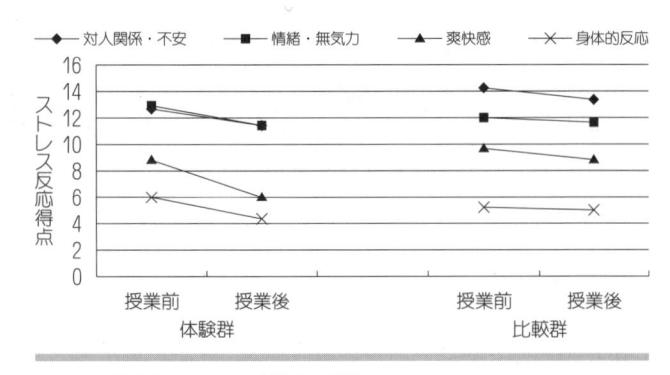

図6-2 2回目ストレス反応得点の平均

表6-2 2回目授業後の児童の感想

「身体がちょっと軽くなった気がする」
「前とは違った感じがした」
「やる前とやった後の感じが違った」
「リラックス動作法をやって気持ちよかった」
「スーッとして疲れがとれた」
「ホッとした」
「やったことで気分が少し楽になった」
「少し肩が軽くなった」
「手を置かれたときは重かったけど，離されたら軽い感じがした」
「リラックス法をして，手がちょっとでもふれていたら温もりを感じた」
「前にやったときよりも気持ちよかったです」「ゆったりとなれた」
「身体が楽になって気持ちがいい」
「手を離したときふわっと肩が気持ちよくなった」
「肩に手を置かれたときに熱かった」
「肩が重かったのが少し軽くなった」

男女児童がいた。すべて神戸の少年事件の内容であった。児童の一人は,「中学生に殺されたんや」と言って,未成年だからテレビで名前や顔写真が出ないことを座ってからトーンを下げて隣の友だちに説明した。全体に再度ざわつきだす中,「やるんやったら今のうちや」(事件を起こすなら少年法に守られている今のうちだという意味)という声が聞こえた。冗談でもそんなことを言うのはよくないことを強い口調で話し,命の大切さと尊さについて説明して雰囲気を正した。

話題を変えて,自分でリラクセーションをしてみたかをたずねると,多くの児童が挙手をした。自分でやった者と,やってあげた者に分かれた。

今回も,リラクセーションの復習をする。「今日が最後なので…」と説明を始めると,スッと静かに注視して聞いていた。いすに浅く座り,軽く目を閉じて気持ちを落ち着けるように指示する。少し前までのざわつきがウソのように静かになる。各自落ち着いて集中するように言い,集中できない場合には深呼吸を勧めた。特定の男子がふざけるが,まわりは気にせずに集中しようとしていた。ふざけている男子の肩に手を置いて,全体の児童に肩に注目して感じを味わうように指示すると,その男子もまじめに取り組みだした。全員が落ち着けたことを確認し,教示にしたがってセルフ・リラクセーションを行なう。さきほどのふざけていた男子には,そのまま援助をしながら教示を続けた。静かな雰囲気の中で取り組んだ。しかし,全体的にとくに男子にそわそわした感じがある。試行が終わり,ざわつきだしたときに,ふざけていた児童を指名し,一人だけ援助者とともに行なったことを確認し,いままで友だちと組んでやっていたときと比べての感想を言ってもらった。なかなかことばにならなかったが「違う」ということが言えた。まわりの児童はいつもふざけがちな児童だからなのか,隣とアイコンタクトを取ったり,私語をしたりした。

次に,いままで組んだことのない人とペアを組むように指示する。一人の男子が「相手がいない」と発言する。たしかに男子1名が休んでいるので奇数人数であった。指導者もペアを組むことを伝えると,男子数人が立候補した。移動をしてペアをつくるように指示する。数人が立っただけで,ほとんどの児童が円形状になるときにすでに考えて座ったことがうかがえた。さきほど,相手がいないと発言した男子は何人かにペアリングを試みていたが断られ,指導者の前に来て座った。他は相手が決まっていない友だちをみつけては交渉に行くという状態が続くので,早くにペアを組み役割も決めて肩に手を置いている女子のペアを指して,「ここみたいに早くしましょう」と言うと,ほとんどはすばやく行動できた。児童どうしのことばかけでいつもペアを組めなかった男子も女子も,今回は援助しなくても組めた。座っている児童には軽く目を閉じて気持ちを集中し,自分の身体と気持ちを味わうように,立って援助する児童には座っている友だちが気持ちよいと思ってくれるような手の置き方を考えるよう

にうながした。時間がかかる。なかなか集中できない児童がめだった。大きく深呼吸させる。その後，うしろに立っている援助者に軽く前の人の肩に手を置くように指示する。この時点から静かな雰囲気になり，ほとんどの児童が集中しようと努力していることがうかがえた。一人の男子が立ち上がり，「先生，悪さばっかりする」とペアの援助者に困っていることを全体の前で訴えてきた。再度，うしろに立っている人は前で座っている人が気持ちよくなれることに専念するように注意する。沈静化した時点で，教示にしたがってペア・リラクセーションを行なう。さきほどまでのざわつきがウソのように全員が静かに取り組みだした。課題が終わり，援助者にそっと手を離すように指示したあともざわつかず，座っている児童は身体の感じと気持ちを味わおうとしていた。リラックスしている児童は「ゆっくり目を開けましょう」と指示するまで味わっていたように思えた。援助者から「気持ちいいだろ？」と問うペアがめだつほど，援助者も意識して取り組めたようである。役割交替して，援助者に，座っている人が本当に気持ちよいと思っているかを感じとるように指示し，教示にしたがってペア・リラクセーションを行なう。静かな雰囲気の中で実施できた。ペアでお互いの気持ちを話し合っているようすがうかがえた。

最後に，調査用紙に指導者の音読に合わせて記入をする。静かに真剣に記入できた。

授業終了後，いつもペアになれなかった女子が自分の好きな話をしにやって来て，短時間に多くのことを話してくれた。

② 結　果

3回目授業におけるストレス反応得点の平均を図6-3に示す。授業前と授業後について，次のような変化が認められる。

- 対人関係・不安の因子において，体験群に統計的に有意差があった。
- 情緒・無気力の因子において，体験群に統計的に有意差があった。
- 爽快感の因子において，体験群に統計的に有意差があった。
- 身体的反応の因子において，体験群に統計的に有意差があった。

なお，3回目授業後の児童の感想の一部を表6-3に示す。児童32名中，31名が記入した。

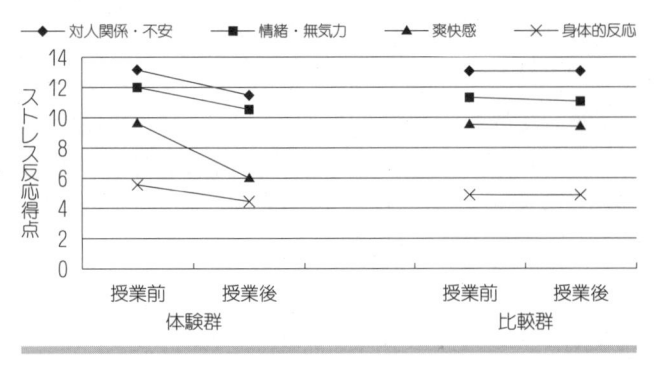

図6-3　3回目ストレス反応得点の平均

4．他の小学校におけるストレスマネジメント教育の展開

三田市教育委員会は，1998（平成10）年度生徒指導研究部会にて，ストレス

表6-3　3回目授業後の児童の感想

「1回目はあまり集中できなかったけれど3回目は気持ちよくなれた」	「3回やってよくわかりました」
「しんどいなと思っていてもこれをやるとジーンとして，すごく楽になり眠くなってきます」	「今度は寝る前やお風呂あがりにやったら気持ちよいと思う」
「他のクラスの子にも教えてあげたいです」	「疲れたときにひとりでできるからいいなあと思った」
「最近，夜が遅くてしんどいけれど，これをやると大丈夫です」	「お母さんたちにもすすめたいと思う」
「とても気持ちよかった」	「気持ちがムシャクシャするときなどは友だちとやろうと思う」
「リラックスをして身体が軽くなって眠くなる」	
「リラックスをするととても気持ちがよい」	「3回したけど気持ちよかったときとあまり気持ちよくないときがあった。でも，やってみてよかったと思います」
「援助をしているときは友だちが気持ちよくなってくれるかすごく心配だったけれど，やってくれているときはすごく気持ちがよかった」	「だんだんとリラックスの気持ちよさがわかってきて気持ちが落ち着いた」
「私はやってみて人とふれ合ったら心が広くなったり温もりをすごく感じることがわかりました」	「はじめはあまり気持ちのよいのがわからなかったけど，2回3回とやっていると肩が気持ちよく感じる」
「いろいろな人にやってもらうとリラックスすることが違うような気がする」	「もっとしたい」
「リラックスしてだいぶん落ち着いて気持ちよかった」	「リラックス法をやって友だちが手を離したときにとってもフワッとした。あとにはとっても気持ちよかった」
「少しゆったりした気持ちになった」	
「こんなに気持ちよいことだと初めは思わなかった。でも気持ちよかった」	「これをやるのとやらないのでは，やるほうがすごくよいと思います。だから私はこのことを家でもやろうと思います。また家の人にもやってあげようと思います」
「また機会があればしたい」	

マネジメント教育の試験的研究に取り組んだ。小規模校での実践の一部を紹介したい。

(1) 小学校1・2年生への実践（酒井俊子教諭）

　2回目に「リラックス体操（体操ということばはなるべく使わないほうがよいが，低学年の場合，このようなことばのほうがなじみやすいかもしれない）をしよう」と言ったとき，みな「嫌や」と声をあげた。1回目のひとりでする肩の上下は，あまり評判はよくなかった。「今日は前と違うよ。先生とやろう」と言うと，何とかする気になった。そこで，いちばん抵抗を示した児童にモデルになってもらった。その児童の肩に「やさしくしっかり」を念頭に手を置き，「どう？」とたずねると，「温かい」と児童が言い，そこからは授業はスムーズに進んだ。小学校2年生のひとりの男子は，授業が終わると職員室に行き，教師全員にリラックス体操をしてあげていた。自分が援助して他の児童から誉められたのがうれしかったのであろう。また，他のある児童は，担任が機嫌が悪そうなとき，休み時間に「先生，リラックス体操をしましょう」とやりにきてくれるようになった。

(2) 小学校5年生への実践（酒井格教諭）

　1回目の授業は，プレッシャーを取り上げ，肩の上下のセルフ・リラクセーションを行なった。「9回裏2アウト満塁でバッターボックスに入ったとき足がぶるぶる震えた」など，実感の込もった感想が出された。2回目は，「いっぺんどなったろか」という詩を導入に用いた。その詩は，「〜しないようにしましょ

う」と，ことばばかりでだれも守ろうとしない怒りを表現した詩である。まず，詩の内容について意見を出し合い，次に「作者のように感じた経験があれば紹介してください。紹介するのが嫌な人は無理に発表する必要はありません」と発問した。「登校班で班が乱れたとき，下学年の子に強く言いたいけれど言えない」「塾に行きたくないのに親がうるさい」「成績がさがると親がけんかをしだす」といった現実感のある感想が出されたあと，ペア・リラクセーションを導入した。

5．考　察

　教育動作法によるリラクセーションを体験することにより，その直後で児童は有意にストレス反応を軽減できることがわかった。また，回数を重ねるごとに児童自身でさまざまな課題を解決している。このことから，教育動作法によるリラクセーションがストレス反応への対処法として効果があり，ストレスマネジメント教育に有効であると考えられる。

　酒井俊子教諭の実践は，小学校低学年では，ペア・リラクセーションから入るほうが，乗れるのかもしれないことを示唆している。また，抵抗を示す児童に呼びかけ，よい体験へと変えていった力量はさすがである。

　酒井格教諭の実践は，人間関係での怒りを題材にした詩を導入に用いることで，「怒りの感情が起こることはだれでも自然である」とのメッセージを送り，さらに，ペア・リラクセーションによって，対人関係を実感のレベルで体験し合えるように援助している。

　低学年の適用と導入の工夫は今後の課題であり，このような実践がさらに報告されることを願いたい。

理想である。しかし，生徒のさまざまなストレス関連問題が多発している現時点では，まず意識的に予防的な健康教育という観点からストレスマネジメント教育に取り組むことが急務であろう。本章では，クラス活動の時間に継続的に取り組んだストレスマネジメント教育の実践例と，その効果について述べる。

1節　ストレスマネジメント教育を行なうための学校環境

　学校でストレスマネジメント授業を実施する場合に，まず問題になるのは「いつ，だれが」授業を担当するかということである。理想的には，学校にかかわる「だれも」が学校生活のさまざまな場面で子どものストレスに配慮できるようになることが望ましい。「だれも」というのは，大人に限ったことではない。子ども自身が自分の生活をコントロールできるように自立し，相手を思いやることができるように成長していくことも期待したい。しかし，まずは大人が子どもや同僚の身になって物事を考えることができる想像力を養わなければならない。

　たとえば，体育の授業後に服を着替えて教室にもどり席に着いたばかりの生徒に対して，教科担当教師が「早く教科書を出して，早くノートを出して，早く…して」とせきたてる代わりに，生徒の身になって2～3分間セルフ・リラクセーションや呼吸法を行なうようにはたらきかけると，生徒は落ち着く。あるいは，体育の授業の終わりに漸進性弛緩法やセルフ・リラクセーションを取り入れて，次の時間に落ち着いて臨めるように配慮することもできる。カリキュラムが詰まっているのでそのようなことをしている余裕はないと思う教師がいるかもしれないが，そうしたほうがはるかに授業への集中力が高まり，結果的には授業が進むことが多い。もちろん，教科に限らず生徒とかかわるさまざまな生活場面で，ストレス予防や軽減をはかるための工夫や配慮をすることができる。たとえば，登校時や昼休みに生徒が落ち着く音楽や朗読を放送で流したりもできる。実際に，あるベテランの国語教師は自分にできるストレスマネジメント教育を考え，毎週1～2回朝のホームルームが始まる前に，生徒の心を和ますようなエッセイの朗読を放送で流すようにした。初めのうちは騒々しくて放送に無頓着だった生徒が，しだいに席に着いて朗読に聞き入るようにな

り，最終的には朗読をせがむほどになって，落ち着いた朝のホームルームを迎えられるようになったという。そうした工夫や配慮は教師に限ったことではない。購買部に買い物に来た生徒に対して，事務職員が求められる品物をただ黙って渡す代わりに，笑顔で「おはよっ」と声をかけることによって生徒の緊張が和らぐこともあろう。

しかし，ストレスマネジメント教育の第1段階から第3段階（1章図1-2参照）の導入においては，落ち着いて安心できる雰囲気の中でストレスについて考えたり他の生徒の話を聞く時間や，ペア・リラクセーションのための十分な時間を確保することが望ましい。そのためには，ロング・ホームルームや保健体育の時間，2002年からは「総合的な学習の時間」などを活用したい。

授業担当者としては，小学校ならば担任か養護教諭ということになろうが，クラス単位で行なう場合にはクラス担任が最適であろう。担任は子どもたちの日常のようすをつぶさに観察し，学校生活の大半を子どもとともに過ごしているので，クラスの雰囲気や子ども一人ひとりの正確な実態把握に基づいて導入を工夫したり，個人差に配慮することができる。中学校の場合には，実施する時間帯によって担当者が変わる可能性がある。たとえば，クラス活動の時間ならば担任が適当であろうし，保健体育の時間ならば体育教師が担当することになろう。さらに，「総合的な学習の時間」ならば，健康や福祉に関連して体育教師や養護教諭が担当できる。また，いずれの時間であっても，展開編2章で述べているようにスクールカウンセラーが教師と協力して授業を担当することも可能であるが，その場合でも教師自身がストレスマネジメント教育の本質について理解しておくことが望ましい。そうでなければ，スクールカウンセラーにまかせきりということになったり，教師の無理解が生徒に影響して生徒のやる気を削いでしまう恐れがあるからである。仮に，スクールカウンセラーや養護教諭がクラス活動の時間に授業を担当する場合でも，クラス担任が傍観者のように教室のうしろで見学するのではなく，生徒といっしょに授業に参加することが望ましい。筆者がスクールカウンセラーとして授業を担当した経験では，教師が生徒といっしょに参加するクラスは雰囲気がよく，生徒の乗りもよいことが多い。そして，授業の中で担任自身のストレス反応やストレス対処法などを紹介すると，生徒は教師を身近に感じるし，ストレスマネジメントに積極的に取り組むようになる。また，すべての教師がストレスマネジメント教育について理解が深まれば，学校全体が子どものストレスに対して配慮しようという気運が高まる。

そのためには，まず教師の研修を充実しなければならないし，教育課程を工夫する必要がある。さらに，学校の体制づくりや保護者の理解などの環境条件が整備されることが望ましい。もちろん，そういう条件整備ができなければストレスマネジメント教育ができないかというとそうではない。担任教師が自分

2節　クラス活動を活用したストレスマネジメント教育の指導案

　　　　対　象：中学1年生
　　　　単元名：ストレス社会を生きる

1．単元設定の理由
(1)　教材観

　21世紀を展望すると，高度情報化や国際化の流れの中でテクノ・ストレスや異文化ストレスをはじめ，「バーチャル・リアリティ」（仮想現実）ということばに代表される実体験の欠如や自己存在感の不確かさ，人間関係の希薄化に起因するストレスなど，さまざまなストレスが予測される。そのようなストレス社会においては，ストレスマネジメント能力は「生きる力」の基本であると考えられる。したがって，健康教育という観点から将来的に予測されるストレス社会に対して備えるという意味で，積極的にストレスマネジメント教育に取り組む必要がある。それは，2章で述べているように，世界保健機構（WHO, 1994）が掲げる青少年の健康増進のためのライフスキル教育の考えにも通じる。加えて，現在の学校ストレスに対する予防的措置という観点からも，ストレスマネジメント教育を通じてストレスはだれにでも生じるものであり，だからこそストレスにうまく対処できるようになることが重要であることに気づかせ，ストレスマネジメント能力を身につけさせたい。

(2)　生徒観

　対象校の生徒は，市内一円を校区としており，10校以上の小学校から入学している。約半数は隣接する附属小学校出身者であるが，それ以外の1年生にとっては，周囲に顔見知りやなじみの友人がほとんどいない状況で中学校生活をスタートすることになる。また，通学方法も多岐にわたり，公共の交通機関を利用して約1時間ほど登下校に費やす生徒も多い。そのため，学校生活に適応するまでに時間がかかり，多くの精神的・身体的疲労を生じやすい状況にある。

　そのような環境下においても，2学期に入ってからは学校生活に慣れてだれ

とても気軽に会話でき，楽しく活動している生徒も多く，さまざまな行事に対して積極的に取り組み，友人や教師とのかかわりが広がっているようすもうかがうことができる。反面，お互いに言動を意識しすぎるあまり，思うように会話をすることができず，中にはコミュニケーションが少なくなってしまい，学校生活に対して消極的になっている生徒もみられる。

(3) 指導観

中学生に比較的共通にみられる日常生活上の特徴を彼らが使うことばで表現すると，「むかつく，きつい，面倒くさい」に集約できるかもしれない。2章でも示したように，小学6年生と中学3年生の約8割が時どき，あるいは日常的に「イライラ・むしゃくしゃ」しており，彼らは自分の気に障ることがあると「むかつく」という。そして，時に「きれる」。あるいは何事も面倒くさがり，すぐ疲れて長続きしない。そうした心理的・身体的・行動的特徴の背景には，さまざまなストレッサーとそれによって生じるストレス反応があることを理解させる。また，日常生活の中で経験するストレスに対して，生徒がどのようなコーピング方略を用いているかについて話し合いや発表の時間を設け，そのような学習活動を通してストレスがあるのは自分だけではないことや，ストレスに対処できることを気づかせる。

さらに，「肩の上下プログラム」による援助体験や被援助体験を通して自己理解や他者理解を促進し，結果的に学級雰囲気をよくすることによって友人関係をはじめとするさまざまなストレスの予防や軽減をはかりたい。最終的には，「いつでも・どこでも・ひとりで」主体的にストレス対処法を活用できるように援助したい。

2. 単元目標

ストレスマネジメント教育の効果を支持する従来の実践的研究（Edwards & Hofmeier, 1991；竹中ら，1994）に共通する特徴は，
- 健康教育の観点からストレス軽減と予防をはかる
- 集団（主に，クラス）を対象にする
- 第1段階から第3段階までの教育内容で構成されている
- ストレス対処法としてリラクセーション技法が適用されている
- 快適イメージや言語暗示などを用いて安心感，自尊心，自信をはぐくむ

などの工夫がなされていることである。

しかし，実際には4章で指摘したように中学生を対象にした授業研究は少ない。そこで，従来のリラクセーション技法に代わり，ペア・リラクセーション課題を適用し，リラクセーション効果に加え，自己理解と他者理解を促進することによってストレス予防や軽減をはかることにした。さらに，この単元がストレス対処法を活用する契機になることを最終目標とした。

⑤ ストレス対処法として「肩の上下リラックス法」によるセルフ・リラクセーションとペア・リラクセーションを体験する
⑥ ストレス対処法を活用できるようになる

3．指導計画
第1回：ストレスの概念や自分のストレスを考える
第2回：ペア・リラクセーションを体験する

4．指導案
(1) 第1回目学習指導案
　a．教材　「ストレスマネジメント～ストレス社会を生きる～」
　b．活動のねらい
　　・日常生活でのストレスについて考え，ストレスの概念を知ることができる。
　　・自分のストレス反応を考え，お互いに意見を交換し，だれにでもストレスがあることを知る。さらに，自分をみつめる態度を培うことができる。
　　・自分のストレス対処法や友だちの対処法について意見を交換し，いろいろな対処法を知ることができる。
　c．学習過程

学 習 活 動	指 導 上 の 留 意 点
〈導入〉25分 1．ストレスについて理解する 　(1)ストレッサーとストレス反応の関係を知る 　(2)ストレス反応を知る 　(3)ストレス状況では緊張と不安が高まり，それはだれにも生じることを知る 2．自分のストレス反応を知る 　(1)自分にとってのストレッサーを知る 　　┌─ストレスを引き起こすもの─┐ 　　│家庭，友だち，先生，学業，　│ 　　│　　試験，部活動，試合　　　│ 　　└─────────────┘ 　(2)自分のストレス反応を知る	○日常生活の中で体験しているストレッサーとストレス反応を例に出して，ストレスとはどんなものかを考えさせる 　　（例）　試験や試合時の状況 　　　　　　ゆっくりTVを見ているときに母親から勉強しろと小言を言われた状況　　など ・身体的，心理的，行動的反応について，具体的に発表させる ・教師自身のストレッサーとストレス反応を話すことによって，だれにでもストレスがあることを気づける雰囲気をつくる ○生徒にとってどのようなストレッサーやストレス反応があるかを考えさせる ・自分はどのストレッサーに弱いのかを書かせ，自己理解を深める ・自分のストレス反応を書かせ，自己理解を深める
〈展開〉20分 3．ストレス発散や軽減の方法について，どのようなものがあるかを各自の体験を通し	○生徒がストレスを感じたとき，どのように対応してきたかについて，周囲の人と意見交換をさせる

学習活動	指導上の留意点
て考え，発表する 　　予想される反応 　運動をする，音楽を聴く， 　食べる，大声を出す，寝るなど	・気持ちがスッキリしたり，ホッとしたことを思い出させて発表させる ・ストレッサーやストレス対処法に個人差があることに気づかせる
〈まとめ〉5分 4．本時のまとめをする 　・人にはそれぞれストレスがあり，自分なりの対処法を行なっていることを知る 5．次時の学習内容について確認する	○自分のストレスについてまとめさせる ・生徒が自分なりに行なっている対処法を認め，さらに状況に応じた対処法を身につけることを奨励する ○セルフ・リラクセーションとペア・リラクセーションがあることを紹介し，意欲を高める

⑵　第2回目学習指導案

　a．教材　「ストレスマネジメント～ストレス社会を生きる～」

　b．活動のねらい

　　・ストレスを自己コントロールできるようになることが重要であることを理解し，状況に応じた対処法を実施していこうとする態度を培うことができる。
　　・「肩の上下プログラム」のペア・リラクセーションによって，援助体験と被援助体験を体験することができる。
　　・ストレスとうまくつきあう方法を理解し，正しい方法で実施することができる。

　c．学習過程

学　習　活　動	指　導　上　の　留　意　点
〈導入〉15分 1．ストレス状況では緊張と不安が高まるという前回の復習から，リラクセーションの必要性について考える	○ストレス社会での生き方に視点をあて，その必要性に気づかせる
2．ストレスを緩和する方法として，「肩の上下プログラム」や漸進性弛緩法があることを知る 　・「学校におけるストレスマネジメント教育」ビデオ視聴	○スポーツ選手の事例やビデオ視聴を通して，プロスポーツ選手も取り入れているという事実から，弱いから行なうということではなく，予防のために実施することに気づかせ，意欲の高揚をはかる ・ストレス反応は人それぞれ違い，個人差があるので，どのようにしていくかを考えさせる
〈展開〉30分 3．「肩の上下プログラム」におけるセルフ・リラクセーションとペア・リラクセーションを体験する 　⑴「構えの姿勢」をとる 　⑵セルフ・リラクセーションを行なう 　⑶ペア・リラクセーション（声かけだけの援助）を行なう 　⑷ペア・リラクセーション（そっとふれる動作援助）を行なう 　⑸役割を交代して，ペア・リラクセーションを実施する	○教師がモデル提示を行ない，合図に合わせて一斉に実施させ，それぞれのプログラム内容実施後に生徒の感想を発表させる ・命令口調ではなく，やさしくゆったりした声で「ホッとする姿勢」と「構えの姿勢」の違いで気づくように配慮しながら指示する ・緊張と弛緩の違いに気づくように上下の時間を少し長めにとる ・ペアを組むように指示し，相手のいない生徒については教師と取り組むようにする ・トレーナーの適切な動作援助を引き出すように，たとえば「赤ちゃんにふれるように」あるいは「ひよこを抱くように」というようにトレーナーが手の置き方を工夫するように指示する ・ペア・リラクセーション実施後，セルフ・リラクセーションとペア・リラクセーションの違いや感想について話し合わせる
〈まとめ〉5分 4．本時のまとめをする	○「肩の上下プログラム」実施以前の気分や身体の感じに気づかせ

3節 授業実践と効果

1. 実践の概要と効果測定の内容

(1) 実践の概要

ペア・リラクセーションを導入したストレスマネジメント授業を実施する場合には，教師は以下の点に留意する必要がある。

①教師みずからがペア・リラクセーションを体験する
②簡単な課題を工夫する
③生徒のやる気を引き出す
④トレーナーのはたらきかけを工夫する
⑤ペアを組む相手が替わるようにする
⑥リラクセーションの習得には個人差があることを認識する

そのために，クラスで授業を行なう前に，山中が担任教師（佐伯）にストレスマネジメント教育の概要を説明し，生徒のストレスやストレスマネジメント教育について納得できるまで話し合いを重ねた。さらに，ペア・リラクセーション課題の指導上の留意点を確認し，その効果を担任教師が実感できるまで実習指導を行なった。

そのような準備期間に引き続いて，前節に記した指導案に基づき5章の「肩の上下プログラム」のペア・リラクセーション：ステップⅠ～Ⅳまでを指導した。実際には，1996年11月19日～1997年2月19日までの約3か月間，計15回実施した。15回のうち，第2回，第4回，第7回は山中と担任が協力して授業を行ない，それ以外は山中のスーパーバイズ下で担任が単独で授業を行なった。初回と第2回目のみ指導案に示しているようにロング・ホームルームの時間（50分）を利用した。その後は，帰りのショート・ホームルームの時間に約15～20分間実施した。

(2) 効果測定実施日

不安の程度を精神的ストレスに対する反応ととらえ，スピールバーガーら(Spielberger et al., 1973)の子ども用状態不安テストを日本語版(曽我, 1983)で測定した。測定実施日は，第2回目の授業前後(1996.11.26)，実力試験を4日後に控えた月曜日の朝(1997.2.3，その前週までに第11回目終了)と試験が終了した直後の日曜日（1997.2.9）とした。また，個人がクラスに対してもっている学級イメージを，個人がクラスメート全員との友人関係に抱いているイメージとみなして学級雰囲気調査（根本, 1983）を実施した。実施日は，

初回直前(1996.11.17)，第13回目と第15回目終了後のそれぞれ日曜日(1997．2．9，3．16)であった。

2．ロング・ホームルーム直後の効果

　第1回目の授業では，自分たちの日常生活をストレスという観点からとらえることに興味を示し，授業に対する生徒の態度は積極的であった。とくに，試合での緊張場面や母親から勉強するように注意されたときの反応などを発表する場面では，発表する生徒だけではなく，それを聞いている生徒にも笑顔がみられた。他の教科学習と異なり，生徒は「できる・できない」という評価に関係なく自分の心の内を語り，聞いている生徒はそれを共感的に受けとめる雰囲気があった。そうした雰囲気は第2回目の授業でも維持されており，しかも新しく体験するリラクセーション課題に興味津々というようすであった。対象となるクラスは異なるが，そのようすはビデオ「学校におけるストレスマネジメント教育」(山中，1999)の中で紹介しているクラスの雰囲気とよく似ていた。生徒の態度や雰囲気から，初回の授業の導入が効果的であったことが推測でき，同時にクラスとしてのまとまりが感じとれた。発表にともなう共感的な笑顔や笑い声は，授業がうまくいくかどうかのひとつのバロメーターである。笑顔が多いときは，ペア・リラクセーションによって心地よい「リラクセーション体験」をする生徒が多くなる。

　ペア・リラクセーション導入に際しては，山中と担任がペアを組み，デモンストレーションを行なった。その後，一斉に5章の「肩の上下プログラム」の「ステップⅡ：そっとふれる動作援助」まで実施した。その際，席の近くの生徒とペアを組むように指示すると，同性どうしでペアを組み，相手がいない生徒はいなかった。実施中にふざける生徒はみられず，全員真剣な表情をしていた。ただし，肘や指先まで力が入っている生徒が目についたので，それについてはことばで全体的に修正を指示した。ペア・リラクセーション後はリラックスした表情を示す生徒が圧倒的に多く，ペアで感想を話し合うときの表情は生き生きしていた。話し合いのあとで，セルフ・リラクセーションとペア・リラクセーションの違いをたずねると，後者のほうがより深いリラックス感を味わうことができるという反応が多かった。それは状態不安調査結果にも現われていた。図7-1は第2回目のストレスマネジメント授業の直前・直後の調査結果であり，授業後に状態不安得点が低下することが明らかになった。ただし，リラクセーション体験を得られない生徒がいた場合を考慮して，その日にリラクセーション体験が得

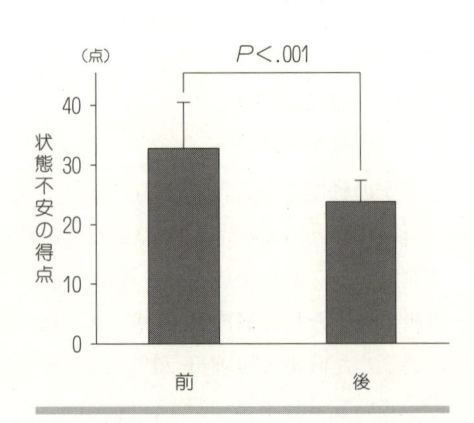

図7-1　ストレスマネジメント授業前後の状態不安（山中，1998）

もらった。記述されている内容を整理すると，その内容は「リラクセーション体験」「緊張や身体に関する違和感・嫌悪感」「身体に対する気づき」「相手の身体に対する気づき」「相手の身体を通して得られた自己の身体に対する気づき」の下位項目に分類された。

　表7-1は第2回目の授業，つまりペア・リラクセーション初回，第5回，第10回後の内省報告分類である。生徒の中には1つの下位項目に該当することを多く書いている生徒もいたが，分類の際に重複してカウントすることはしなかった。したがって，1つの下位項目に対する総数はクラス成員数の38を超えることはない。初めてのペア・リラクセーション後に，38名中35名が「リラクセーション体験」に関する記述をしており，ペア・リラクセーションによってリラックスできたことがうかがえる。また，初めての体験にもかかわらず，「トレーニーの身体に対する気づき」を記す生徒が多かった。表7-2は，おのおのの具体的な内容を示している。リラクセーション後に，「落ち着く感じ」「重たい感じ」「温かい感じ」「スッキリした気分」など，主観的なリラックス感を示していることがわかる。また，「トレーニーの身体に対する気づき」としては，「力を抜くところがわかった」「力が入っている」「肩がふるえていた」など，身体を通した直接的な体験に基づく内容が多く記されていた。

3．ショート・ホームルームでの継続効果

　帰りのホームルームで計13回「肩の上下プログラム」を実施した。それは定期的にではなく，連絡事項の量や時間的余裕に応じて随時行なわれたが，冬休みを含んだ約3か月間に総計15回実施した。平均すると週に1〜2回というペースであった。実施に際して，2回に1回はペアを組む相手が変わるように配慮し，課題は必ずセルフ・リラクセーションのあとにペア・リラクセーションを行ない，ペア・リラクセーションについては生徒の習熟度を見計らって興味が失せないように徐々にステップⅣ（5章参照）まで進めていった。そのため，第15回が終了するまで嫌がったり，ふざける生徒は出なかった。

　表7-1からわかるように，初めてペア・リラクセーション課題に取り組んだ直後には多くの生徒がその感想として「リラクセーション体験」をあげていたが，第5回目，第10回目と「リラクセーション体験」を記す生徒数は減少した。これは，ペア・リラクセーション課題に対する新鮮さが薄れたことが影響して

表7-1 ストレスマネジメント教育期間中のペア・リラクセーションに関する内省報告分類

分類項目＼練習日数	リラクセーション体験						ペア・リラクセーション中の他者理解							
	リラクセーション中に感じたこと			リラクセーション後に感じたこと			トレーナーに対して感じたこと				トレーニーに対して感じたこと			
	リラクセーション体験	緊張や身体に関する違和感・嫌悪感	身体に対する気づき	リラクセーション体験	緊張や身体に関する違和感・嫌悪感	身体に関する気づき	リラクセーション体験	緊張や身体に関す違和感・嫌悪感	トレーナーの身体に対する気づき	トレーナーを通じて得られた自己の身体に対する気づき	リラクセーション体験	緊張や身体に関す違和感・嫌悪感	トレーニーの身体に対する気づき	トレーニーを通じて得られた自己の身体に対する気づき
1(11/26)	16	20	6	35	1	1	9	4	11	10	3	0	29	2
5(12/13)	8	9	18	26	4	5	7	2	18	11	3	0	32	2
10(1/29)	5	12	17	23	5	7	3	1	11	15	1	0	27	0
計(平均値)	29(9.7)	41(13.7)	41(13.7)	84(28)	10(3.3)	13(4.3)	19(6.3)	7(2.3)	40(13.3)	36(13)	7(2.3)	0(0)	88(29.3)	4(1.3)

表7-2 ペア・リラクセーションに関する内省内容

リラクセーションに関する体験						
リラクセーション中に感じたこと			リラクセーション後に感じたこと			
リラクセーション体験	緊張や身体に関する違和感・緊張感	身体に対する気づき	リラクセーション体験	緊張や身体に関する違和感・緊張感	身体に対する気づき	
・気持ちいい ・温かい ・楽になった ・眠たい ・スーっとした	・痛い ・きつい ・重い ・疲れる ・苦しい	・力が抜けた感じがわかった ・力が他の所に入っていた ・力が肩に入っていた ・ふるえていた ・力が肩に入っていくのがわかった	・重たい ・落ち着く感じがする ・すっきりした ・気持ちがよかった ・温かい	・痛い ・疲れた ・重い ・きつい	・肩が軽い ・力が抜けたのがわかった ・力が肩に残っている ・肩が温かくなってから冷めていくのを感じた ・肩が下がっていく感じ	

ペア・リラクセーション中の他者理解							
トレーナーに対して感じたこと				トレーニーに対して感じたこと			
リラクセーション体験	緊張や身体に関する違和感・緊張感	トレーナーの身体に対する気づき	トレーナーを通した自己の身体に対する気づき	リラクセーション体験	緊張や身体に関する違和感・緊張感	トレーニーの身体に対する気づき	トレーニーを通した自己の身体に対する気づき
・安らぐ（落ち着く） ・力が抜けた ・温かい ・すっきりした ・眠くなった	・手が重く感じる ・手が気になる ・押さえすぎ ・緊張した ・不安	・教えてくれた ・うまい ・やさしく手を置いてくれた ・置く手の力が強かった ・相手の手が温かい	・援助によってやりやすくなった ・手の感覚を感じなかった ・肩以外の部分に力が入った ・力が吸い込まれていく感じ ・自分の肩が痛い	・力が抜けた ・気持ちよさそうだった ・落ち着いていた ・眠そうだった	・肩が痛そうだった ・肩が重そうだった	・力を抜くところがわかった ・力が入っているのがわかった ・肩がふるえていた ・他の所に力が入っていた ・上手だった	・手があつくなった ・どれくらい力を入れていいかわからない ・自分もふるえた ・力を入れすぎた

いたのかもしれないが，効果がなくなったことを示しているとは考えられない。というのは，リラクセーション中の「緊張や身体に関する違和感・嫌悪感」は減少し，逆に「身体に対する気づき」は増加しているからである。つまり，課題遂行中に自分の身体に対して落ち着いて直面し，その状態に気づけるようになったことを示している。これは，自己の内界に向き合う構えがとれるようになり，自己理解が進んだ結果であるといえよう。しかも，ストレスが高まる試

取り組んだことによって，緊張や不安が高まりやすい状況でも安定した状態を維持できるようになったと考えられる。

さらに，第1回目の授業実施直前，第13回目終了後，第15回目終了後に同学年の他のクラスと学級雰囲気得点を比較したところ，図7-3に示すように実施群は学級雰囲気得点が高まる傾向が示された。つまり，「肩の上下プログラム」を継続的に実施したことによって，生徒のクラスに対する認識が変化したのである。担任教師の感想でも，ストレスマネジメント教育に取り組むようになって生徒の表情やクラス全体の雰囲気が明るくなったということであった。これは，ペア・リラクセーション課題を通じて，自己の身体に対する体験のしかたやペアを組んだ相手に対する理解が深まったことが影響していると考えられる。表7-1はそのことをよく表わしている。

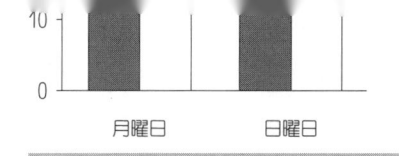

図7-2 ストレスマネジメント教育期間の状態不安（山中，1998）

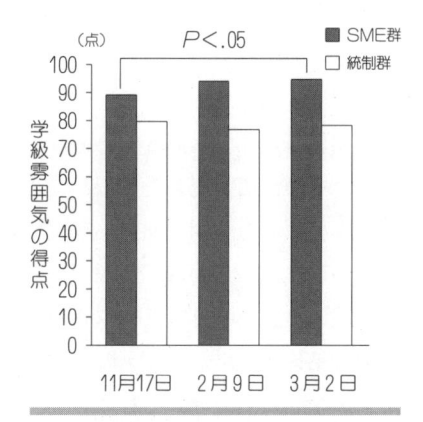

図7-3 ストレスマネジメント教育期間の学級雰囲気（山中，1998）

表7-1の下位項目の中で「トレーニーの身体に対する気づき」「トレーナーの身体に対する気づき」「トレーナーを通じて得られた自己の身体に対する気づき」の数はほぼ一貫していた。とくに，「トレーニーの身体に対する気づき」の数は常に多く，毎回約7割以上の生徒が感想にあげていた。ここでいう「トレーニーの身体に対する気づき」とは，自分がトレーナーとしてトレーニーを援助する過程で，リラクセーション体験以外でトレーニーの身体反応に関連して気づいたり体験したことを示している。その内容は，具体的には「力が入っているのがわかった」「肩に力が入っていた」などである。また，「トレーニーの身体に対する気づき」に比べると数は多くないが，自分がトレーニーとしてトレーナーの援助を受ける過程で，トレーナーの援助の手に対してもった感想や気づきを示す「トレーナーの身体に対する気づき」も感想に含まれていた。その内容は，「やさしく手を置いてくれた」「相手の手が温かい」などである。さらに，「トレーナーを通じて得られた自己の身体に対する気づき」としては，「援助によってやりやすくなった」「手の感覚を（違和感として）感じなかった」などが多かった。ペア・リラクセーション課題は，リラクセーション効果をもたらすだけでなく，身体の動きを通した

双方向的なコミュニケーションを可能にする有効な手段なのである。

　以上のように，「リラクセーション体験」に加え，共動作に基づく共体験を通して自己理解・他者理解が深まったことがわかる。しかも，ペアを組んだ相手は複数であった。少なくとも2回に1回の割合でペアリングの際に相手が変わるように配慮していたので，第13回目が終わった時点で，ひとりの生徒が平均して6人の相手とペアを組んでいたことになる。つまり，複数のクラスメートとの直接的な共動作による援助体験や被援助体験を通して，安心して自己理解や他者理解が深化・拡大し，学級雰囲気が好転していったと考えられる。

4．ストレス対処法の活用

　ストレスマネジメント授業を終了して約1か月後に，授業以外でリラクセーションを実施したことがあるかどうかについて質問紙調査を行なった。その日に1名が欠席していたので，実際の回答者は37名であった。

　結果は，図7-4に示すように37名中28名の生徒がセルフ・リラクセーションを実施したことがあると答えた。さらに，実施したことがあると回答した生徒に，その活用状況をたずねたところ，図7-5に示すように部活や休み時間などの学校にいる時間に加え，家庭や塾でも実施していることがわかった。それは，緊張したり疲れているとき，試合や試験のとき，イライラやムカムカしたときであった。これらの結果から，7割以上の生徒が自分のストレスやストレスの状態に気づき，それに対処するためにセルフ・リラクセーションを活用するようになったということがわかる。しかも，28名中16名が実施してよかったと答えていた。つまり，クラスの4割以上の生徒が，セルフ・リラク

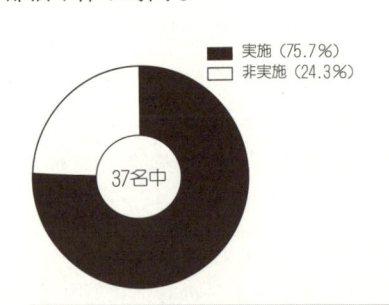

図7-4　ストレスマネジメント教育授業以外でのセルフ・リラクセーション実施率
- 実施（75.7%）
- 非実施（24.3%）
- 37名中

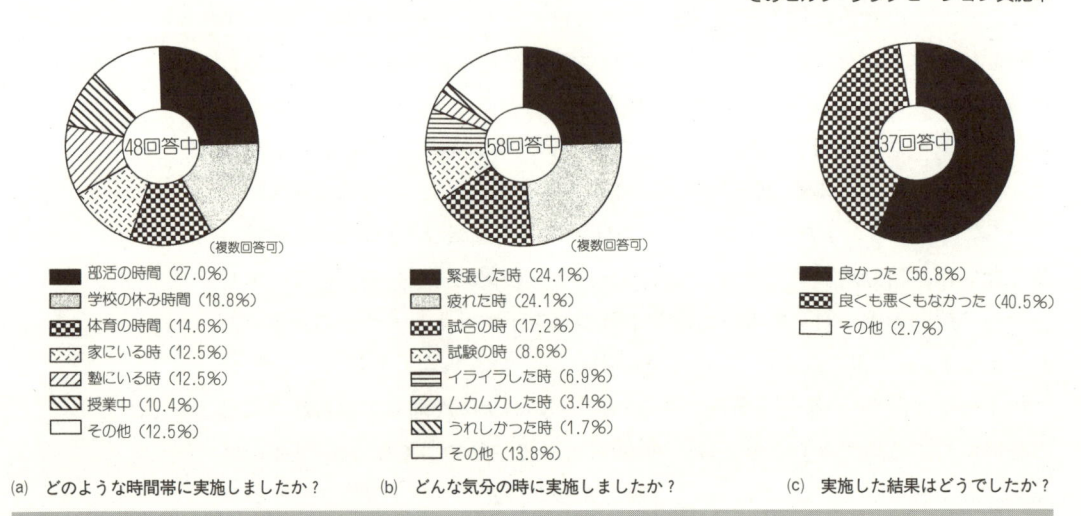

(a) どのような時間帯に実施しましたか？（48回答中／複数回答可）
- 部活の時間（27.0%）
- 学校の休み時間（18.8%）
- 体育の時間（14.6%）
- 家にいる時（12.5%）
- 塾にいる時（12.5%）
- 授業中（10.4%）
- その他（12.5%）

(b) どんな気分の時に実施しましたか？（58回答中／複数回答可）
- 緊張した時（24.1%）
- 疲れた時（24.1%）
- 試合の時（17.2%）
- 試験の時（8.6%）
- イライラした時（6.9%）
- ムカムカした時（3.4%）
- うれしかった時（1.7%）
- その他（13.8%）

(c) 実施した結果はどうでしたか？（37回答中）
- 良かった（56.8%）
- 良くも悪くもなかった（40.5%）
- その他（2.7%）

図7-5　セルフ・リラクセーションの実施状況およびその結果

よかった理由		身体全体が軽くなったような気がした 緊張がとけた 肩の力が抜けるような気がして気持ちよかった 肩の力を抜いたとき，スーっというのがあった	自分が緊張したときにやると気持ちよくなるから 力が抜けていくと同時に心が楽になる 落ち着く イライラしにくくなった
	異なる回答	気分がよい 自分の身体がよくわかるようになった そのやり方でいつもできるから	朝から気持ちよくスタートできる 友だちのことを考える余裕ができた クラスの雰囲気がよくなった 夜眠れないときにするといつの間にか眠れた 今後ずっと生かせそうだから
よくも悪くもなかった理由	共通回答	ストレスが解消されるという実感がないから	変化がない，効果がない ストレスの状態は変わらなかった
		少し効果があった ややストレスが軽減した	すぐ力がすっと抜けるときと抜けないときがある 効果がないときもあった
	異なる回答	効果がわからない いろいろな場で使えるが何も意味がなさそうだから 気分的にはスーっとしたように感じたけれど，終了してから少し肩が疲れたような感じになったから 学習時間が削られるから	ストレスが溜まる はじめはリラックスできたけど何も感じなくなった

セーションによるストレス軽減効果を実感したことになる。表7-3はセルフ・リラクセーションを実施して「よかった理由」と「よくも悪くもなかった理由」を感想から整理したものである。「よかった理由」として男女に共通する内容は，「ストレスがとれた」「疲れがとれる」「緊張がとれた」などであった。

以上の結果から，ストレス対処法を活用するようになるという単元の最終目標は，7割以上の生徒については達成されたといえよう。また，4割以上の生徒がストレス軽減効果を実感し，「そのやり方でいつもできるから」「今後ずっと生かせそうだから」など，「よかった理由」としてあげられている感想内容からもストレスマネジメント教育がストレス予防対策としても十分期待できると考えられる。

5．今後の課題

ロング・ホームルーム直後のリラクセーション効果，ショート・ホームルームでのさまざまな継続効果，授業以外でのセルフ・リラクセーションの活用状況などから，「肩の上下プログラム」を導入したストレスマネジメント教育は効果的であったと思われる。しかし，今後検討しなければならない課題もある。

ひとつめは、各学年の主なストレッサーの特定と、それに応じた導入の話題や時期の問題である。本章で紹介した事例では1年生に対して11月から翌年2月にかけて実施したが、1年生の場合には新しい学校生活に慣れてクラスの雰囲気が好転することがストレス予防に有効であると考えるならば、1学期の早期のうちから導入するほうがより効果的であろう。また、3年生ならば高校入試にかかわるストレス対処としてさまざまな工夫が考えられる。試験に関連することについては、高校3年生の例を展開編2章でふれているので参考にしていただきたい。1、3年生に比べると、2年生に対する導入や展開はよりいっそうの配慮や工夫を要するが、導入時の話題に関してはスポーツ選手の例が有効である。いずれにしろ、学校やクラスの状況、生徒と教師の関係やかかわり方などに応じてどのような配慮や工夫が必要になるかについて、今後さらに検討しなければならない。

もうひとつの課題は、継続にともなう興味の低下についてである。「肩の上下プログラム」を継続することによって、自己の内界に向き合う構えが形成され、身体の気づきや自己理解・他者理解は進むが、「リラクセーション体験」の報告が減少した。これは、競技スポーツ選手へのメンタルトレーニングの中でもしばしば見受けられることである。初めて体験する「リラクセーション体験」が新鮮かつ強烈であればあるほど、その後の取り組みは真剣になるが、逆に最初の新鮮さが薄れていくことが多々ある。そうなると、リラクセーション効果がなくなるかというと、むしろその逆で、それでもコツコツ継続していると気持ちの切り換えがうまくなり、精神の安定化や知覚の鋭敏化（田崎・山中，1999），基礎代謝率の好転（林・山中，1999）など、さまざまな心身の効果が現われてくる。それに要する期間に個人差はあるが、セルフ・リラクセーションだけだと約2～3か月かかる。それゆえ、そこまで達しないうちに興味が薄れ、やめてしまうひとがいる。それを防ぐためには、何のためにしているかという目標を明確にしたり、効果を自覚できるように配慮することが必要になる。たとえば、グループで最近気づいた心身の変化を披露したり、試験や運動会、発表会などのストレスが高まるイベントの前に実施することも効果的である。あるいは、展開編にあるようなイメージ課題と組み合わせた教育プログラムを検討することもできる。

さらに、表7-3にあるように効果がわからなくなったり、ストレス解消の実感がなくなるということは自然なことなので、そのように感じたときには気軽に相談できるように、日ごろから教師やスクールカウンセラーへの相談を啓蒙するとともに、さまざまな人的資源や時間を活用して、本編2章で述べたようなストレスマネジメント教育システムを構築していくことが重要である。

元気を取り戻すように援助する。一方, 養護教諭は校務分掌組織における保健部の主要なメンバーであり, 子どもや教職員のための心身の健康推進活動の中心的存在である。本章では養護教諭が中心となって小学校で行なったストレスマネジメント教育の実践例と, 中学校の保健委員会活動の一環として生徒といっしょになってストレスマネジメント教育の啓蒙に取り組んだ実践例を取り上げ, その中で生徒や教師がどのように変容していったかを紹介する。

1節　保健室から広げるストレスマネジメント教育

1. 本校の概要

　本校は, 児童数52名の小規模校であり, 1〜4学年単式学級, 5・6学年複式学級である。校区は, 豊かな自然環境に恵まれ, この自然を活用したさまざまな体験学習を実施している。川で泳いだり, 釣りを楽しむ, 草花でリースを作るなど, 自然に親しむ遊びができる。活動的で明るい児童が多いが, 繊細で, 感受性の高い児童も多い。保護者は, いろいろな組織を通して地域振興のために積極的な活動をしている。また, 学校に対しても「自分たちの学校」という意識が強く, 協力的である。

2. 保健室からみる子どもの実態

　「先生, 毎日毎日することがたくさんあって, 小学生も楽じゃないよ」
　いつだったか, 元気のいい, 明るい児童が冗談まじりに保健室でこぼしたことばが忘れられない。
　児童をみているとあまりにも多くの子どもが「疲れたー」と言うことに気がつく。子どもが疲れるとはどういうことか。子どもは学校でいろいろなことに一生懸命になり (なることを要求され), エネルギーのほとんどを使い果たして家に帰る。家までもたない子どもは, エネルギーを補充するために保健室に来ている。現代の学校では「ゆとりのある生活を」といいながらも, 時間的な面では分刻みで活動しているのが現状である。放課後も少年団, 習い事, 宿題など, 一見のどかにみえる本校の児童でさえ, 一日にこなさなくてはならないことは山のようにある。
　保健室に「気分が悪い」と来室する児童の半数以上は, 自分は疲れていると答える。子どもはただなんとなく「疲れたー」と言っているのではなく, 自分

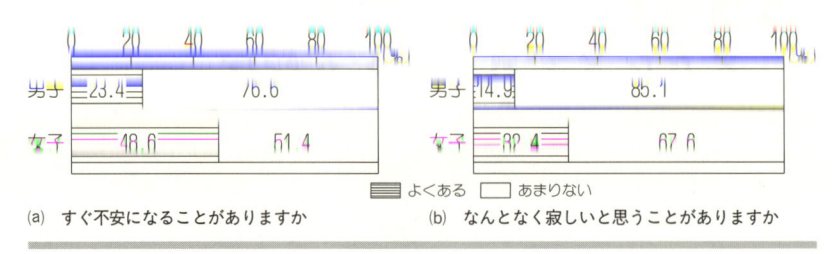

図8-1 小学校5年生に対するアンケートの結果

(a) すぐ不安になることがありますか
男子 23.4 / 76.6
女子 48.6 / 51.4

(b) なんとなく寂しいと思うことがありますか
男子 14.9 / 85.1
女子 32.4 / 67.6

■ よくある　□ あまりない

が疲れていることを自覚している。また現在勤務している地区の小学校5年生（男子47名，女子37名）に対するアンケートの結果（図8-1）では，「すぐ不安になる」「なんとなく寂しい」と答える児童も少なくない。「疲れた」ということばに現代の子どもの心の状態が現われているようにさえ感じられる。

しかしこれからの時代，ストレスのない時代がくるはずもなく，生きていくうえでさまざまな問題にそれぞれぶつかる。それをどのように乗り越えていくかが「生きる力」だと考える。その時，自分の心と身体に耳を傾け，その変化に気づく能力が必要になってくる。そのような考えから，ストレスマネジメント教育に取り組む必要性を感じた。

3．ストレスマネジメント教育の全体計画

養護教諭としてストレスマネジメント教育を実施するにあたり，心の健康に対する興味・関心を高め，ストレスに気づき予防できる児童を育成することを目的とした。そのことを具体化するにあたり，図8-2に示す全体計画のもと，4つの視点（表8-1）からアプローチした。

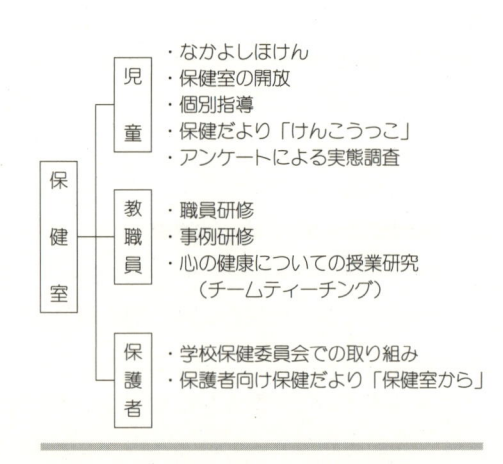

4．児童をとりまく大人たちへのはたらきかけ

児童にはたらきかけるうえで大事なことは，教職員や保護者の連携である。ひとりではどうしても限界がある。子どもと接する時間が多いのは教師（担任）と保護者である。ストレスマネジメント教育について関心をもつきっかけづくりをして，子どもをありのまま受け入れることができる教職員，保護者集団に少しでも近づくようにはたらきかけることが重要である。

保健室
- 児童
  - なかよしほけん
  - 保健室の開放
  - 個別指導
  - 保健だより「けんこうっこ」
  - アンケートによる実態調査
- 教職員
  - 職員研修
  - 事例研修
  - 心の健康についての授業研究（チームティーチング）
- 保護者
  - 学校保健委員会での取り組み
  - 保護者向け保健だより「保健室から」

図8-2 ストレスマネジメント教育全体計画

表8-1 ストレスマネジメント教育実施にあたっての視点

1. 「ストレスマネジメント教育」について計画的な実践を進め，児童，教職員，保護者が関心をもつきっかけづくりとする
2. 子どもをありのまま受け入れることができ，心のSOSに気づく教職員や保護者集団をめざす
3. 児童がストレスマネジメントを身につける
4. ストレスに対処しきれなくなったとき，無理をせずだれかに相談できる，援助を求められる子どもの育成と，その環境づくりに努める

や保護者にはたらきかけることが大事ではないかと考えられる。具体的にどのように実施したかを以下に紹介する。

(1) 教職員へのはたらきかけ

　職員研修において，保健部の取り組みとして，なぜ，いま心の健康が必要なのか，まず教職員が気づくことを目的に「心の健康」をテーマに取り組んだ。心の健康は身体の健康と同じように関心をもってみつめなければならない大切なことである。ところが，なぜ私たちは「熱があって気分が悪いです」という身体的な不調の訴えには耳を傾けるのに，「心が疲れています，もうがんばれません」という訴えを聞くことができないのであろうか。

　職員研修は2年間で2回実施した。内容は，エゴグラムチェックリストの見方や，教師役と叱られる児童役，教師役と保護者役などのロールプレイ（役割演技），心の健康に関する情報の提供，クラス活動に活用できる指導法の紹介などであった。決められた時間は少ないため，日常さまざまな場面での情報提供を心がけ，学校保健委員会への参加も呼びかけた。また生徒指導での事例研修などを通して，児童の実態を話し合うことにより，一人の児童に対していろいろな話題があがるようになり，その結果，子どもを自分の枠組みでみず，多様な見方をしていこうとする雰囲気が教職員間で出てきた。また，教職員間での意見交換もしやすくなり，ストレスマネジメント教育についても興味・関心をもつ体制が整ってきた。さらにチームティーチングによる授業実施を計画するなどの積極的な活動もみられはじめた。

(2) 保護者へのはたらきかけ

　保護者へは，学校保健委員会や保護者向けの「保健だより」を通して意識の定着をうながした。本校では，学校保健委員会は保護者全員が会員になっており，子どもの心の状態の把握やロールプレイなどを通して，子どもの気持ちを感じる実習などをした（写真8-1）。その活動内容を表8-2に，親役と子ども役でのロールプレイを実施したときの保護者の感想を次頁の表8-3に紹介する。

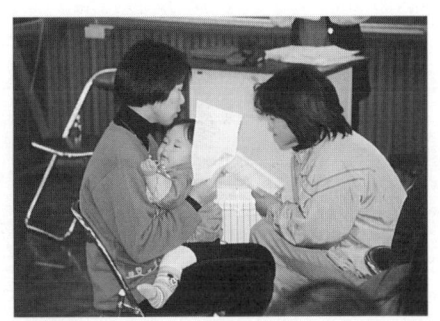

写真8-1／ロールプレイー実習のようす

表 8-2 保護者へのはたらきかけ：学校保健委員会活動内容

時 期	内 容	目 的
1996（平成8）年6月	「心の健所」 講演：指導主事	「心の健所」がなぜ必要か，講師に話を聞くことによって，本校だけでなく，現代の子どもの心が心配でき，本当に必要性があることを認識する。
1996（平成8）年10月	「心の健康」 講演：小児科医	多くの悩みをもつ子どもたちとかかわりをもつ専門の医師の話を聞くことで，より具体的に，身近な問題として「心の健康」について知る機会とする。
1997（平成9）年1月	「子どもの黄信号」 養護教諭	保健室でみえる子どものサイン，保健室利用状況，児童のアンケート結果など，具体的で身近な情報を得ることで，日ごろの子どもの状態に気づく。
1997（平成9）年6月	「心の問題」 講演：相談員	「いじめ」「不登校」などの事例をもとに，その背景に何があるのかを考える。
1997（平成9）年12月	ロールプレイⅠ 実習：養護教諭	子どもの心が閉じる対応のしかた，開く対応のしかたを考える。
1998（平成10）年6月	ロールプレイⅡ 実習：教育センター研究主事	ロールプレイで，子どもが受容されたときの安心感と，否定・非難されたときの不安感を感じることで自分をふりかえる機会とする。

5. 児童へのはたらきかけ（指導案）

(1) 保健室の開放 ―心身のリラクセーションの物理的空間と時間の確保―

さきに述べたように，あまりにも多くの子どもが「疲れた」と言う。これからは，心の健康は身体の健康と同じように個々に気をつけなければならない。そのように考えたとき，保健室のベッドは「身体的に体調が悪い児童が休むところ」という考え方から「疲れたと言う児童が休むところ」でもよいのではないかというものに変わってきた。子どもは年齢が低いほど未発達で心身未分化である。したがって，自分の感情が区別できない。ことばでうまくストレスを表現できない。子どもが「疲れた」と言うとき，「がまんが足りない」とか「甘えている」と決めつけるのは安直すぎないだろうか。そこで昼休みに限ってだが，「ベッドに寝てもいい？」と言う児童には休ませてみた。本校の保健室の床はカーペットであるため，床でゴロゴロする児童もいれば，おしゃべりをする児童もいる（写真8-2）。またリラクセーションをすることもあり，そのあと，とても生き生きとしている。

表 8-3 ロールプレイ実習後の保護者の感想
・話を聞いてもらえるだけでも気持ちが落ち着くことを感じた
・大人の尺度で話し，言い聞かせ，突き放しているのだと感じた
・子どもの気持ちになってみると涙が出てきた。子どもには何を言っても許されるという甘えがあったことに気づいた
・ふだんのなにげないことが子どもを追いつめているんだなあと思った

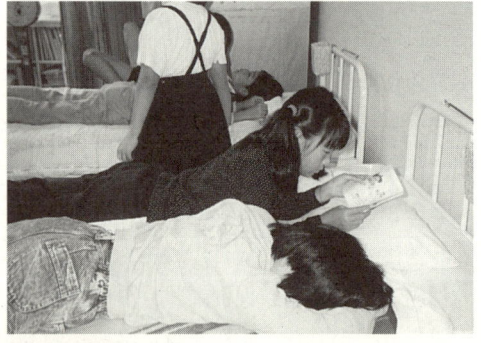

写真8-2／保健室の開放

このように保健室を心身のリラクセーションの物理的空間と時間の確保を目的に開放するにあたり，①教職員はどのように思うか，②具合いが悪い児童がいるとき静かにできるか，③外遊びの減少につながっていくのではないか，と

② 具合いが悪い児童がいるとき静かにできるか

以前，ある児童が言った。「どうして保健室にベッドもあって，いま使っている人もいないのに寝たらだめなの？」

身体の具合いが悪い児童がいるときは，そのことを伝えればよい。「3年生のA子さんが身体の具合いが悪いと言っているの。顔色も悪いし，ちょっとそこのベッドあけてくれるかな。それから今日は少し静かにしてね」

児童は，「うん，わかった，ほらみんなも静かにしよう」と理解した。

子どもは，ただたんにダメというのではなくて，子どもなりに納得する理由があれば理解するのではないかと考えられる。

③ 外遊びの減少につながらないか

運動会が終わったころの一時期，昼休みの保健室利用が非常に多く，筆者の試みはまちがいであったのかと思うほどであった。しかし，その心配をよそに，児童は日がたつごとに，一輪車に興味をもったり，ボール遊びをしたり，音楽発表会の練習をしたりと，保健室の利用が減少してきた。やはり，保健室に来るときは疲れているときだろうと思った。子どもは楽しいことをみつける力があると考えられる。エネルギーがあり，興味をもてば活動しようとする。だから休みたいと訴えるときには休みたいのだと感じた。また，元気なふりをしている児童がいるということをいまさらながら痛感した。ふざけた会話の中に子どもの本心がみえかくれする。児童がいつも「相談があります」と言ってくるとは限らない。「先生，何してんのー」の会話から始まって，気がつけばぽろっと本音を言うことがある。そのほうが多いのかもしれない。

(2) ストレスマネジメント教育（指導案）

本校では，毎日10分間，授業のあいだに「なかよしの時間」が組まれており，全校児童を対象に「なかよしほけん」や「なかよし体育」「なかよし音楽」などが曜日ごとにそれぞれ実施される。

「なかよしほけん」では，ストレスマネジメント教育の一環として基本的生活習慣，身体について知る，自分でできる救急処置，月ごとの保健目標にそったものなどを実施している。実施するにあたっては，1年～6年までの全校児童が対象なので，とくに表現に配慮

写真 8-3／児童のようす 「ストレスが原因で病気になるってびっくりだなあ！」

した。その指導案を以下に紹介する。

このあとの「なかよしほけん」では，動作法，呼吸法の復習，どのようなときに実施したらよいかを考える，ストレスが引き起こす病気などを学習した（写真8-3）。児童の反応は真剣で，発表会のときや，少年団の試合のとき，寝る前がよいなどさまざまな意見が出た。そのあともクラスで実施するようにはたらきかけた。

① ストレスってなあに

【目的】ストレスについて学ぶことで，どういうときにストレスを感じるかを認識する（1回目）

学 習 活 動	指導上の留意点
〈つかむ〉 1．ストレスの状態について気づく 「ストレスということばをよく聞くよね。ストレスが溜まるってどんな感じなのかな？」 ・イライラする　・食欲がなくなる ・ムカムカする　・疲れる ・嫌だなって思う　・お腹，頭が痛くなる ・けんかする	・児童がむずかしく考えず，自由に発言できる雰囲気づくりを心がける
〈知る〉 2．ストレッサーを知る 「みんながイライラしたり，ムカムカしたりするときってどんなときかな？」 「たとえば，いすを蹴飛ばしたくなるときや大声でわめきたくなるときを想像してみよう」 ・思いどおりにいかないとき ・怒られたとき ・しないといけないことがたくさんあるとき ・同じことを何回も言われたとき ・ばかにされたとき ・きょうだいげんかをしたとき 3．人によってそれぞれ違うことに気づく 「○○さんはこんなときに，△△さんはこんなときにイライラしてしまう。人によって違うみたいですね」	・自分たちにどのようなストレッサーがあるのかを考えさせる なかよしほけん ・個人差があることをおさえる

【目的】ストレスについて学ぶことで，どういうときにストレスを感じるかを認識する（2回目）

学 習 活 動	指導上の留意点
〈知る〉 1．ストレッサーを知る 「それではもっとわかりやすくしよう。ここに6つの顔の絵があるよ。いまから顔あてクイズをしよう。先生が"○○なときってどんな顔"って聞くからみんなは番号で答えてね」 ①一生懸命しているのに「まだできないの？遅いわね」と言われたとき	・6つ（不安，落ち込み，怒り，活気，疲労，混乱）の顔を用意する ・「正しい答え」があるのではなく，自分が感じたとおりでよいことを伝える

②自分はぜんぜん悪くないのに「あなたが悪い」と怒られたとき
③先生の言っている意味がわからないのにもうすぐ自分の番がくるとき
④友だちとけんかして仲間はずれにされちゃうとき
⑤一生懸命勉強したら，テストでいい点がとれて誉められたとき
⑥毎日学校でもいろいろあるし，することたくさんあるし，宿題やピアノ，少年団，習字，塾…ちょっと疲れたなあ，ゆっくりしたいなあと思うとき
⑦友だちや先生とすごく楽しいおしゃべりをしているとき

⑧思いきって発表したのにみんなに笑われたとき
⑨先生やお母さん，お父さんに「もう3年生なのにそんなこともできないの」と言われたとき
⑩いまから勉強しようと思っているところにお母さんから「いつまでも遊んでいないで，たまには早く勉強しなさい」と言われたとき

「みんなよく自分の心の動きを知っているね。それでは次の時間は，不安や怒りの顔をしているとき，みんなの身体はどんな感じになっているかを感じてみようね」

6つの顔　　　　　（竹中，1997）

・低学年は怒りの顔をさすことが多かったが，高学年になると不安，落ち込み，混乱をさすことが多く，自己否定的な反応が感じられた

・心の動きが，身体にどのような影響を及ぼすのかを予想させる

【目的】心と身体が別々でないことを知り，ストレスが溜まると筋肉が緊張することを知る

学　習　活　動	指　導　上　の　留　意　点
〈気づく〉 1．ストレスによる身体の反応に気づく 　「それでは『不安』とか『混乱』の顔をしているとき，みんなの身体はどんな感じか想像してみよう」 　「みんな目を閉じて，大きくゆっくり息をすいましょう。さあ，いまからあなたはたくさんの人の前で，お話をしないといけません。この会場には入りきれないほどの人がいて，うしろの人の顔なんて見えません。校長先生や担任の先生が，"がんばれ"って言っています。"失敗したらどうしよう。へんなこと言ったら笑われそうだなあ。お話することを忘れちゃったらどうしよう。前の人はどうしてあんなに上手なんだろう"…どんな感じがしましたか？」 　・トイレに行きたくなる　・身体がカチコチに 　・胸がどきどきしてくる　　なる 　・手に汗をにぎる　　　　・身体が重く感じる 「じゃあもう1回。さあ，目をつぶってね。 　今度はいまから短距離走，かけっこが始まろうとしています。右の人の顔を見ても左の人の顔を見ても，とても速そうです。まわりを見まわすとお母さんやお父さん，先生たちが応援しています。前の組	緊張する場面を想像して身体の反応を確かめる ・想像しやすいように目を閉じる，深呼吸をするなどをすすめる ・想像のあとで，身体の状態を感じる時間を十分に確保する

学習活動	指導上の留意点
の人たちが準備しています。よーいドン！ 大きな大きなピストルの音がしました。前の組の人がスタートしました。係りの人が"次の組、白い線にならんで！"と言いました。いよいよ自分たちの番です。…どんな感じがしましたか？」 ・鳥肌がたった ・顔が青くなったり赤くなった ・涙が出てくる	
「いま、みんながしたことは、想像したり思ったことだよね。でも"どきどきする"とか"カチコチになる"っていうのは身体の反応だね。不思議だね。心と身体は別々ではないみたいだよ」	・心の動きと身体の反応が無関係でないことに気づかせる

② ゆっくりすることを覚えよう
【目的】自分の身体に目を向けて力を抜くという作業をすることで、心が落ち着くことを体験する（1回目）

学 習 活 動	指 導 上 の 留 意 点
〈つかむ〉 1.「みんながイライラしたり、むかついたりしているときって、身体はどうなっているのかな？」 ・緊張している ・力が入っている ・身体がカチコチになる	・前回までのことをふりかえり、気づいたことを思い出させる
〈知る〉 2. 気持ちのもち方で身体の動きが変わることを知る 「いまから先生がおもしろいものを見せてあげるよ。だれかお手伝いしてくれるかな。 　まず、両腕を横に開いてごらん。先生が上から押すので、下がらないようにがんばってね。 　今度は、右手におはじきを持って落とさないように気をつけてね。不思議でしょう。○○さんにしたことは、2回とも同じことなのに"落としちゃいけない！"って思ったら右手が下がっちゃったね」 ・すごいな ・不思議だな ・落としちゃいけないって思ったからだよ 3. 肩のリラクセーション 「それでは力を抜くことを覚えよう」 「みんなはいま、上から大きな大きな掃除機に肩を吸い取られようとしているよ。ブーン（肩を上に上げる作業）肘に力は入れないよ。肩をぐーっと耳につくぐらい上げるよ。 　スイッチを切るよ。ブーン（肩を下ろす作業）」 　肩を上げたとき　　　肩を下ろしたとき 　・かたい　　　　　　・ゆっくりする 　・きつい　　　　　　・ほっとする 　・痛い　　　　　　　・じわーっとした	気持ちのもち方で身体の動きが変わる 肩のリラクセーション「大きな掃除機」 ・心身が別々でないことから、肩のリラクセーションの必要性を説明する ・肩を上げたとき、肩を下したときの身体の状態を感じさせる ・自分の言葉で表現させる

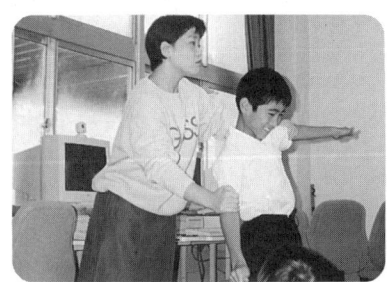

【目的】自分の身体に目を向けて力を抜くという作業をすることで，心が落ち着くことを体験する（2回目）

学 習 活 動	指導上の留意点
〈ふりかえる〉 1. 肩のリラクセーション 　「前の続きをしよう。『大きな掃除機』をしたね」 　　　肩を上げたとき　　　肩を下ろしたとき 　　　　・かたい　　　　　・ゆっくりする 　　　　・きつい　　　　　・ホッとする 　　　　・痛い　　　　　　・軽くなってるみたい	・補足をしながら，ふりかえる ・自分自身に目を向けさせる
〈知る〉 2. 呼吸法を体験する　『風船になってみよう』 　「あなたのお腹は風船になります。いまからあなたの身体の中に空気を入れます。少しむずかしいですがやってみましょう。まず横になって心地よくしましょう。お腹の上に手を乗せてゆっくりしてみましょう。手がじわーって動いているのがわかりますか？お腹をふくらませてみましょう。次はへこませてみましょう。それでは，あなたの風船に空気を入れてみましょう。お腹が手を押し上げるまでゆっくり息を吸ってみましょう。次に風船から空気を出しましょう。息をゆっくり吐くときに，あなたの手がお腹に沈んでいくのを感じてくださいね。息を吸うと風船は大きくふくらみます。息を吐くと風船はぺしゃんこです。それでは息を吸ったり吐いたりしてみましょう。（みんなで5回ぐらい）いいですよ。息を吐くたびに自分自身で"リラックスしている"と言ってみましょう。声にしなくてもいいですよ。身体全体が柔らかく温かくなってきませんか？　これを腹式呼吸とよびます。座っていても，立っていてもできるので今度試してみてくださいね」	呼吸法「風船になってみよう」 ・ゆっくりとわかりやすい言葉で伝える ・自分のペースで実施させる ・複数の教師で援助する
〈気づく〉 3. 「どんな感じがしましたか？」 　　・いい気持ち　　　・眠くなった 　　・ホッとした　　　・楽な感じがした 　　・お腹がふくらむのが不思議だった	・身体の状態を感じさせ，表現させる

(3) 自己肯定の育成（指導案）

　児童をみていると，「自分に自信がない」「自分はダメだ」「自分はできない」など，自己否定的な表現があることに気づく。私たち大人は「～できることはよいこと」「～だからあなたはよい」というメッセージを知らず知らずのうちに与えてしまう。その期待に応えられなくなったとき，子どもは自分を肯定することができなくなる。何かをできるようになる教育とあわせて，できる・できないを取り除いたありのままの自分を認める，友だちを認めるという教育をすべきではないかと考えられる。

　本校で実施した，なかよしほけんでの「いいとこさがし」の指導案を以下に紹介する。

【目的】発想の転換で,「自分の悪いところ」を「自分のよいところ」として自分を認める機会にする

学 習 活 動	指 導 上 の 留 意 点
〈つかむ〉 1. 自分のことをふりかえる 　「自分の "いいな" って思っているところを教えてください」 　なかなか自分のいいところは言わない 　　・恥ずかしいな 　　・ないよなあ 2.「それでは, "こんなところがよくないなあ" と思っていることを教えてください」 　活発に, おもしろ半分に次つぎに発表する 　　・怒りっぽい 　　・落ち着きがない 　　・調子にのりやすい	・友だちの意見をからかったり, けなしたりはしないことを約束する ・自分をふりかえさせる ・自分を表現させる ・ふざけて, 悪口の言いあいにならないように教師は配慮する
〈知る〉 3.「それでは, 本当にそれは "よくないところ" なのかみんなでいっしょに考えよう」	・いろいろな見方があることを知る 　がんばれない　　→　無理しない 　すぐカッとする　→　正直, 情熱的 　うるさい　　　　→　人なつっこい 　くよくよする　　→　反省する 　調子にのりやすい→　立ち直りがはやい 　集中できない　　→　いろいろなことに興味がある 　のろい　　　　　→　ていねい
〈気づく〉 4.「みんなが自分で "よくないな" と思っているところは, 見方を変えればそれほど悪いところではなさそうだよ。私には私のよさがあるし, 友だちにも友だちのよさがあるんだよ」	・自分のよさ, 友だちのよさを気づかせる ・自分を誉める経験をさせる

⑷　個別指導

　発熱, 嘔吐, 下痢などもなく, 頭やお腹の痛みはあるもののそれほど苦しくもない, 表情の暗さだけが気になる児童の来室が保健室には多い。保健室で休む時間はだいたい50分程度であり, その時間に児童が「ああー, ホッとしたなあ」と感じるためにはどうすればよいかを考える。対応は, 児童の性格や状態によってそれぞれ違ってくる。表情に元気がなく, ぐったりと疲れているときや緊張しているときには動作法や呼吸法, 漸進性弛緩法などのリラクセーションを行なう。とくに横になって実施するリラクセーションは, 児童に安心感を与えるようである。

　また, ベッドで休んでいても落ち着きがなく, 何かを訴えたいようすの児童には, イメージを用いた個別指導をする場合もある。イメージは山中（1989）を参考にして「草原のイメージ」を用いる。「少し, 元気が出てきたら, 先生と絵を描くゲームをしてみない？」と誘ってみる。これを実施するにあたっては,

リラックスしたあと，イメージを想起して，自分の内面をながめたり，感じたりする過程があり，児童とのコミュニケーションもとりやすくなる。遊びの感覚があり，絵を描くことが好きな低学年の児童にはとくに受け入れられやすい。その過程を表8-4に簡単に紹介する。こうした過程をへて，児童は落ち着きを取り戻し，安心していくことが多い。

表8-4 イメージを用いた個別指導の過程
1. 動作法を適用し，呼吸法を実施させ身体の力を抜くように伝える
2. 目を閉じさせリラックスしていることを確認したあと，自然に草原のイメージが浮かぶのを待つように伝える
3. 草原が思い浮かんだら，その草原で何が見えるか，その子がどんな格好をしているのか，草原でどのようなことをしているのかなどを具体的にたずねる
4. 5～10分ほどで目を開けさせる
5. お互い見せないようにしながら児童がイメージした草原の絵を描く
6. 絵を見せあう
7. 絵について感じたことを話し合う

6. 考 察

　ストレスマネジメント教育を実施して3年目になる。少しずつだが児童や教職員，保護者に意識の変化がみられるようになった。当初は自分を含め，教職員や保護者は「心の健康」について意識する機会もなく，「子どもはがんばれるもの」と勝手に思い込み，「疲れた」と訴える子どもの状態を気にとめることもなかった。そこで，子どもをありのままに受け入れるために，ストレスマネジメント教育に関する情報提供を中心に実施してきた。これまでの取り組みの成果として第一にいえることは，教職員や保護者などの児童をとりまく大人が，ストレスマネジメント教育の必要性について意識したことである。さらに，教職員に関してはストレスマネジメント教育の必要性を意識することで，「心の健康」を取り入れた授業を実施するなどの実践化へつながってきている。保護者に関しても，ほとんどが学校でのストレスマネジメント教育への取り組みを知っており，そのことについて家庭でも話題となり，子どもが情報提供者としての役割を担ったり，実際に学習したことを家庭で生かしたりもしている。また，保護者対象の学校保健委員会での「心の健康」に関する取り組みが，子どもへの接し方をふりかえるよい機会になっている。さらに，「ストレスマネジメント教育を実施していることで子どもがどのように変わったのかを知りたい」「もっと地域社会に広めていく必要があるのではないか」などという保護者からの積極的な意見や感想も多くみられる。

　児童に関しては「健康」ということばの中に「心」が含まれるようになった。写真8-4は，「健康に関するポスター」という課題の絵である。また表8-5は，子どもたちが考え

写真8-4／健康に関するポスター

表8-5　健康に関する標語
・ぼくたちは　みんなもってる底力
・友だちの　心傷つけないで　その命
・疲れたな　そう思ったら無理せずに
・一つの笑顔がみんなの笑顔をさそいだす
・あなたの心はドキドキしてる？
・いつまでもうじうじしてたら始まらない

た「健康に関する標語」である。健康といえば「歯」「目」などが連想されやすいが，「心」も連想することができるようになった。このことは，日常生活の中で担任や保護者が児童の内面について意識していることによるものだと考えられる。また，「なかよしほけん」で実施した肩のリラクセーションや呼吸法を，テスト前や記録会，発表会，試合，寝る前や朝起きたときなどに，それぞれ自分にあわせて活用している。ストレッサーを知り，身体に力が入っていることに気づき，対処しようとする心構えができつつあるようである。

今回，ストレスマネジメント教育を展開する際，「なかよしほけん」の時間の活用をはじめ，学校保健委員会での取り組み，保健室の開放など，児童をとりまく大人である教職員や保護者の理解と協力を得られたことで，児童がこの取り組みに何の抵抗もなく入り込めた。児童を中心に教職員，保護者が三位一体となって取り組んだことが，ストレスマネジメント教育の実践を容易にしたと考えられる。

7．今後の課題

ストレスマネジメント教育は始まったばかりなので，これを定着させるためには，その必要性を社会全体が認識するようなはたらきかけをしていくことが大切である。だれもが簡単に，どんな場所ででも行なえるリラクセーションの方法を学ぶことができるようにはたらきかける必要がある。本校の場合は，今後もストレスマネジメント教育を継続していくことが課題となるが，とくに保護者へはリラクセーションについて，また学校においては自己肯定の育成についての取り組みをはかっていかなければならないと考えている。同時に私たちは教職員としての力量を高めるために，ストレスマネジメント教育の研修を重ねていく必要がある。

学校，家庭，地域で心の健康を意識して生活することができたなら，児童にとってすべての生活環境がストレスマネジメント教育の場になる。

2節　保健委員会活動とストレスマネジメント教育

さまざまなストレスを抱えた生徒や教師の苦悩に対して，筆者は養護教諭として表面的支援しかできず無力感がつのっていた。そのような現状を打破しようと，試行錯誤しながらストレスマネジメント教育の実践に取り組んでいる。ストレスとうまくつきあっていくことは，心身の健康を保持増進するうえで不可欠であり，子どもたちの問題行動も阻止する効果をもたらすと考えたからである。その取り組みの一端を報告する。

1. 本校の概要

　本校は、鹿児島市の最南端に位置し市街地からやや離れており、木々に囲まれた閑静な環境にある。教職員数44名、生徒数661名、クラス数は各学年6クラス、計18クラスの学校規模である。子どもたちの約5割が塾や習い事に通っており、共働きの家庭も8割と、親も子も忙しい日々を送っている。

2. ストレスマネジメント教育導入の契機と意義

　生徒保健委員会活動にストレスマネジメント教育を導入した契機と、その意義について述べる。

(1) 子どもの現状から

　保健室を訪ねてくる子どもたちは、心身の不調をさまざまな形で訴える（表8-6）。

　ストレスに対して適切に対処できず、心が悲鳴をあげている子どもの姿がみえてくる。このような現状から、子どもどうしのはたらきかけによる活動として生徒保健委員がリーダーとなり、ストレスに対する興味を喚起し、意識化や実践化のための啓発を試みることにした。

(2) 教師の現状から

　中学校で子どもたちが抱える問題は、きわめて複雑であるとともに増加の傾向にある。教師はそのような子どもたちの姿を真剣に受けとめ接しながらも、適切に対処できず教師自身が心身の疲れを訴えるというきびしい現状がある。このようにストレスを抱えている教師にストレスマネジメントについての知識や情報がもたらされることは意義深いことである。さらに、生徒保健委員の主体的な活動を通して、教師みずからが子どもとともに活動し援助していく中で、ストレスについての関心や理解が高められていくことをめざした。

表8-6　心身の不調を訴える子ども
- 不定愁訴や過敏性大腸、片頭痛などの症状を訴える子ども
- やり場のない感情を抑えきれず壁を殴るなどしてけがをする子ども
- 家庭や学校における対人関係の苦しみを訴える子ども
- 家庭や学校に居場所をみつけられず、満たされない心から家出や深夜徘徊などの問題行動に走る子ども　など

3. 生徒保健委員会の活動をスムーズに推進するための手だて

　生徒保健委員会の組織を機能させるためには、保健委員への共通理解と責任感をもたせることも大切だが、とくに教職員の理解と協力が大切である。そこで、教職員の共通理解と協力体制を確立するために次のように啓発をはかった。

　① 学校運営委員会において

　　保健委員会活動の計画について呈示し、実践に結びついた取り組みにつ

いて共通理解をはかる。そして，教務主任や学年主任を通して全教職員への周知徹底をはかる。
② 職員会議において
　保健委員会活動計画の内容やその反省点を呈示して，教職員の共通理解をはかり，教職員相互の意思疎通をはかる。
③ 職員研修において
　職員研修の時間を確保し，ストレスマネジメントについて研修をした。内容は，リラクセーショントレーニングなどの情報提供をして，実技を取り入れ体験をさせた。教職員の反応は予想以上によく，本校での新しい試みとして理解を得ることができた。
④ アンケート調査結果による教職員への啓発
　子どもの心の健康状態を把握するため，アンケート調査を実施した。その結果を教職員へ提示することで問題点が明確にされ，ストレスマネジメント教育への興味・関心が高まると考えた。

　このようにいくつかの方法を講じることで，生徒保健委員会を通したストレスマネジメント教育についても理解がなされ，協力が得られるようになり，活動をスムーズに推進できた。

4．「心の健康」についてのアンケート調査とその活用

(1) アンケート調査作成の留意点と実施方法
　実態把握と問題点を明確化するため，アンケート調査の作成においては，表8-7に示す点に留意した。アンケートの作成にあたっては，宗像（1995；1997）を参照した。
　アンケート調査は無記名とし，クラス担任の指導のもと，教室で一斉に実施した。集計を各クラスの保健委員が行ない，結果を持ちより学校全体の傾向について考察した。

表8-7　アンケート調査作成の留意点
・生徒の抑うつ状態はどうか
・自己イメージはどうか
・精神的に支援してくれる人がいるか
・不安傾向はどうか
・現実的に問題解決能力はあるか
・現在，抱えている問題は何か
・ストレスについて知識や関心があるか

(2) 結　果
　アンケート調査の結果は，図8-3に示すとおりである。さまざまな悩みや問題を抱えながらも，それを解決していく力をもちあわせていないことから，「他人や物にあたる」「がまんしてしまう」などの適切でない対処をしている生徒がかなりいることがわかった。さらに，子どもたちが現実をマイナスイメージでとらえているようすがみえてくる。本来ならば，学校生活は楽しく有意義なものでなくてはならない。ところが，さほど幸福感を味わうこともなく自信を失い，刹那的な快楽しか求められず，イライラした疲労感の漂う日々を送っているようすがうかがえる。そのような中で，子どもたちが夢や希望に満ちあふれ，生き生きと活気に満ちた中学校生活を送るため，自己の存在価値を深く認識し，

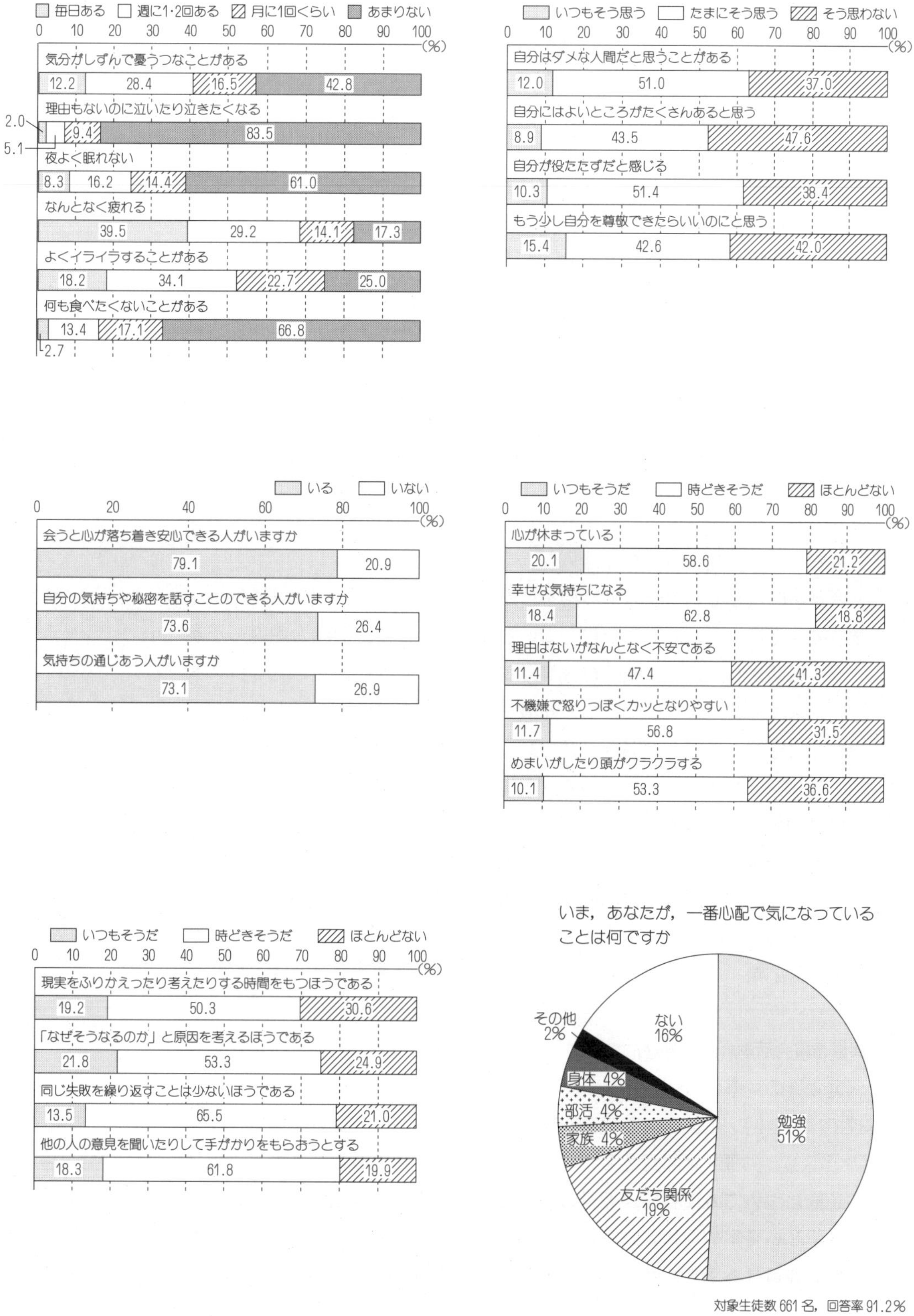

2節　保健委員会活動とストレスマネジメント教育

図8-3　「心の健康について」のアンケート調査結果

自己表現がうまくできる子どもを育てるにはどうしたらよいのか，学校に課せられた問題は大きい。

(3) 結果の活用

アンケート調査の結果を受けて，以下に示す①～④を対応策として，教職員やPTA役員に呈示し協力を依頼した。

① 子どもの心の状態およびストレスの状態を把握する

学校の対応策：子どもとのふれあいの中から，あるいは保健委員会の活動を通して子どもの心の状態をとらえるように心がける。

家庭の対応策：子どもと対話する時間を積極的につくる中で，子どもの心の状態の把握に努める。

② 自己表現力の向上をはかる

学校の対応策：教科指導や生徒会活動などの教育活動をする中で，自分を自由に，よりよく表現できるようになる指導を試みる。

家庭の対応策：家庭の中で，子どもたちが自分を素直な気持ちで表現できるような雰囲気づくりに努める。

③ 問題を解決していく能力の高揚をはかる

学校の対応策：子どもたちが抱えている問題を直視し，周囲と連携しながら援助をしていく。教師自身がカウンセリングの研修をしたり，ストレスマネジメントについての知識をつけ実践力の向上をはかる。

家庭の対応策：子どもの悩みを共有し，いっしょに考え，有効なコミュニケーションスキルをすすめる。

④ 自己効力感を高める

学校の対応策：子どものよい面を多くみつけて誉めたり，授業・係活動・部活動などを通して自己価値観，および存在感を高めていくように工夫する。

家庭の対応策：子どもの考えや態度を肯定的見方に変えて接する。

5．保健委員会活動計画の推進について

(1) 保健委員の実態

本校では月一回，生徒保健委員会が実施されている。この委員会は全クラス（18クラス）から正・副部長2名ずつを選出し構成されている。その月の保健目標の達成についての反省や，翌月の保健目標の実践について協議している。しかし，新しい発案や現状と向き合った内容の意見は少なく活発ではない。むしろ，保健委員はあまり活動しなくてもすむ楽な委員会ととらえている向きもある。

また，クラスでの彼らの活動は，健康観察・給食・環境衛生・調査統計・応

急処置などであるが，めだった主体的な活動はみられなかった。このような現状にある保健委員会に対して，ストレスマネジメント教育の一環としての活動をさせることに不安もあったが，導入の結果，現在では積極的に取り組む保健委員の姿がみえてきている。

(2) 保健委員へのストレスマネジメント活動計画の提案

ストレスマネジメント活動計画を養護教諭が立案し，保健委員にその具体的活動内容を提示し共通理解をはかった。

この計画を提示したとき，保健委員の子どもたちには「何をするのだろう？」という少し不安げなとまどった表情がみられた。始業前・昼休み・放課後などの時間も活動することになり，学校生活の中で唯一自由になる時間を拘束されることになるため，「めんどうくさい」「昼休みがつぶれるのは嫌だ」「できるかどうか不安だ」という意見があった。一方，「おもしろそうだ」「どんな活動になるか楽しみだ」といった意見が出て，「この活動で自分自身のストレスについて知ることができる」「ストレスにうまく対処できるようになるかもしれない」などの期待も寄せられた。

(3) 保健委員の具体的活動内容

① 「心の健康」についてのアンケート集計作業

クラスの保健委員にアンケート調査を整理させることにより，クラスの実態が把握でき，今後の活動に生かされると考えた。子どもたちによる考察の中に，「自分自身のことを好きな人があまりいないことに気づいた」「みんな見た目より悩んでいるんだなあと思った」といった意見が寄せられている。

② 学年集会での発表

学年集会で全校生徒を対象に，養護教諭がストレスマネジメントについて講話をした。さらに，生徒保健委員の学年リーダーと生徒会保健正・副部長の計5名が，今後の保健委員会の活動内容についての説明を行なった。

③ 保健委員を対象にしたリラクセーションの体験

保健委員みずからがリラクセーションを体験することで，具体的に取り組みやすくなるようにした。そこで，各クラスの保健委員が昼休みに集合し，養護教諭を通して「ヨガの呼吸法」「漸進性弛緩法」「イメージトレーニング」について体験学習をした。

④ リラックスルームの開設

疲労感の激しい子どもが，リラックスルームの利用により少しでもゆったりとした気分になってほしいと思い開設にいたった（写真8-5）。

実際には10月の第4週に1週間，給食後の休憩時間に武道館で実施した。

写真8-5／リラックスルーム

〈留意点〉

　　リラックスルーム開設についての案内文を作って，全校生徒へ配布し周知するようにした。さらにこの期間，給食時間の放送でリラックスルームを活用するよう呼びかけをした。そうして，保健委員は交替で補助係として積極的に参加させた。

〈実施した結果〉

　　リラックスルームを開設してから，利用した子どもはのべ人数にすると100名前後であったが，定常的に来室してきた子どもにアンケートをとってみたところ，リラックスルームを利用する前は，「イライラした」「むかついた」「疲労感があった」と回答していたが，利用した後は，「すっきりした」「気持ちよくなった」「眠くなった」など，ゆったりした気分になれたという結果が得られた。また，今後も開設してほしいという要望が多かった。

⑤　self cardの活用と効果

　　子どもたちが，self cardを通して自分自身をかえりみる時間をもつことにより，ストレスマネジメントへの意識化・実践化がはかられると考えた。このself cardは保健委員が毎週金曜日に配布し，クラスの生徒に記入させ，回収して保管のため保健室へ提出するという活動をしている。ただし，プライバシー保護のため保健委員に責任をもって管理するように指導した。全校生徒には，養護教諭が目をとおすことを理解してもらった。悩みを抱えている生徒については，個別のカウンセリングをし，ケースによっては本人に了解を求めたうえでクラス担任や保護者などと連携をはかった。このself cardを以下に紹介する。

――――――――――――――― *Self Card* ―――――――――――――――

ストレスの上手なのりこえ方

★身体的にリラックスする方法

　◎自分の好きな事をする

　　　例：スポーツ，読書，ビデオ・テレビ・映画視聴，CD・ラジオを聴く　など

　◎漸進性弛緩法

　　　この方法は，からだの緊張をやわらげるのに良い方法です。

　　　　①　楽な姿勢でイスにこしかける。

　　　〈はじめに右うで〉

　　　　②　右うでに力をいれる。

　　　　　　まず，にぎりこぶしをつくる。

　　　　　　それから，上のうでに力をぐっといれる。

　　　　③　そのまま，5秒ほど力をいれたままにする。

　　　　④　息を口からフーッと，吐きながら，力をゆるめていく。

　　　　⑤　20秒ほどゆったりとする。

　　　　⑥　②から⑤をくりかえす。

　　　〈次に左うで〉

　　　　⑦　左うでに力をいれる。

　　　　　　まず，にぎりこぶしをつくる。

　　　　　　それから，上のうでに力をぐっといれる。

　　　　⑧　そのまま，5秒ほど力をいれたままにする。

　　　　⑨　息を口からフーッと，吐きながら，力をゆるめていく。

　　　　⑩　20秒ほどゆったりとする。

　　　　⑪　⑦から⑩をくりかえす。

　　　〈そして，胸，せなか，肩に力をいれる〉

　　　　⑫　胸，せなか，肩に力をいれる。深く息をすってとめる。せなかの肩甲骨をグッとよせる。

　　　　⑬　そのまま，5秒ほど力をいれたままにする。

⑭ 息を口からフーッと，吐きながら，力をゆるめていく。
⑮ 20秒ほどゆったりとする。
⑯ ⑫から⑮をくりかえす。

★呼吸法
呼吸を通して，身体的，心理的，精神的にとても良い状態にすることができます。
◎ヨガの呼吸法
① 楽な姿勢でイスにこしかける。
② 軽く目をとじて，楽な気持ちでゆったりとする。
③ すべての肺の空気を口から吐きだす。
④ 心の中で一つ，二つ，三つ，四つと数えながら，鼻から息をすう。
⑤ 心の中で一つ，二つ，三つ，四つ，五つ，六つ，と数えながら息を止める。
⑥ 心の中で一つ，二つ，三つ，四つ，五つ，六つ，七つ，と数えながら息を口から吐きだす。
⑦ ③〜⑥をもう一度くりかえす。

★精神的にリラックスする方法
◎イメージ・トレーニング
① 楽な姿勢でイスにこしかける。
② 軽く目をとじて，楽な気持ちでゆったりする。
③ 次に，あなたがとても気に入っていて，ゆったりできる，安全で心が落ちつく美しい場所にいることを思い浮かべて下さい。
④ そこは，本当にある場所だったり，あなたが心の中に作り出した場所でもいいのです。
⑤ そこは，
　穏やかな波が押し寄せる海辺
　木漏れ日がキラキラと美しい木立の林
　すべてが見渡せる　すがすがしい山の頂上
　日溜まりのあたたかい縁側
　そよ風のふく　さわやかな　どこまでも続く草原
　かもしれません。
⑥ どんな場所にいますか？　15秒
⑦ あなたの特別な場所は，温かく，静かで美しいものです。
⑧ 楽しい時を過ごしている自分に気付いて下さい。
⑨ しばらくのあいだ，心の中に思い浮かべた特別な場所にゆったりとした気分でとどまって楽しんで下さい。2分
⑩ あなたが，心が落ちつき平和で穏やかさを見つけたいときは，あなただけのこの場所へ来ることができます。
⑪ 緊張を感じたときはいつでも特別な場所での心地よさを思い出しましょう。
　この部屋へ戻ってきたときには，とても幸せで気分が良くなります。
⑫ さあ，朝起きたときのように，背伸びをしましょう。
⑬ ゆっくりと目をあけて下さい。
⑭ 身体のここち良さを感じましょう。
では，今日は，何月何日ですか。

◎なりたい自分になるためのイメージ法
よく知られているように，自分はできそこないだとか，他人よりできが悪いとか，そういつも自分に言い聞かせていると，本当にそんな自分になってしまうのです。だから，こんな自分でいたいなあとイメージしつづけていると，本当に自分の性格のゆるぎない一部になるのです。

――――――毎日，自分に向かってくりかえすこと――――――
① わたしは，健康とエネルギーにみちあふれている。
② わたしは，思いやりがある。
③ わたしは，ありのままの自分が好き。
④ わたしは，才能がある。
⑤ わたしは，自分を愛することができます。
⑥ わたしは，他人を愛することができます。
⑦ わたしは，ひとりぼっちではない。
⑧ わたしは，大切な存在である。
⑨ わたしは，よくがんばっている。
⑩ わたしのやっていることは，きっとうまくいく。
⑪ わたしは，真の勇気がある。
⑫ わたしは，とてもすてきだ。
⑬ わたしは，すべてみたされている。
⑭ わたしは，すばらしい！

★コミュニケーション・スキル（相手とうまくつき合う方法）
わたしたちは，相手が，自分の思うとおりにならないと，怒ったり，悲しくなったり，つらく思ったりします。怒ったり，悲しくなったり，つらくなったりする前に，相手に自分の気持ちや考えをうまく伝えているでしょうか？

相手に，自分のやってほしいことばかり要求しないで，いったい自分は，何を伝えたいのか，そして，それが自分にとって大切かどうかを自分自身に問いかけて下さい。
　次のことを考えたり，実際に実行にうつしてみましょう。

> ＊　あなたは，相手にどんなことを期待していますか？
> ＊　相手は，それについてどう思っていますか？
> ＊　あなたは，相手とうまく話し合えますか？

★自分の考え方を変えていく方法（認知的ストレスマネジメント）
　◎「自分は○○であるべきだ」という気持ちが強い人
　　・目標を小さなはっきりしたものにする。
　　・「○○であるべき」という考えを「○○であったほうがイイかもね」というように変えてみる。
　◎「他人は○○であるべきだ」という気持ちが強い人
　　・相手をあてにしない。
　　・相手にたよりすぎない。
　　・「他人は，○○であるべきだ」という考えを「○○だとイイかもね」というふうに考えてみる。
　◎他人からの自分への要求が大きい場合
　　・とてもできないと思ったら，「NO」という。
　　・相手の考えと自分の考え，気持ちを話し合う。
　◎問題をかかえていて，どうすればよいかまったくわからないとき
　　・問題を整理してみる。何をどうすればよいかを考えてみる。
　　・体力をつける。
　　・プラスのイメージをする。
　　・前向きに考える。
　　・信頼できる人に助けを求める。
　　・相談する。
　　・「よくがんばっているネ」と，自分をほめる。

★人に助けてもらう方法
　悲しいとき，つらいとき，苦しいとき，だれかに助けを求めることは，とても大切なことです。
　助けを求めることのできる人は，ひとりで悩みつづけて倒れていく人より，とてもエネルギーがあり，勇気のある人です。
　とてもつらいとき，あなたの信頼できる人に，相談してみましょう。
　すると，心がとっても軽くなります。
　　① 軽く目をとじて心にうかんでくる人を思い浮かべて下さい。
　　② その人に，自分の気持ちを伝えてみましょう。

★栄養と規則正しい生活
　・食べ物に好ききらいがあると栄養がかたより，病気になりやすくなります。
　・睡眠不足が続くと，身体がつかれやすく，精神的にもイライラしたり，落ちつかなくなります。

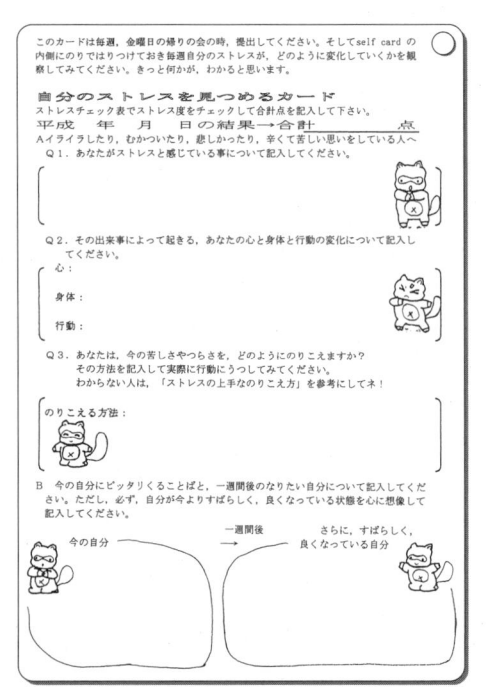

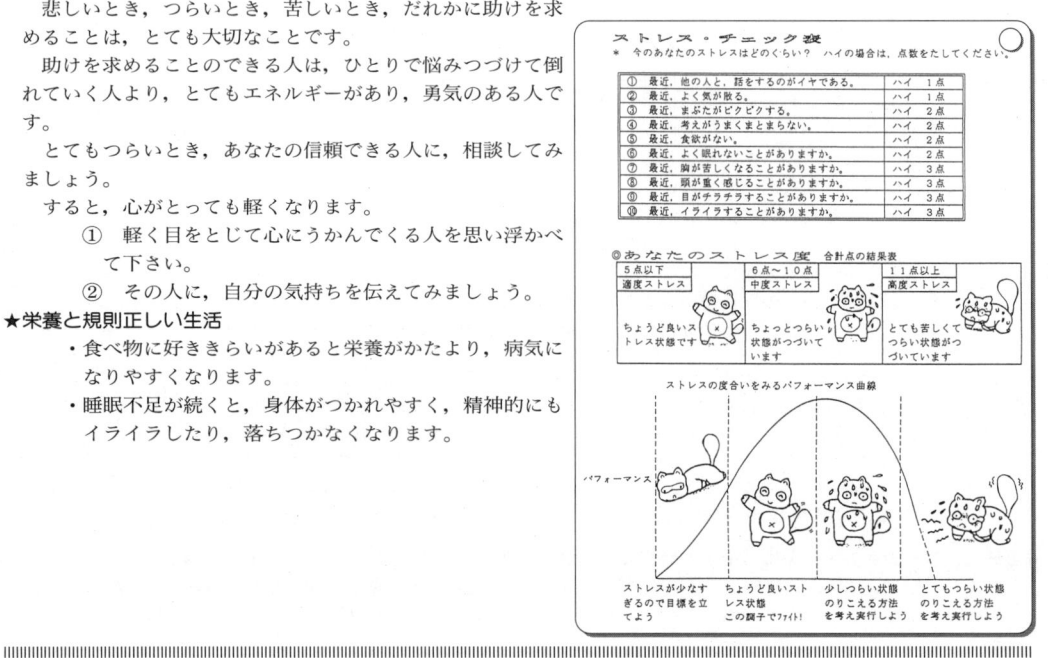

self card の作成にあたっては，竹中（1996）とパテル（Patel, 1989）を参照した。

〈self card 作成の留意点〉
- 生徒が自分のストレス度を知るための，ストレスチェック表，パフォーマンス曲線をのせた。
- ストレッサーによって起きる心身への影響を考えるように工夫した。
- ストレスマネジメントの方法を呈示した。
- よりよくなっている自分をイメージさせるための記入欄を設けた。

〈self card 実施の結果と考察〉
- 自由意思で記入させるため，提出者数が減少したり，無記入での提出者もみられた。めんどうくさいとか自分の思っていることを知られたくないなどの理由で記入しない子どももみられた。
- 全体的にストレス度の減少がみられた。それは，自分のストレスに気づき，対処法を考え実行できるようになったからだと考えられる。
- 高度ストレス状態にありながら，ストレッサーがわからないと回答している子どもがいた。これについては「自分のストレスを見つめるカード」の工夫と改善をすすめ，自己をみつめる手だてを考えていく必要がある。
- self card への記入の回数を重ねるごとに，自己への気づきをもたらしている子どもがみられた。自己に気づくということは，他者との関係がみえてくるので望ましいことと考える。
- 心が傷つく，すさむ，痛い，というように現在の自分の精神状態をみつめている子どもがいた。このような子どもたちのストレスの対処法には不十分な点が見受けられる。ストレスマネジメントの方法について個別指導やクラス指導を充実させるようにしたい。
- 「いまの自分にぴったりくることば」を記入する欄を設けると，マイナスイメージで記入する子どもが多い。そこで，それにかえて，「いまの自分でもっともよいところ」を記入させる欄を設定し，そのことで自分のよさを確認でき，自信にもつながるような工夫を講じていく必要がある。
- 養護教諭が直接かかわる子どもは限られてくる。しかし，self card を通して，あまりかかわりのなかった子どもたちが内面をかいま見せてくれることで，細かな配慮ときめ細かい相談活動が実施でき，支援の幅が広がっていく効果が得られた。

⑥ 文化祭発表

ストレスマネジメントの啓発の一環として，文化祭で劇の発表を試みた（写真8-6）。その劇の脚本内容を以下に示す。

【保健部文化祭発表のシナリオ】
報道特集ニュースナイン「ストレスと中学生」

キャスターA：おはようございます。
キャスターB：おはようございます。「報道特集　ニュースナイン」です。
キャスターA：今日は，中学生のストレスにスポットをあててみました。
キャスターB：心身症，神経症，はては精神病などの病気を引き起こすといわれるストレスが，最近の中学生にどのように影響を与えているかについて教授に

写真8-6／文化祭でのストレスマネジメントの啓発

お話をうかがいながら，その対策について探っていきます。
キャスターA：では，教授，私たちはどんなときにストレスを受けやすくなるのでしょうか。
教　授：現代社会では，生理的，環境的なものより，人間関係において非常にストレスを受けやすくなっています。そこで，ここに簡単にストレスの特徴についてまとめてみました。

> ・まわりの人からの期待が大きく，それに応えようとして必死でがんばるが思うとおりいかずストレスが溜まる
> ・本人がまわりの人にいろいろ期待しているが，なかなか思うとおりにならずストレスが溜まる

このような特徴がみられますね。
キャスターA：なるほど，思いどおりにならないことがずっと続くと，心と身体に悪い影響を与えるストレスにつながるのですね。
キャスターB：では，実際に中学生にどのような問題が起きているのでしょうか。C記者にレポートしてもらいます。Cさん，お願いします。
C記者：はい，こちらCです。最近の中学生は，ストレスにさらされ，心も身体も疲れて，さまざまな問題行動を引き起こしています。その問題行動の現状をごらんください。

◎場面1～3について，せりふをテープに吹き込み，舞台で演じる。

【場面1】
　　　　　登場人物（腹痛を頻繁に訴える女子中学生，養護教諭）
女　子：先生，お腹が痛い。痛くて痛くて苦しいよ。
養護教諭：あなた保健室に来るの，今週に入ってからもうこれで4回目じゃない。お医者さんには，診てもらったの？
女　子：うん，診てもらったけど…，とくに，異常はないって言われた。
養護教諭：そう，困ったわね。どんなときに痛くなるの。
女　子：学校に来たら痛くなる。
養護教諭：なにか学校でつらいことでもあるんじゃない？
女　子：わからない…。
　（女子の心の声）そうよ，だれも私のことわかってくれない。いつも，人とのつきあいで神経をすり減らして…みんなの顔色をうかがいながら，きらわれないように…きらわれないように…自分の感情を押し込めている，この私の苦しみ…だれもわかりゃしないわよ。

【場面2】
　　　　　登場人物（学校へ行けなくなった女子中学生あき子，父親，母親）
父　親：あき子は，今日も学校へは行かなかったのか。
母　親：ええ。困ったものだわ。これで10日目よ。いったい何が原因なのかしら。
父　親：このままだと成績もどんどん下がってくるし，有名進学校に受からないじゃないか。落ちこぼれて，世間のもの笑いになる。おまえの育て方が悪いんじゃないか。
母　親：そんなこと言われても…。じゃあ，どうすればいいって言うのよ。
　（あき子の心の声）父さん，母さん，もう疲れたよ。あなたたちの言うとおり，いい子で必死に勉強してきた。でも，もう疲れたよ。私の本当の気持ちをだれもわかってくれない。

【場面3】
　　　　　登場人物（いじめをする男子中学生A，いじめられる男子中学生B）
中学生A：おまえを見てるとよ，むかつくんだよ。何だよ，その目は…。文句あるのかよ，おまえなんかいなくなっちまえ。
　（中学生Aの心の声）そうだよ，おまえを見ているとイライラするんだよ。まるで，おれの嫌な部分を見ているようで…。だれかに助けてもらいたいと思っているが，恐くて言えない。そう，拒否されるんじゃないかと，見捨てられるんじゃないかと，いつもビクビクしている。
　（中学生Bの心の声）そうさ。ぼくはいつもいじめられるのさ。だれも助けちゃくれない。父さんも，母さんも，先生も，友だちも，だれもわかっちゃくれない。ぼくは，いままでひとりで耐えてきた。そして，これからも…。でも…，もう…，ダメかもしれない。
　（テープで流す影の声：ストレスを積極的に乗り越えようとしたかの問いかけ）あなた，だれかにわかってもらおうとした？　自分の苦しくて，つらい気持ちを伝えようとした？　だれかに助けてって言ってみた？　自分の受けとめ方について考えてみた？　そのストレスを乗り越えるためにどうすればよいか考えて実行に移してみた？　何もしないで，ただダメだと思い込んでいるだけじゃないの？　いまの自分を乗り越えて…。あなたならきっとできるわ。

C記者：このように自分の思っていることをうまく伝えられず，どんどんストレスを溜めてしまい，ストレスを乗り越えられず，問題行動化してしまう中学生がとても多いことに，愕然とします。
キャスターA：文部省の調査結果では，平成10年度には，全国で不登校の生徒が10万人を超え，いじめの件数も5万件を示しています。どのようにして，この問題の原因ともなるストレスを乗り越えていくべきか，いま教育界は大きく揺れているようですが，教授，実際にストレスによる病気にはどのようなものがあるのですか？

教　授：そうですね。こちらのTPシートをごらんください。これは、ストレスが関係している病気の種類です。200種類以上あります。その中のいくつかをごらんください。これは、ストレス潰瘍あるいは急性胃潰瘍の多発例です。こちらは、ストレスにより好発する帯状疱疹です。そうしてこれが、大腸にできた腫瘍です。このように、ストレスは、さまざまな病気に、深くかかわっています。

キャスターB：なるほど、このように、心身に悪影響を及ぼすストレスですが、そのストレスについて、さまざまな取り組みを始めた、鹿児島市の中学校を取材しましたのでごらんください。

C記者：はい、いま、おうかがいしているのは、鹿児島市立福平中学校です。この学校では、生徒会保健部を中心にストレスマネジメントについて取り組み始めたということで、その内容などについてレポートします。

インタビュアー：こちらは、鹿児島市立福平中学校生徒会保健部のA君と、Bさんです。心の健康調査を実施したそうですが、その結果は、Bさんいかがでしたか？

Bさん：はい、このTPシートをごらんください。
（中略）この結果から、悪いストレスが溜まっている人が多いことがわかります。

インタビュアー：では、全体的な取り組みについて、保健部長のA君、教えてください。

A君：アンケートの結果を受けて、まずself cardを作成しました。このカードは、自分自身のストレスをみつめるために作成したものです。毎週金曜日に全校生徒が書き込むことになっています。次は、全校集会でストレスとは何かについて保健部で発表し、生徒のみなさんに少しでも理解してもらうよう活動しました。そうして、リラックスルームを昼休みに開いて活用してもらいました。

インタビュアー：なるほど。で、生徒のみなさんの反応はどうですか。

A君：自分をふりかえったり、リラックスルームを活用することで、気持ちよくなったという感想を聞いたりしています。ただ、取り組み始めたばかりなのでもう少し続けていき、学校全体が穏やかであたたかい雰囲気になることをめざしています。

インタビュアー：今後はどのような活動を考えているのですか。

A君：全教育活動の中で、ところどころにリラックスタイムとか授業の始まる前に呼吸法などを取り入れたり、カウンセリング活動なども計画しています。

インタビュアー：ありがとうございました。現場からは、以上です。

C記者：はい、受験や人間関係など中学生にとって、ストレスは避けては通れません。このように中学生みずから、自分たちの受けるストレスについて取り組んでいくことは、目新しいこととして注目されます。

キャスターB：彼らが、大きなストレスをしっかり乗り越えていける技術を身につけて、たくましく生き抜いていくことを期待したいですね。

キャスターA：そうですね。今日の報道特集は、「ストレスと中学生」でした。

キャスターB：では、また明日お会いしましょう。ごきげんよう、さようなら。

　文化祭の2週間前から、ほかの生徒より40分も早く登校して、朝の練習に臨む子どもたちをみていると、その責任感の強さに頼もしさを感じた。
　さらに、文化祭への取り組み後の感想を聞くと、自分の役割を果たせてうれしかったと答えたり、役割を果たすことで自分の存在を確認している子どももいた。アイデンティティが不確実になりやすい思春期に自己の存在感を確かめることができたということは、とても意義のあることだと考える。

6．ストレスマネジメント活動を通してみられた変容

(1) 保健委員の変容

　図8-6は、保健委員の活動後のアンケート調査結果である。
　保健委員に対して、ストレスマネジメントについてさまざまな活動をしてきたが、どうだったかをたずねたところ、「面倒くさかった」「昼休みや放課後がつぶれてたいへんだった」という回答が5～6割と多かった。学校生活の中でもっともゆっくりできる時間を拘束されることは、保健委員にとってはストレスだったにちがいない。

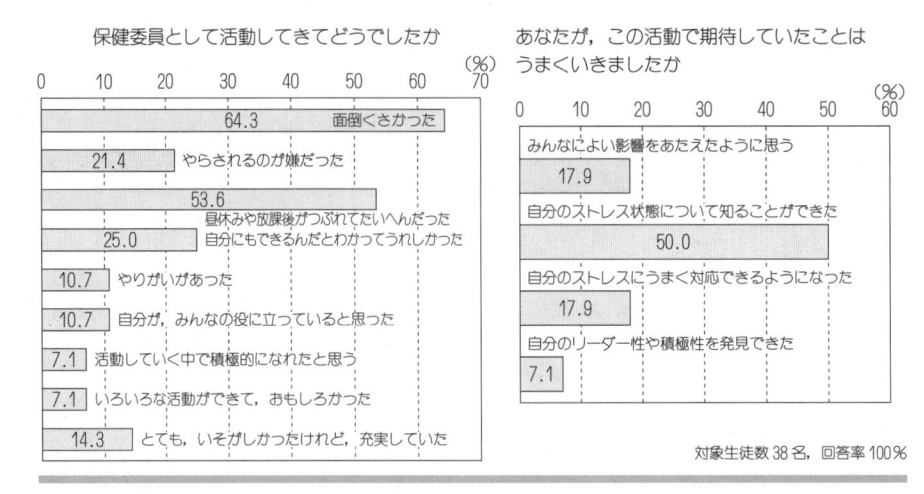

図8-6 保健委員活動後のアンケート調査結果

　しかし，「この活動で期待していたことはうまくいったか」の問いに対して，5割の保健委員が「自分のストレス状態について知ることができた」と回答しており，「みんなによい影響を与えることができた」「自分のストレスにうまく対応できるようになった」と回答している保健委員もみられた。ストレスにうまく対応できるということは，生涯にわたり心身の健康を保持増進できるというひとつの財産を得たようなものである。この活動は，彼らにとってけっしてむだではなかったと思われる。今後は，もっと楽しく子どもたちがストレスマネジメントについての活動に取り組めるような工夫をしたい。

(2) 一般生徒の変容

　この活動を続ける中で，ストレスのことやリラックスルームのようすについて友だちどうしで連絡をとりあったり，ストレスの対処法について具体的に考える生徒もみられ，ある程度の意識化につなげていくことができたと考える。

　この保健委員会の活動を契機として，self cardでいじめられていることを打ち明けてくれたり，文化祭での保健部の発表を見て，自分のことのようだといまの自分をさらけだして相談に来る子どももみられた。

(3) 教師の変容

　当初，教職員にストレスマネジメント教育について提示したときは，さほど興味を示さなかったが，ストレスマネジメント教育を推進していく中で次のような意見がよせられ，反応がみられた。

〈教師の反応〉
・学年集会での指導は，生徒の意欲づけにつながった。
・リラックスルームの開設はよかった。
・リラクセーションをクラスでやってみたいと思った。
・もっとストレスマネジメントについて勉強をしたいと思った。
・self cardから子どもの深い悩みを把握できてよかった。

- 相談活動に生かし，子どもと信頼関係を深めることができた。
- クラスでストレスマネジメントについて話をする機会が増えた。
- 子どものストレスについて家庭との連携をとる機会が増えた。
- 自分のストレスマネジメントについても考え実践している。

〈改善点についての意見〉
- 職員研修で自己暗示のようだと思った。もっと医学的な根拠を明確にしてほしい。
- self card を記入させる時間の確保を考えてほしい。それと，自己イメージの欄を記入しやすいように再検討してほしい。
- クラス指導する際の詳しい資料がほしい。
- クラス指導をする時間の確保を考えてほしい。さらに，「肩の上げ下げ」などは自分が照れてしまいやる気がなくなる。もっと，自然にできる方法や，一人でもできる方法などについて教えてほしい。
- 子どもの微妙な変化について養護教諭と密な連携をとりたい。

　このようにストレスマネジメント教育に対する意識は徐々に高まってきている。今後，改善できるところはしっかり取り組んでストレスマネジメント教育を根づかせていきたい。

7. 全体的な考察と今後の課題

　試行錯誤で取り組んだ実践ではあったが，結果として子どもたちや教師のみならず，保護者からの反応も好評であった。

　消極的な子どもたちも，示唆を与えれば素直な態度で吸収し，予想を超える活動や成果を示してくれたように思う。いま，この取り組みは緒についたばかりであり，その効果は微々たるものかもしれないが，子どもたちは確かな変容をみせている。手をこまねいて現状を嘆いてばかりいては期待するものは得られない。現実を見据え，問題を明確にし，それについてどのような行動を起こすかがとても大切なことであると身をもって感じた。

　活動を通して，子どもどうし，あるいは子どもと教師のかかわりが高まり，少しではあるが信頼関係がとれた。ひとつずつ計画をやり遂げていく中で，心と心がふれあった保健委員たち，self card で得られた情報から保健室で語り合った生徒，文化祭の発表を見て悩みを相談に来た生徒，それらの子どもたちが，折々，見せてくれる笑顔に養護教諭自身が力づけられた。子どもから支援されている自分に気づく。この関係性をよりよいものに発展させるためにさらなる研鑽を積みたい。

　ストレスマネジメント教育をさらに推進するための今後の課題としては，保健委員会の活動を年間を通したものとして定着させること，全体計画のもと，全教育活動での推進，PTA 活動として保護者へのはたらきかけ，地域や関係機関との連携を深めるなど，実践的な活動に高めていくこと，そのためには教師や子ども，保護者に対するストレスマネジメントについての理解の拡大が必要

である。そして，学校の組織の活用を有効にはかるとともに，組織の機能を誘発的に導き出す役割が果たせるよう，日ごろから知識や技量を高めていかなければならない。結果として，教育活動が高まり，学校全体が落ち着いた穏やかな雰囲気になることをめざしていきたい。

9章 運動部における ストレスマネジメント教育の実際

学校生活の中で子どもたちが楽しみにしている活動のひとつに，運動部活動がある。ところが，子どもたちにとって楽しいはずの運動部活動が，時にはストレスになることも稀ではない。緊張による捻挫や突き指，試合での集中力低下や実力発揮の問題，あるいは人間関係など，さまざまな形のストレス反応が現われる。本章では中学校のバスケットボール部，高校の陸上部，弓道部，ラグビー部で行なったストレスマネジメント教育の実践例を取り上げ，実際の導入や展開の留意点とその効果を紹介する。

1節 中学校での実践と効果

1. ストレスマネジメント教育を実践するにいたった経緯

　生徒のふとした質問から運動部活動のストレスマネジメント教育を始めるようになったが，唐突に運動部活動において取り組んだわけではない。そこにいたるまでには過去3年間，クラスや学年においてストレスマネジメント教育に取り組み，筆者自身はもちろん生徒たちにとっても，それが身近なものになっていた経緯がある。そこで，まず，どのようにして運動部活動でのストレスマネジメント教育に推移していったか，以下にその経緯を紹介する。

(1) クラスにおけるペア・リラクセーションの取り組み

　中学生期は，自己を対象としてみつめだしたり，親から心理的離乳をはかったりしながら，大人への発達の歩みを開始したばかりである。悩みや不安をことさら大きく感じるときであり，抱える心的ストレスは多い。毎年，生徒数750名以上を抱える本校では，このようなことから，教育相談やカウンセラー制度を導入し，少しでも生徒の心的ストレスを緩和するように配慮しているが，結局，「相談」の域から脱し得ていないというのが現状である。つまり，生徒のストレスを積極的に軽減，緩和させる指導・援助や，生徒がみずから自己の抱えるストレスに気づき，それを積極的に軽減させていこうとするストレスマネジメント教育は行なわれていないのが一般的である。

　そこで，筆者はストレスマネジメント教育の必要性を感じ，1995年に，まず自分が担任をしているクラスの1年生の生徒を対象に，ペア・リラクセーション（Yamanaka, 1996）の適用を試みた。通称「帰りの学活」の時間を利用し，二人1組となり，「肩の上下」から「肩の反らせ」までの方法で指導した（3章，5章参照）。はじめは指導に時間がかかったせいもあってか，早く部活動に行きたい生徒や，めんどうくさがる生徒，ペアの好き嫌いをする生徒など，すんなり

とは受け入れがたい雰囲気があった。しかし，繰り返すうちに，お互いの感想に本音が出るようになってくる。「気持ちがいい」「すーっとした」「軽くなった感じ」などである。自分のしたことが相手に好意的に受けとられると悪い気はしないもので，トレーナー・トレーニー活動が活発になっていった。指導を始めて2か月経過するころには，男女間でも違和感なく行なえるようになった。それにともない，クラスの雰囲気が以前にもまして和やかになった。それは，ペア・リラクセーションを通し，他人の身体を丁寧に扱い，身体や心の感じ方をたずね合うことで，自己理解はもちろん他者理解も深まっていき，その結果，お互いの個性を認め合うことができるようになったからではないかと考えられる。とくに男女間の協力においては，ペア・リラクセーション適用以前はお互いの主張をぶつけ合い，ゆずらぬ雰囲気があったが，積極的に協力していこうとする言動が随所にみられるようになった。最初は，動作法に基づき生徒一人ひとりにストレスマネジメントの方法を理解させるのが目的であったが，それに加えてクラス全体の人間関係を円滑にするという予想外の効果を得た。

⑵　学年集会におけるストレスマネジメント教育

　本校では，土曜日の朝から各学年ごとに分かれ，生徒会を中心に30分間学年集会を行なっている。当時（1996年）の1年生（250名）を対象に，オープン教室というカーペット張りの教室で，ストレスマネジメント教育を試みた。やや落ち着きのない学年だったので，朝から説教じみた話をするよりは，ストレスマネジメント教育を何回かに分けてシリーズ化して，ストレスについて理解を深めさせたり，実際に身体を動かさせたほうがはるかに教育効果があがると考えたからである。

　指導の実際は，表9-1に示すとおりである。

　指導学習を行なった結果，「ストレスを感じたことがある」という生徒が，第1回目の学習のとき全体で7割以上もいたことは意外であった。すでに生徒たちの日常会話の中でストレスということばが使用されており，ストレス社会の世相

表9-1　指導の実際

	指導時期	指導項目	主な指導内容
第1回	6月	・ストレスとは	ストレスの定義を学習するとともに，日ごろ生徒が感じているストレスにどのようなものがあるかを発表させた。また，そのストレッサーは何であるかもあわせて考えさせた。（15分）
第2回	6月	・身近なリラクセーションを知る	ストレスの蓄積によりもたらされる，人体へのさまざまな影響を学習し，日常的に行なっている簡単なリラクセーションの例を数多くあげさせ，特別な知識がなくても，知らず知らずのうちにストレスを回避しようとしていることを理解させた。（15分）
第3回	7月	・ストレスマネジメント教育とは	ストレスを積極的に解消することにより，健康的な生活を送ることができることを理解させ，そのためにはストレスマネジメントが必要であることを理解させた。（15分）
第4回〜第8回	9月〜2月	・ペア・リラクセーションを学ぶ ・ペア・リラクセーションを行なう	ペア・リラクセーションを行なった。大人数（約250名）が対象だったので，肩の上げ下げのみ指導した。（5〜10分）

を反映している気がした。第2回目の学習では，ふだんなにげなく行なっている行為が，実はストレスを解消するために行なっていたということに，生徒たちはあらためて気がついたようである。第3回目で初めてストレスマネジメント教育のことばを用い，今後の見通しをつけさせ，第4回目以降の動作法の実習に対する動機づけをはかった。実習では，はじめは，ふざけたりさぼったりする生徒も見受けられたが，回を重ねていくうちに，だんだんと真剣に行なえるようになった。ペア・リラクセーション終了後は，学年全体にリラックスムードが漂うようになった。この指導を通して，生徒にストレスマネジメント教育の意識づけを行なうことができたのである。

2．男子バスケットボール部における漸進性弛緩法の指導

(1) 指導を始めるにいたったきっかけ

1997年，男子バスケットボール部の顧問を任されて1年が経過したころ，チーム内の2年生に，よく突き指や捻挫をする生徒（A君）がいた。特別に運動神経が鈍いわけではなく，ただ，見た目にやや動きが硬い印象はあった。そのA君からある日，「突き指をしないようにするにはどうすればよいか」という質問を受けた。専門書などをみるとたいてい「キャッチマークをしっかりと，とること（両手の平を相手に見せる）」と説明してある。私自身バスケット専門ではないので，そのことをその生徒に指導し注意深く見ていると，最初はしっかりキャッチマークを作っているが，だんだん手首がおれて「あっ」と思った瞬間，また突き指をしてしまった。意識が弱いのか，注意力が足らないのか，運動能力的に足らないものがあるのか，一言でかたづけてしまっては指導はそこで終わってしまう。

なんとかならないものかと思案しているときに，漸進性弛緩法のことを思い出した。これを自分で実際にやってみたところ，肩や背筋の過度な緊張に気づくようになり，やがて，漸進性弛緩法をマスターしてからは以前ひどかった肩凝りや偏頭痛が嘘のようになくなった経験をもっていた。自分の身体の力みに気づき，余計な力みを抜くことができるようになるという点からこれは運動部活動で役立つかもしれないと思い，さっそく試しに部員全員を体育館に寝ころばせ，漸進性弛緩法をさせてみた。

(2) 漸進性弛緩法の指導の手順

漸進性弛緩法は，以下のような手順で行なった。

①運動部活動の終了時に指導した。それにさきだって指導理由を明確にするため，「いまから行なうことは，ストレスマネジメント教育の一環であり，リラクセーション法の中のひとつである。運動後の心身をリラックスさせるために，いっしょにやってみよう」と説明し，動機づけを行なった。

②すべての方法を自分で実際にしてみせた。体育館のフロアーに横になり，全部員からよく見えるように周囲に自由に立たせて，見学させた。

③見学させたあと，生徒たちをフロアーに仰向けに寝かせ段階的に指導した。部分的に，手だけ，足だけ，というふうにさせて指示通りにできているかを確認させた。指導の途中で疑問に思ったことはそのつど無言で挙手させ，質問に答えるようにした。なお，この時，生徒から出た質問と，応答は表9-2のとおりである。

④順番を説明しながら，全行程を通させた。

⑤説明なしに生徒自身でさせてみた。

表9-2 漸進性弛緩法導入時によくある質問とその応答

(Q1)手首にはどれくらい力を入れたらいいですか？
(A1)前腕に力が入ったことがわかる程度に力を入れなさい
(Q2)足首に力を入れるとき，膝にまで力が入ってしまうが，どうすればいいですか？
(A2)それでいいですよ
(Q3)うまく力が抜けないのですが…？
(A3)力を抜くタイミングにあわせて，息も深く吐いてごらん
(Q4)腰を持ちあげるとき，震えてしまいますが…？
(A4)震えてもかまわない。両方の尻に力が入っているのがわかる程度でいいですよ
(Q5)顔の力の入れ方がわかりません
(A5)奥歯をくいしばり，眉間，鼻に思いっきりしわをよせてごらん

(3) 仮 説

I．漸進性弛緩法をマスターできたら，身体の力の抜き方が上手になり，ボールタッチがやわらかくなって突き指をしなくなる

先述の手順で，漸進性弛緩法を約1時間ほどかけて指導した。A君を見て気づいたことだが，どうも力の抜き方が下手なようであった。

とくに腰→背中にかけては，段階的にまったくといっていいほど力を抜くことができないので，腰の力を抜く段階で身体全体がドスンと床についてしまった。自分でそれに失敗したと気づき，すぐに腰から背中全体をいっきょに持ち上げるという調子である。手や足も他の生徒と比べるといく分力が入っているようで，ぶるぶると震えていた。また，部活内で一番バランスのいい生徒を見てみると，初めてにしてはうまいのである。

さっそく，A君に漸進性弛緩法をマスターさせるべく，さらに漸進性弛緩法について説明を加え，毎日，練習前と寝る前に行なうように指示した（1997年7月）。とくに練習前は，時間に余裕がない場合でも手首だけでも行なうように指導した。

A君は記録にあるだけでも，2年生の夏休みまでに4回の突き指をしていたが，漸進性弛緩法を行なうようになって以降は突き指はほとんどしないようになった。また，他部員についても練習前の準備運動のあとに手首だけは取り入れるようにした。部員全体でも，1997年の夏休み以降は突き指は減少している。

II．運動部活動においてストレスマネジメント教育を実施することにより，指導の効率をあげることができる

A君の変容をみて，仮説Iは成り立つのではないかと考えた。正確なデータはとっていないので関連性は証明できないが，漸進性弛緩法のようなリラクセーション法が部活の場面に応用できれば，少なくともいままでことばによる叱咤激励に頼っていた指導よりもっと具体的で積極的な指導ができるのではないかと考えるようになった。たとえば，練習中に何もせずただ休憩を与えるのではなく，筋緊張を取り除く積極的な休憩方法をとることや，試合中に受ける強

いストレスによりうまくパフォーマンスを発揮できないでいるときタイムをとり，ことばではなく何らかのリラクセーション法でストレスを取り除いてやることなどである。そこで，運動部活動の練習および試合においてリラクセーション法を実施することにより，さまざまな要因で蓄積されるストレスを除去・低減し，指導の効果をあげることができるという仮説Ⅱをたて，運動部活動においてストレスマネジメント教育を本格的に指導していくことにした。

表9-3 練習におけるストレス場面（生徒たちの意見から抜粋）

精神面	技術面	体力面
・チームメイトから注意される ・先生から注意される ・後輩の態度が緩慢である ・チームの雰囲気が活発でない ・部活動以外のことが気になり集中できない ・ゲームに出たいが，なかなか出番がない	・基本練習でミスを繰り返す ・要求されたプレーに応えられない ・要求したプレーに応えてくれない ・競り合いに負ける ・チームメイトとぶつかる	・故障がちだ ・体調が悪い ・体力が消耗している ・休憩をしたい

表9-4 試合におけるストレス場面（生徒たちの意見から抜粋）

精神面	技術面	体力面
・緊張する ・自信がない ・相手チームにリードされている ・相手チームのペースである ・相手チームの作戦がめまぐるしく変わる ・チームワークが悪い ・審判のジャッジに不満がある ・残り時間が少ない ・ベンチや応援席の声が気になる	・重要なフリースローをしなければならない ・チーム内でプレーがうまく噛み合わない ・決まったパターンで得点されている ・ディフェンスの弱点をつかれている ・シュートがあまり決まらない ・リバウンドがとれない ・相手チームのディフェンスがきびしい	・身体の調子が悪い ・故障中の箇所が痛む ・休憩したいが監督がタイムアウトをとってくれそうにない ・接触プレーが激しい

表9-5 漸進性弛緩学習を断念するにいたった理由

1. 冬期練習時間になって部活動の練習時間が短くなり，漸進性弛緩法まで時間が確保できない
2. 場所が狭く，なかなか集中できない
3. 筆者が部活動へ指導に行けないことが多く，指導が徹底しない。
4. 漸進性弛緩法が，まちがった方法で行なわれないようにするため，筆者の指導時以外では行なわせなかった。

(4) 運動部活動への本格的な漸進性弛緩法の適用

　生徒に漸進性弛緩法を指導する前に，それがどのような場面で役に立ちそうかを考えさせるため，練習や試合におけるストレス場面を想定させた（表9-3，表9-4）。すると，練習中でのストレス場面は意見の出方がかんばしくなかったが，試合時のストレス場面の意見は積極的に出された。これは予想された結果ではあったが，生徒たちにとってはいかに試合でのストレス場面が多いか，また，どのようなストレス場面があるのかの整理になった。そして，ストレスを克服することがいかに試合では重要かの学習になった。

　指導の手順は，前述のものと同様に行なった。学習場所は体育館で，すべての練習が終了後（整理運動後）に行なった。学習頻度は週2回〜3回，学習期間は9月〜11月の2か月間であった。

　以上の手順にそって，実際に生徒に学習させてみたが，計画通りに進まず途中で断念してしまった。その理由として，表9-5に示したものがあげられる。

前述したように突き指はたしかに少なくなり，漸進性弛緩法の効果は認められた。それにも増して，生徒にとっては，練習中のストレス場面で効果的に対処できるストレスマネジメント法であれば大いに興味・感心がもてたはずである。

(5) 運動部活動におけるストレスマネジメント教育のポイント

結果と今後の課題をふまえて，運動部活動におけるストレスマネジメント教育のポイントを以下のようにまとめてみた。

①方法が簡単であること，短時間でできること（1分〜5分程度）
②他人がいる場所でも集中してできること
③効果がその場で実感できること。緊張が解けた，集中力が増したなど，ストレスマネジメントのあとで明らかな変容が自覚できること

3．運動部活動におけるストレスマネジメント教育の新たな展開

パテル（Patel, 1989）によれば，ストレス対処法にはいくつかあり，運動場面で直接的に対処できる方法として，①呼吸法，②身体的リラクセーション，③精神的リラクセーション，の3つをあげている（漸進性弛緩法は，②身体的リラクセーションにあたる）。

これら3つの方法はそれぞれに特徴があり，関連性もある。呼吸法は短時間でできるが，激しい運動時にはそれだけでは効果が不十分である。身体的リラクセーションの漸進性弛緩法や自律訓練法は，運動の最中にはなかなか集中して行なうことはむずかしい。精神的リラクセーションは，瞑想がその中心であり，場所や状況によってはやはり集中がむずかしい。

そこで注目したのが，身体的リラクセーションの中のマッサージ法である。パテルは，みずから筋緊張を解くという目的で自己マッサージ法をとらえているが，筆者は，みずからがみずからにはたらきかける動作，自己の心的緊張をもゆるめる動作，すなわちセルフ・リラクセーションであるととらえている。短時間で手早く行なうことができる自己マッサージ法は，簡単に行なえること，さまざまな状況下で実施しやすいこと，自分の感じ方しだいでその特性と分量を変えられるという長所をもっている。この自己マッサージ法に，短時間でもできる呼吸法を融合させれば，運動途中に選手たちを襲うストレスにもマネジメントが可能になると考え，新たな計画を展開していくことにした。

(1) 指導計画

表9-6に一年間の指導計画を示している。

(2) 呼吸法について

活発な運動中は，胸部呼吸が頻繁に使われる。しかし，休息時に胸部呼吸が持続するようなら緊張や不安を引き起こすことになる。なぜなら，胸部呼吸は呼吸が浅くつっかえがちになり，不安定になるからである。いくら，身体・神

経・心をリラックスさせようとしても，胸部呼吸が続いている間は，むだな努力をすることになる。そこで，運動中少しでもストレスを軽減するには，一刻も早く横隔膜呼吸に切り替えることが必要条件になってくる。横隔膜呼吸によりもたらされる利点は表9-7のとおりである。

さらに，心と呼吸は拮抗関係にあるので横隔膜呼吸の練習をすることで，精神的リラクセーションを導くことができる。横隔膜呼吸は自然でなめらかな動きの呼吸をもたらし，神経組織を強化し，身体をリラックスさせる。練習の合間やゲームの途中など浅く激しくなった胸式呼吸から，深く安定した横隔膜呼吸に切り替えさせる方法を指導することは，たいへん意義深いことと考える。そこでまず横隔膜呼吸法をマスターさせるために，次のような指導を行なった。

表9-6 指導計画

月	大会の予定	ストレスマネジメント教育計画	備　考
9		▼ストレスマネジメント教育開始 ・ストレスについての学習 ・漸進性弛緩法	・個人的には漸進性弛緩法を続ける
10	地区新人戦	・漸進性弛緩法断念	
11		▼腹式呼吸法エクササイズ練習開始 ・仰向けでの腹式呼吸法エクササイズ ・いすに座っての腹式呼吸法エクササイズ	・毎日，練習後に実施（2週間） ・毎日，練習後に実施（2週間）
12			
1		▼・顔面への自己マッサージの練習開始	・毎日，練習後に実施（2週間）
2	県新人戦	▼・腹式呼吸法＋自己マッサージ	・適宜，練習の合間に実施
3	地方の大会	・試合で実施	・腹式呼吸法＋自己マッサージを初めて試合中に実施する
4	練習試合	・試合で実施	・腹式呼吸法＋自己マッサージを継続して試合中に行なう
5	春季県大会	・試合で実施	・生徒みずから試合で，腹式呼吸法＋自己マッサージをするようになる
6	地区総体	・試合で実施	・生活場面で取り入れるようになる
7	県大会	▼・試合で実施	
8			

表9-7　横隔膜呼吸による利点

1. 身体に十分な酸素を与える
2. 適切に二酸化炭素を追い出す
3. 身体と心をリラックスさせる
4. 腹部器官の循環をよくする

　①仰向け姿勢による横隔膜呼吸エクササイズ
　②いすに腰かけて横隔膜呼吸エクササイズ
　③いすに腰かけて，両手で顔を覆って10回腹式呼吸

生徒たちにいきなり腹式呼吸を教えようとしても，その習得には時間を要するが，上記の①〜③のステップを踏めば確実にマスターできた。

(3) 自己マッサージについて

自己マッサージは前述の長所に加え，身体組織の運動能力と機能を高め，疲労を和らげ肉体運動後の回復を早めるという効果があり，選手が激しいトレーニングに耐えることも可能にする。マカロフ（Макаров, 1975）によれば，とくに，顔面へのマッサージは疲労や興奮・頭痛を和らげる効果があるので，精神的ストレスにも対応できる。しかし，顔面をマッサージする場合には，この部

分の血液循環とリンパ液の流れの特徴を考慮しておく必要がある。さらに顔面の皮膚は鼻翼を除いては軟らかく動きやすいので，皮膚の上を軽くすべるように（指の腹で軽く皮膚をなぞるように）動かさなくてはならない。

　実際の指導は，以下のように行なった。
① 自己マッサージの効果を理解させる
② 自己マッサージの方法上の注意を理解する
③ いすに腰かけ，額の線に沿って何度かさすらせる（イラスト9-1）。

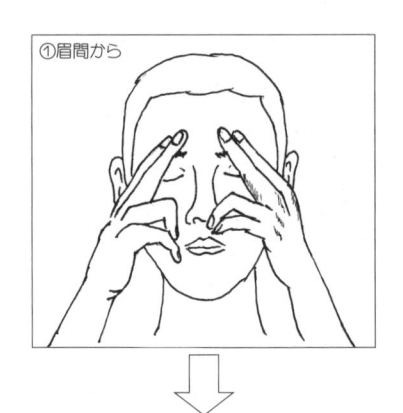

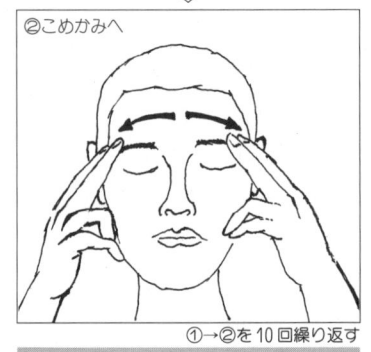

⑷　呼吸法と自己マッサージ法の組み合わせ

　基本的にはパテルによる顔への自己マッサージ法に基づき，若干の変更を加え以下のように指導した。

① 両手で顔を覆う（目は閉じる）
② 腹式呼吸を10回行なう（この時鼻から息を吸い，口から息を吐くようにする）
　「鼻で鼻から吸う空気は冷たいことを感じ，両手で口から出る空気は温かいことを感じなさい」と指示する
③ 徐々に呼吸がゆっくりとなるように指示する
④ 10回の腹式呼吸ができたら，今度は両手の人差し指と中指の指の腹で，額部分を，額中央からこめかみに向けて，ゆっくりと10回さする自己マッサージをさせる（イラスト9-1）
⑤ その後，必要に応じて，作戦など伝えたい指示を出す。

▲イラスト 9-1　自己マッサージ法の実際

　上記の指導を，主に試合のタイムアウト時に行なった。2学期の段階ではチームは若く，まだ体力はついていない。したがって，試合の後半になると体力・集中力両面での低下が著しく見受けられる。とくに今チームは集中力の低下がめだち，後半にいったん離されると必ずそのままズルズルと点差を広げられるという試合が続いていた。疲れがみえたところで，タイムアウトをとり，指示を出してもほとんどその効果を残せないという状況であった。2月に行なわれた地方の大会の準決勝でも，後半引き離される局面に遭遇した。前半4点リードして折り返し，後半の残り5分を切ったところでついに追いつかれ，逆に10点差をつけられ残り3分10秒たらずになってしまった。「またいつもの病気が出たな」と思いつつ，焦燥感と疲労に襲われている選手たちに作戦を授けても効果はないと思い，ストレスマネジメントを行なうことにした。

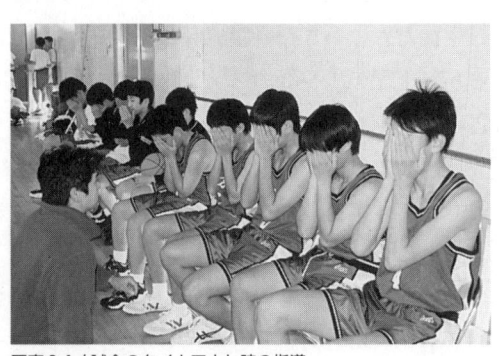

　選手たちをベンチに座らせ，呼吸法＋自己マッサージ法を適用した（写真9-1）。1分そこそこの指導であったが，選手たちの顔からは，明らかに焦燥感が消え，むしろまだ時間は残っているとい

写真 9-1／試合のタイムアウト時の指導

う顔つきに変わっていた。ディフェンスに関する指示をひとつだけ出し，1プレーへの集中を要求した。その結果，残り1分30秒で追いつき，結局6点差で勝利を収めた。

わずか1分たらずのタイムアウトで，生徒たちのようすが一変したことは相手チームの指導者や保護者があとで，あれは（タイムアウト時のこと）何だったのかと聞きに来たことからも確認できた。そこで上述のような局面では，ことばで激励したり作戦をこと細かに指示するよりは，呼吸法＋自己マッサージ法の指導のほうがより効果的であると思い，その後の試合でも指導するようにした。春季県大会1回戦，夏季県大会地区予選準決勝でも，後半逆転された場面があったが，同じようにしてタイムアウトで呼吸法＋自己マッサージ法の指導で乗り切り，勝ち進むことができた。

指導についての生徒たちの感想を表9-8に紹介する。また，その指導を生徒たちにふりかえらせたアンケートは図9-1のとおりである。

表9-8 試合後の生徒たちの感想

- 試合前に呼吸法をやったら，いつも落ち着いて試合に臨めるようだった。僕は先生の「吐く息は温かくて，吸う息は冷たいね」ということばが心にジンとしみてたまらなかった。これを聞きながらやると，安心感が増し，緊張感をほぐす何ともいえない物質のように僕は思えた。それは地区総体の決勝でのことだった。相手のKチームは鬼のような存在に見えたけどその恐怖心を壊したのは，呼吸法だった。いつものこの呼吸法をやったら，Kチームが僕らと同じラインに立っているように思え，負けはしたけど伸び伸びと自分たちの全力が出せてとてもよかった。
- あの呼吸法で，手で顔をふせているとき，胸らへんが熱くなりました。額を10回さすっているときには，適度の緊張感とやる気が増してきました。そして試合中には落ち着いてパスすることができたり，焦らずに冷静に判断することができました。シュートの確率まで上がりました。
- （前・中略）後半に入って，スタミナがなくなってきたせいか，前半と違って自分のプレーで得点しようとして，パスも通らなくなった。得点も思うようにのびず，みんなめちゃくちゃ焦っていた。そこで先生がタイムアウトをとった。僕らを落ち着かせるために呼吸法をやった。みんなは冷静さを取り戻し，集中できるようになった。前半のペースに戻り，どんどん得点がのびて，ついに県大会の切符を手にした。先生の作戦と呼吸法のおかげで勝てたようなものだった。
- 僕たちのチームは，焦ってくるとみんな自分のプレーに走り，パスを使った組織的なプレーがぜんぜんできなくなります。最初のころはいつもそれが原因で負けていたと思います。僕も，カットインプレーよりもロングシュートを得意とするほうだったので，いつも無理なシュートを打っては，ミスしてチームに迷惑をかけていました。しかし，呼吸法を試合でやるようになってからは，そのあとでは自分のできることを冷静になって考えることによって，まわりの動きとパスのタイミングを正確にみながら，自分たちのリズムで1本ずつ決めることができました。

①呼吸法はあなたにとって役に立ちましたか
- 大変役にたった
- 役にたった

②試合中にどのような効果がありましたか
- 落ち着いた
- 集中できた
- 勝てる気になった
- やる気が出た

③呼吸法はチームにとってどのような効果がありましたか
- みんなが集中できた
- パスがよく通るようになった
- みんなが落ち着いた

④呼吸法は日常生活でも役に立つと思いますか
- 役に立つと思う
- わからない

⑤呼吸法はどのような場面で役に立つと思いますか
- 試験前に集中したい時
- 落ち着かない時
- 人前で緊張しそうな時

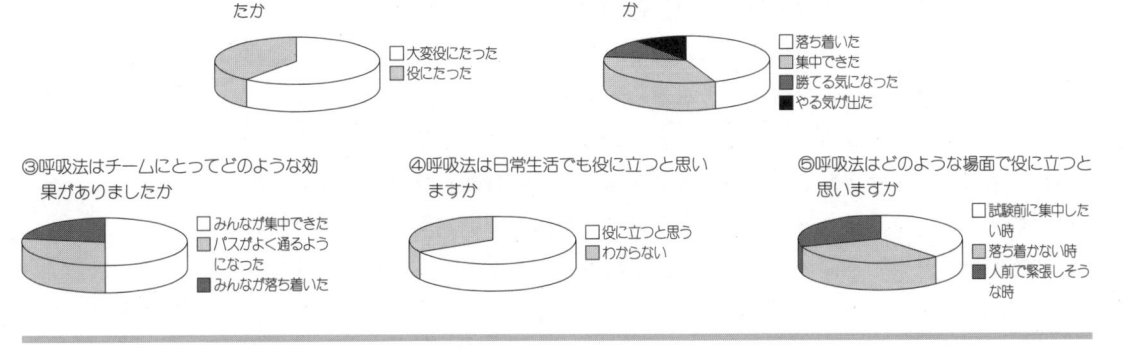

図9-1 生徒へのアンケート結果

4. 結果と考察

試合中のタイムアウト時に適用したストレスマネジメントであったが，予想以上の展開をみることになった。以下に，その展開例を紹介したい。

① 試合の場面で，生徒がみずからストレスマネジメントを実践するようになった。

試合中，ファールやフリースローなどでゲームが一時ストップすることがある。その瞬間を利用して，生徒たちが自発的にストレスマネジメントを行なうようになった。たとえば，両手で顔を覆い腹式呼吸をしてからフリースローを行なったり，不振でベンチに下げられた選手に対して，「リラクセーション法をしろ」と他の選手がアドバイスを送ったりするなどである。このことから，生徒たちがストレスマネジメントを試合中においてみずからを落ち着かせたり集中させたりする道具として活用するようになったと推察できる。

写真9-2／簡単な腹式呼吸のあとフリースローに臨む生徒

みずから実践する方法は，手をお腹にあてがい腹式呼吸を意識する者，顔を両手で覆い腹式呼吸を行なう者，ベンチで腹式呼吸＋自己マッサージをする者などさまざまである。さらに多様なストレスマネジメント教育を進めることにより，生徒たちは個性にあったストレスマネジメントの方法を実践していくと考える。

② ふだんの生活の場面で，ストレスマネジメントを実践するようになった。

生徒たちは以下のような感想を聞かせてくれた。

- 運動会のスタート前にやって落ち着かせた
- テスト前日に眠れなかったので漸進性弛緩法をしたらいつの間にか眠っていた
- テスト直前に呼吸法をして落ち着かせた

5. 反 省

生徒の突き指がきっかけで始まった，運動部活動におけるストレスマネジメント教育は，実践を重ねていくうちに，その有効性に確信を得ていった。はたしてどの程度運動部活動で活用できるか心配であったが，これまで叱咤・激励・ことばなどにより生徒の内面を支えてきた指導のほかに，生徒が局面に応じてみずからストレスマネジメントをすることにより，自分のパフォーマンスを維持する，あるいは高めるといった光景を見て，今後の運動部活動の指導に新しい活路を見いだすことができた。また，生徒みずからがストレスマネジメントを部活動以外のいろいろな場面で活用するようになったことは，生徒がその有効性を実感できたからだと考える。

しかし，今回の実践で得られた結果は生徒や筆者の主観に頼っており，客観的なデータが出せていない。ストレスマネジメント教育の成果を測る測定方法があれば，それにより今後データを収集し，指導前後の生徒の変容を比較していきたい。

2節　高校での実践と効果

右の写真9-3は休み時間に数多く見られる光景である。彼らの口癖は「家に帰って眠りたい」「だるいからやめよう」である。これはおそらくどこの高校にもある「やる気のない（本当は湧かない）生徒」の姿かもしれない。運動部活動においても，すぐれた能力はあっても発揮できない，発揮しようとしない，地道なトレーニングの積み重ねができない，部員間の人間関係やコミュニケーションがはかれない，などの問題が生じている。

写真9-3／休み時間の教室の光景

こうした状況はたんなるやる気や能力の問題ではなく，学校等のストレスにうまく対処できずに「生きる力」を発揮できない状態に陥っているととらえるべきである。したがって，部活動の指導においても，生徒が本来もっている「生きる力」を引き出し，高めていくことを重視すべきであり，そのことが競技力の向上の基盤となるのである。生徒のストレス関連問題は深刻であり，いまや何らかの具体的なアプローチが必要である。それが，ストレスマネジメント教育である。しかし，本校がそうであるように，学校全体としての具体的な取り組みはまだまだこれからという段階にある。本節では，ストレスマネジメント教育を部活動にいかに適用し，このような状況下にある生徒たちがどのように成長したかについて報告する。

1. ストレスマネジメント教育導入のための準備段階

本校に赴任し，もっとも憂慮したのは，生徒が教師に対して心理的に大きな距離を保とうとすることであった。高校生の一般的な特性というだけでなく，人格を傷つけられてきた者の反応といえるほど，語りかけても大きなへだたりを感じさせるのである。このことは，きわめて個人的な心理的状況や身体を部活動において扱ううえでの大きな障壁となる。加えて運動部顧問となって間もなかったため，具体的な導入の前に，この距離感を修正することが必要であると考えた。

自分のことについて他者がふれてくるということは，たしかにだれにとっても警戒すべきことであるが，顧問としては「この先生は，わかってくれるぞ」「運動についてはこの先生，詳しいぞ」というような親近感，信頼感を高める

ことによって警戒を解きたいと考えた。また，運動部活動であるから「身体を動かす」ことが指導の中核である。したがって，「身体を動かす」ことの体験を通して信頼関係を築くとともに，生徒自身の自己意識も変えていきたいと考えた。

　導入のための準備段階もすでにストレスマネジメント教育の一環ととらえられるが，具体的には，次のような取り組みを行なった。

(1) 指導者への親近感，信頼感を高める

〈いつもニコニコ，出会ったら必ず声をかけ，会話の機会をつくろう〉

　こちらがニコニコ笑いかけ，近づきながら「今日も元気？」「今日の調子は？」「いい空だよね」などと語りかけ，会話の機会をつくる。

〈身体にふれる機会を多くしよう〉

　「元気？」と声をかけたら，近づき，肩や背中にふれながら，あるいは肩を抱きながら会話するなど，身体の接触を通して親近感をさらに高める。

〈部活動の練習では，個々のプレーやその状況判断に関するコミュニケーション場面を多く設定していこう〉

　ラグビーのような競技では，生徒個々の状況判断が非常に重要である。そこで，状況判断のもとになった情報を整理し，明確にし，生徒自身の考えを引き出したり，お互いの判断を摺り合わせるようなコミュニケーションの場面を設定し，そうしたコミュニケーションの中心に指導者として位置することで，生徒一人ひとりとのつながりを深めたいと考えた。その場合，「何をねらいとし，何を見て，あるいは何を聞いて，どんな判断をしたのか，その結果はどうであったか，なぜうまくいったのか，何が足りなかったのか」といった内容を話題とした。この段階では，生徒の個人的な話題（性格など，プライバシーに関する話題）は取り上げないことに注意した。距離感を修正していこうという段階でいきなり個人的な話題にふれることは，生徒に無用な警戒をさせてしまうことになるからである。

(2) 「身体を動かす」ことについての理解を深める

　「自分の身体を自分が動かしている」，あるいは「身体の動きは自己の反映」という認識をもたせるために，「身体を動かす」ことへの理解を深め，考えたことと身体の動きを一致させる体験を促進することにした。こうした取り組みは，体育実技や保健の授業，特別活動の中でも実施した。

〈「身体を動かす」ことは主体的な活動であること，その不思議さ，「がんばる」ことの内容を体験させよう〉

　空箱を用意し，それをさも重そうな動作で「重いぞ」と言って生徒に渡す。渡された生徒は，あまりの軽さに拍子抜けしてしまう。ここで「重い」ということばや「重そうなようす」から，自分が受け取る際にどんな姿勢で，どのく

(a)　(b)　(c)

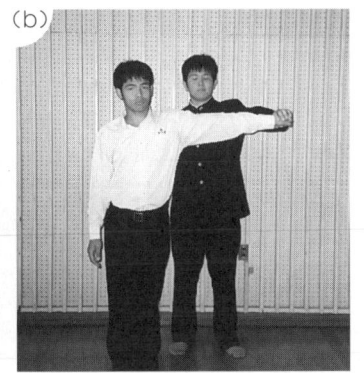

写真9-4／「身体を動かすこと」「がんばること」を経験させる一例

らいの力を出せばよいかを準備していたことを確認する。そして，ふだんは気づかないが，実際にはこうした過程を経て身体を動かしており，だから身体を動かすこと自体が主体的な活動であることを理解させる。

また，コインを用意し，「がんばる」ことの内容を呈示する。

写真9-4のように，腕を水平に伸ばして直立し，援助者は，うしろから両肘の上に手を乗せる（a）。援助者は均等に両腕を引き落とし，実施者はそれに耐える。すると，どちらかの腕が下がる。写真では右腕が下がったので「左のほうが強い」ことを確認し，そこで，左手にコインを握らせ，左手にふれながら「落とすなよ」と指示する（b）。すると今度は左腕が下がる。「どうしてだろう」と問いかける。そこで，（c）のように左肩にふれ，「ここに力を入れろ」と声をかける。そうすると左手にコインがあっても右腕が下がる。「コインを握っていることを忘れなさい」と声をかけても右腕が下がる。逆にコインがなくても「握っているつもりになれ」と声をかけると左腕が下がる。

全員にコインを配り，実際にやってみると驚きの声があがった。そこで，「みんなは簡単にがんばるということばを使うが，がんばるという場合には，何をどうがんばるかが問題なんだ」と投げかけ，身体のどの部分に注意を向けるかによって動きが変わること，どの部分に注意を向け，どんな力をどのくらい出力するかが「がんばる」ことであることを理解させる。

〈リラクセーション法やイメージ法による身体の動きの変化から，実際の運動が変わることを体験させよう〉

空箱やコインの例は，ふだん気づかない自分自身の営み，努力に出合うことを通して自己意識を変えていこうとする取り組みでもある。そこで，さらにリラクセーション法やイメージ法を用いて自分の営み，努力を操作することによって実際の運動が変わることを体験させたい。スポーツテストの立位体前屈の場合，1回目の測定のあと，股関節のリラクセーションを実施する（写真9-5）。そして，立った感じ，前屈の感じが変わること，記録が伸びることを確認しあ

う。実際に，最大12センチも伸びた生徒がいたのである。50メートル走の場合，1回目の測定のあと，「スタートでは靴がすべるくらいでないとダッシュしていない証拠，この付近まで顔を上げるのをがまんしろ，勝負はラスト15メートル，とにかく全力で腕を振れ」と指示し，実際に自分が動いているようすをイメージさせたあと，予測タイムを申告させ，2回目の測定に入る。すると，記録が伸びると同時に，結果に対してこだわりが生じ，「もう一度走らせてくれ」と再度挑戦する姿がみられた。

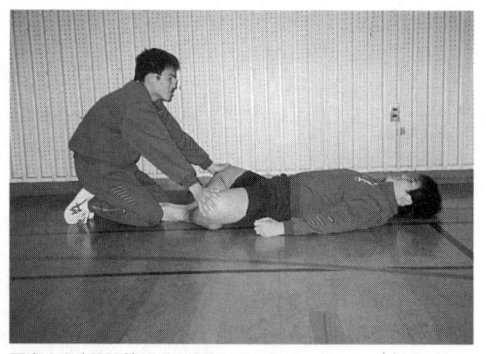

写真9-5／股関節のリラクセーション

ここでは，「しっかり身体と心の準備をすればできるんだ」という実感と「しっかり準備することを努力すべきだ」ということを理解させる。

〈心が変われば，身体の動きが変わることを体験させよう〉

サッカーのゲームの途中で，「ゲームがつまらない。よし，勝ったら成績加点，負けたら罰ゲーム」と叫ぶと，一生懸命ボールを追いはじめ，すばらしいプレーが飛び出す。終了後，「疲れたけれど，おもしろいゲームだった」ことを確認しあい，「なぜ，動きが変わったのか」と投げかけ，「ゲームに取り組もうとする気持ちが変われば，球技のゲームが変わる，おもしろくなる。身体の動きが変われば，さらに気持ちも盛りあがる」ということを体験としておさえる。

1学期も終わるころには，「どうして先生は，いつも笑っているの？」あるいは「先生は，どこか違うよね」と生徒から好意的に声をかけられるようになったのである。これは，こうした取り組みの成果であると考える。

2．「競技力向上」のためのストレスマネジメント教育の適用

赴任して1年目，前項の準備段階を経て，陸上（長距離）部員に対しては顧問，弓道部員に対しては協力者という立場でそれぞれストレスマネジメント教育を適用した。結果的には，プログラムを競技力向上のために適用しただけに終わったといまでは反省している。しかし，この経験がその後の実践に生かされているのも確かである。

(1) 陸上部での実践

当時の陸上（長距離）部員は，県高校駅伝大会で10位以内を目標としていた。3年生はおしゃべりで元気者，2年生は寡黙でおとなしく，1年生は部員間のトラブルが絶えない状況であった。こうした状況を踏まえ，陸上競技については素人ながら動作法によるリラクセーションプログラムを適用し，「最大限に能力を発揮させることや部員間のコミュニケーションの活性化をはかることがで

きたら」とばく然と考えた。

そこで，リラクセーションの感じをつかませるために，部員各自のおおよその走力や性格等が把握できた6月ごろから，土・日曜の練習の最後に一つずつトピック的に実施していった。さらに，夏合宿において，競技ストレスを話題とし，それに対処する方法として表9-9のようなプログラムを呈示し，実施した（プログラムの内容は2章〜5章参照）。

表9-9 陸上部へのリラクセーションプログラム
○動作法によるリラセーションプログラム
・股関節のリラクセーション（長座位，オープンレッグ）
・足首のリラクセーション
・肩のリラクセーション（座位）・肩の反らせ
・軀幹のひねり
○漸進性弛緩法
○腹式呼吸法

9月中旬以降は1回30分程度を隔週のペースで実施した。そして駅伝大会3週間前には，生徒の緊張をほぐすために週2回以上の実施となった。

大会前1週間は，調整とプログラムの実施が練習メニューとなった。その際，思うように弛緩できず，逆にイライラしてしまう生徒もいた。そうした生徒に対しては，心身の状態についてコミュニケーションをはかりながら，指導者が直にリラクセーションを援助した。その結果，上手に弛緩できたことに「軽い，走れるぞ」と喜びを表わしてくれた。このことが布石となって，駅伝大会では出走直前まで補助部員に援助してもらいながらプログラムを実施している姿がみられた。とくに熱心にプログラムを実施していた5名は全員設定タイムを上回り，総合でも設定タイムを5分近くも短縮し，7位となった。第1区は向かい風がきつく，担当した主将は試走の際，その風のために痙攣を起こしていたが，本番では「まったく向かい風が気にならず，ぜんぜん負担に感じなかった，バランスがくずれなかった」「力を抜くことを覚えたおかげです」と報告した。他の生徒も同様の報告であった。

大会結果や生徒の報告は，リラクセーションプログラム等の効果を示しているととらえられるが，実際は思うような実践ができたわけではない。

時間とスペースなど，物理的な条件の調整・整備がなかなかできなかった。これは，持ち運び可能なマットを購入することで解決することができたが，実践する場合にまず考えるべきことであった。さらに，リラクセーションの援助を通して自己や他者に対する理解を深め，そのことがコミュニケーションの活性化につながればと考えたが，そうした効果は一部の生徒にしか感じることができなかった。その原因は，部員の半数以上が，感じるあるいは感じたことをことばで表現するということができず，そのため，トレーナーとトレーニーをうまく噛み合わせることができず，そうした状況に指導者の側が常に躊躇しながら進めることになったことである。こうした生徒に対する指導のあり方が今後の大きな課題であると感じた。

(2) 弓道部での実践

職員室で陸上部での取り組みについて話している際に，弓道部顧問から大会に向けて取り組めるトレーニングはないかともちかけられた。弓道部は全国大

会でも活躍するほどの強豪であり，ストレスマネジメント教育について他の教員に理解してもらうよい機会だと思い，承諾した。

まず，弓道部顧問と話し合い，
・射場に待機している場面で，過度の緊張を和らげ，集中を高める技法を習得させ，日ごろと同じリズムで競技できるようにする。

というねらいを設定した。

また，大会は2週間後であり，射場で待機している場面では身体を動かすようなことができないため，呼吸法を実施することにし，大会後も動作法によるリラクセーションプログラムを継続的に実施することにした。

最初の指導は，精神的緊張と身体的緊張，競技成績との関係について説明し，射場で感じる緊張やその緊張を和らげる工夫について質問しながら進めた。そして，腹式呼吸法を実施した。矢を放つとき，静かに息を吐き続けることで集中度が増すという説明のためか，呼吸法には熱心であり，日ごろから訓練することの重要性を強調して1回目を終えた。

1週間後の2回目には，呼吸法に加えて，漸進性弛緩法やリラクセーション法を実施した。2回目以後道場では，女子が熱心に実施していたそうである。大会では，男子は4位，女子は4年ぶりの優勝という結果であった。女子は，射場に控えているときも呼吸法を実施していたということであり，そのことが優勝につながったのでないかと顧問は評価した。

3回目は，動作法を中心に実施した。しかし，1回目，2回目と同様，生徒の筆者に対する反応が冷ややかであった。よくよく考えてみればそれも当然である。日ごろからそういった練習への関心が高まっていれば別だが，準備段階を省いて，性急に進めようとしたことが原因であろう。結局，生徒に協力者としての筆者自身がなかなか受け入れてもらえないと感じたこと，そして，日ごろ接している顧問が指導したほうがよいと判断したこと，などの理由で，以後は顧問に進めてもらうことにした。顧問へは，肩の上下プログラム（4章参照）を指導していたので，それを部員に対して継続的に実施することをすすめ，現在でも時折相談を受ける。

(3) 陸上部，弓道部での実践のまとめ

陸上部と弓道部での実践はうまくいかないことの連続であった。しかし，そうした中にあっても，以下のような成果と実施上の留意点が明らかになったことは，次の実践へとつなげる大切なステップだったと考えている。

〈効　果〉
・リラクセーションプログラムの実施が自分の心身の状態を確認するよりどころとなり，「力を抜くことができる」状態に対して自信をもつことができた。このことは，自分の能力を発揮することにつながった。
・リラクセーションプログラムの実施により，精神的に安定し，陸上部の場合，大会前夜の宿舎でも「すごく寝つきがよかった」という報告が多数あった。

- リラクセーションプログラムの実施により，明るい表情に変わっていった。そして，「抜ける」「軽い」といった元気な声を生徒が発するようすをみて，指導者自身もまわりの生徒の表情も明るい笑顔となれた。

〈留意点〉
- 生徒に予備知識や関心がない場合には，前項で述べた準備段階を重視すべきである。そのためにも，指導者として即効性を求めるのではなく，長期的な視野で取り組む必要がある。
- 場所や時間の確保など，物理的な条件を解決する必要がある。
- しゃべらない生徒への対応がもっともむずかしく，時間が必要となる。日ごろから自分の身体に注意を向けさせ，そこで感じたことについてコミュニケーションをはかる習慣を身につけさせる取り組みが必要である。さらに，そうした生徒にとっては競技ストレスよりも学校や日常生活上のストレスが問題であり，その意味ですべてのストレスを課題としたストレスマネジメント教育が必要である。

3．「自己実現」のためのストレスマネジメント教育の適用

生徒の多くはさまざまなストレスに上手に対処できず，教師も生徒のストレス反応に対処できず，逆に助長していることもしばしばである。学校生活の中でお互いに疲弊している状況では，十分な練習成果もあげられず，競技ストレスへの適用だけでは不十分である。学校や日常生活上のストレスをも課題とし，自分のストレスを感じとり，上手に対処しながら自己を発揮し，自己実現をはかっていくことをめざしたストレスマネジメント教育を展開する必要がある。赴任して2年目，ラグビー部におけるそうした取り組みをまとめることにする。

(1) ラグビー部における実践

初めて部員と接したとき，自己に対して自信がなく，不安感が強いのではないかと感じた。練習をみても，士気を高める声はなく，表情に乏しく，指導に対して拗ねたり，落ち込んだりする姿もみられた。非凡な能力をもつ生徒もいるが，練習試合ではすぐにあきらめたり，ミスに対し責めあう場面がめだった。試合中の場面について質問してもほとんど記憶にない状況であった。これでは部活動による自己実現など，望むべくもない。また，こうした状況は，性格特性や知的能力といった問題ではなく，ストレス関連問題の一つととらえるべきであり，そこで，次のようなねらいを設定した。

- 自己意識を変革し，「自分でもやれる」という自信をもたせよう
- 動作感覚を高めるとともに，心理的スキルを高めていこう
- より望ましい人間関係を築くための努力ができるようにしよう
- どのような状況においても，自己の能力を最大限に発揮しようとする努力ができるようにしよう

さらに，ストレスマネジメント教育の内容を表9-10のように設定した。

また，大会日程等を加味し，指導者としてのこれまでの体験を踏まえ，11月の全国大会予選へむけて，大まかな適用計画を表9-11のように作成した。

1学期間中は準備段階を重視し，コミュニケーションによって自分に対する認

知的評価を変える取り組みを中心とし，動作法やイメージ法については，本格的には夏合宿を機会に取り組むことにした。

① コミュニケーション

客観的にすぐれた能力であっても，「自分はダメだ」と本人が思っていては発揮されない状況に陥る。部員の多数がまさにそうした状況にあった。そこで，準備段階におけるコミュニケーションに加えて，自己に対する認知的評価，自己意識を変えるためのコミュニケーションに取り組んだ。もちろん，個人的な内容であるため，最初は一人ひとりに実施し，2学期には，本人に対する他の生徒の意見を取り入れながらコミュニケーションを深めていった。

表9-10 ストレスマネジメント教育の内容設定

プログラム1	導入のための準備段階
プログラム2	コミュニケーションによるストレスマネジメント教育 ・認知的評価を変える取り組み
プログラム3	動作法によるストレスマネジメント教育 ・動作法によるリラクセーションプログラム等
プログラム4	イメージ法によるストレスマネジメント教育 ・メンタルリハーサル等

表9-11 ストレスマネジメント教育プログラムの適用計画

月	大会日程・部活動行事	ストレスマネジメント教育プログラム適用計画
4	地区大会	プログラム1 準備段階
5	九州大会県予選／熊本遠征	プログラム2 コミュニケーション
6		プログラム3 動作法 ・土・日・休日実施
7	県民体育大会予選	プログラム4 イメージ法 ・イメージを浮かべる
8	夏合宿（1次・2次）	・ストレスの学習 ・プログラム化 ・身体に注意を向ける
9	県1・2年生大会	・週に最低2回実施 ・1回40分程度 ・メンタルリハーサル
10		・心身の調整
11	全国大会県予選	・各個人で活用

その場合，まず，顧問としての部活動やチーム，個人に対する考え方を明確に示しておく必要がある。常に生徒に訴えたのは次の2点であった。

- 練習は，できないことをできるようにする，できることをもっとできるようにするものであり，できないからといって腐ったり，落ち込んではならない。また，できるからと安心したり，優越感等をもってはならない。
- 人間にはそれぞれ特徴があり，できること，うまくできないことが当然ある。練習はそれをよりよい方向に変えるものであり，チームは，それぞれの特徴を生かしあって初めて機能する。

このような考え方を基盤とし，基本的に次のような内容で取り組んだ。

①いま現在「できること」「うまくできないこと」をどのようにとらえているかを，本人の意見を引き出しながら明確にする
②それに対して，本人がどのように思っているかを引き出す
③何がよくて「できる」のか，何が足りなくて「うまくできない」のかをいっしょに考えながら，その原因を明確にする
④その原因に対して，本人がどのように考えるかを引き出し，自信をもつべき部分を強調する。さらに，解決すべき原因については，本人の解決への見通し，解決するための努力のしかたと勇気を引き出す

話題の中心は，技能ではなく，本人の取り組み方，努力のしかたであり，それに対する本人の評価である。その後，取り組み方や努力のしかたを変えようとする試みを観察し，それを認めていくことを通して認知的評価や自己意識を望ましいものに変えようとしたのである。さらに，こうしたコミュニケーションが機能するようになった段階で，一般的な本人の性格や能力などに対する本人自身の評価や自己意識についても踏み込んでいった。その際，「自分をどんな人間だと思っているのか」とズバリと入る場合もあれば，学校での出来事等に対してどう考えるかという話題から入ることもあった。

② 動作法

認知的評価を変える取り組みと同時に，動作法によるリラクセーションプログラムを中心に，具体的な動作を通して心身の状態を調整する体験を促進し，具体的な技法を習得させ，活用できるように取り組んだ(表9-12)。また，こうした体験によって，さらに自分自身あるいは他者である仲間に対する理解を深めたいと考えた。こうした効果については3章を参照してもらいたい。実践にあたっては，次のような3段階を設定した。

第1段階
　動作を通して「がんばること」と「力を抜くこと」，そして「力が抜けると気持ちいい」「軽くなるなど，身体の感じが変わり，気持ちも変わる」といった感じを体験させる。

第2段階
　継続的に実践し，その効果を練習や試合の場面で実感させる。

第3段階
　自分の心身の状態に応じて，練習や試合の前・中・後に自分で活用できるようにする。

最初は，4月，5月の大会の際，過度の緊張や疲労のみられる生徒に個人的に実施することから入った。6月になって土・日曜の練習で，漸進性弛緩法や呼吸法をトピック的に実施し，本格的には8月の1次合宿から開始した。とくに，合宿以降はグラウンド横にいすを持ち出し，1回40分程度を最低週2回のペースで実施した。基本的なプログラムは表9-13の通りであった。

プログラムは練習前に実施したが，練習の途中や練習試合のハーフタイムにも生徒が集中できないときなど，顔を両手で覆って腹式呼吸をさせたり，アクティベーションとして重心や接地の感じを確

表9-12　ラグビー部へのリラクセーションプログラム
- 肩の上下，差異弛緩
- 肩のリラクセーション，肩の反らせ
- 軀幹のひねり
- 足首や股関節のリラクセーション
- 漸進性弛緩法や呼吸法

表9-13　1回のリラクセーションプログラム
○腹式呼吸法（5分）
○イメージを浮かべたり，身体に注意を向ける（5分）
　両親等の顔を細かくイメージしたり，指紋や手相をジッとみつめたあとイメージしたり，ラグビーの場面をイメージする。さらに，「膝はどこですか」「右手の親指はどこですか」など，身体に注意を向ける。
○動作法によるリラクセーション（25分）
・肩の上下，差異弛緩
　最初は，トレーナーは両肩に手を乗せるだけ。感じがつかめるようになった段階で負荷をかけたり，差異弛緩を取り入れる。
・肩の反らせ
・肩のリラクセーション
・股関節のリラクセーション
○アクティベーション（5分）
　立位で，軽く膝を曲げ，重心や足裏の接地の感じを確かめる。
（写真9-6）

かめさせたりした。

③ イメージ法

自分の心身の状態に注意を向けさせたり，自分の姿や動きをイメージさせ，そのイメージを操作させたりする取り組みを積み重ねた。具体的には以下にまとめるが，身体に注意を向ける取り組みは本節の第1項の(2)を参照してもらいたい。

〈心の準備を整える〉

試合の前日等にはメンタルリハーサルを用いて，朝起きてからの場面をイメージさせながら最高の状態にするための手順・手続きを確認させる。さらに，「明日，何をがんばるのか，指を折りながら整理しなさい」と指示し，次に，「中央付近，マイボールスクラム」と具体的な場面を設定し，「どこにいて何をしているか。自分の目から何が見えるか」とイメージを明確にし，「その場面で，がんばること，注意することを指を折りながら確認しなさい」と指示する。さらに，「確認したことにしたがって，イメージの中で自分を動かしなさい」「さあ，スクラムが組まれた…」と指示する。こうして何を，どのようにがんばるかを明確にしていく。

写真9-6／アクティベーションの例

〈心の状態を調整する〉

試合前には「いま，グラウンドに立っている自分の姿をイメージしなさい」と指示し，さらに「どんな表情や姿をしているか。強気がみえるか，弱気がみえるか」「緊張がみえるか，リラックスがみえるか」「自信がみえるか，不安がみえるか」等を問いかける。最後に「イメージの中の自分に対して声をかけて，試合前の最高の姿にしてあげなさい」と指示し，「その声を頼りに今日はがんばりなさい」と励ます。

(2) 生徒の反応

生徒は最初とまどい，困惑の表情であったが，最終的には試合前にプログラムを実施したり，チーム全体としても苦しい場面でがんばれるようになっていった。そのようすをとくに顕著な生徒の例を交えてまとめる。

① 第1段階

8月合宿後1回目　　いすに腰かける段階で，日ごろ表情がない生徒ほど，背筋を伸ばせず前屈みになるなど，基本的な姿勢を維持できなかった。また肩の上下で「耳まで上げる」と指示したが，よく拗ねるA君（3年）と表情の乏しいB君（1年）は，トレーナーに支えられてやっと上がる状態だった。落ち込みやすいC君（3年）は，肩の上げ方がわからない感じで，硬直して上げた肩も下りない状態であった。C君に対しては「気に病む必要はないよ。そのうち上手になるから」と声をかけ，指導者が直接援助することにした。

とまどい，キョロキョロする者もいたが，この段階では何も指示はしなかっ

た。主将のD君（3年）とがんばり屋のE君（3年）は貧乏ゆすりを始めた。イライラしているようすだったのでプログラムを中断するように指示した。前もってそうした反応が起こり得ることを説明していたので二人ともすぐに納得してくれた。肩の反らせや肩のリラクセーション等ではそういった反応は示さなかった。

②　第2段階

9月中旬　このころになると，表情の乏しいB君も姿勢を維持できるようになった。最初イライラしていたE君も「気持ちがいい」と言い出していた。5回目に，「気持ちがいい」と答えた者が約3分の1，不快感を感じるという者は0，相手が「力を抜くのが上手だ」と感じたという者は半数，相手が「上手に力を抜いてくれた」と感じた者が半数弱であった。

また，ようやく援助者からの「いま，抜けた」「ここが抜けないよ」などの声がよくかかるようになってきた。なお，C君は，スムーズではないが，肩を上げることも下ろすこともできるようになった。そして，下ろした際にうれしそうな明るい笑顔をみせるようになった。

10月初旬　C君は，ミスに対し仲間から注意されても，前ほど仲間に対していらだちをみせることがなくなった。楽に肩は上がり，下ろすときはグッ，グッ，グッと3段階となった。それまで隅に隠れるようにしていたA君が，前から2列目に座り，肩の上下のあと，初めて明るい表情をみせた。

③　第3段階

10月下旬　C君は，調子のよいときはスムーズにリラックスできるようになっていた。A君は，練習中に以前のように意固地になることがほとんどなくなった。F君（3年）は，C君がミスをすると突き放すことが多く，落ち込ませることにつながっていたが，丁寧に励まそうとする姿勢がみられるようになった。

このころになると，プログラムを実施しない日であっても，ストレッチの際ペアになり，肩の反らせや肩・股関節のリラクセーションを自分たちで実施する光景がみられるようになった。実施後，練習に入る雰囲気が引きしまってきたと感じられるようになった。

全国大会予選中　試合前に「○○分までに準備運動を終えて集合」と指示をすると，自分たちでプログラムを実施していた。「集中できない」と援助を求めてきた生徒もいた。

(3)　ラグビー部における実践の効果

5月の九州大会予選でベスト4に入ったが，他校の指導者からは「ラッキーチーム」と評され，全国

写真9-7／肩の上下の実施光景

大会予選を前にした有力校の動向という新聞記事にも取り上げられなかった。しかし，2回戦，3回戦と苦しい試合を勝ち上がり，準決勝では優勝校に対し，目を見張るほどの大健闘をみせた。「春からすると見違えるようにたくましいチームになった」と保護者は評価し，他校の指導者からは「いったい何を指導したのか」と驚嘆された。もちろん，これがすべてストレスマネジメント教育の効果だと考えているわけではない。しかし，表9-14にまとめたような生徒個々の変化がみられたのも事実である。

写真9-8／休息中に肩のリラクセーションを実施している部員

たとえば，キックされたボールをたまにキャッチすると「奇跡」といわれるほど，キャッチのできない生徒が，試合を前に「大丈夫ですよ。僕でもボールのことだけを考えたら，恐くないし，キャッチできるんですよ」と言った。試合では，たしかに彼はただの1本もキャッチをミスしなかった。そして，彼のキャッチに対し「サンキュー」と周囲から大きな声がかかった。それまでいくら指導しても出てこなかったことばである。チーム全体も成長したのである。このような光景を目の当たりにしながら指導者として救われるような思いを味わうとともに，表9-15に示す生徒の感想を読んだとき，ストレスマネジメント教育の効果を改めて実感し，今回の実践が自己実現の基盤づくりとなったと考えるにいたったのである。

12月に入り，大学受験を終えて報告に来た主将のD君から，思ってもいなか

表9-14　生徒の変化

生徒	適用前	適用後
A 3年	緊張しやすく，ミスが多い。ミスに対していらだち，指摘されるとすぐに怒りを表わし，その後，落ち込んでしまう。	ミスに対していらだつことが減り，原因についてコミュニケーションができるようになり，落ち込まなくなった。自分でもできるという自信がついたと報告。
B 1年	あいさつや返事ができず，自分の意見を求められても会話にならない。小さなグループに分かれて固まる傾向にあった。	あいさつや会話が少しずつできるようんなり，表情が明るくなりつつある。「これがわかりません」というような意思表示が少しずつ出てきた。
C 3年	叱られると拗ねたり，意固地になって指導と逆のプレーをするなど，投げやりな態度をみせる。	まだコミュニケーションをとれるまでにはいたっていないが，拗ねたり，意固地になることがほとんどなくなった。
D 3年	主将として，さまざまな反応をみせる部員たちをまとめることができず悩んでいた。	ミスした部員の肩を抱きながら励ましたり，叱るだけでなく，部員を誉めるなど，チームの士気を高めることができるようになった。
E 3年	積極的で，指導者の話をよく理解し，精神的にも安定していた。	自分ががんばるだけでなく，下級生に対しても何がわかっていないかを考えながら説明するようになった。
F 3年	もっともすぐれた能力をもちながら，仲間のミスに対しいらだち，投げやりになることが多く，全力を出すことができずにいた。	ミスにいらだち責めるのではなく，プレーを指示したり，励ましたり，コミュニケーションを図りながら仲間を引っ張るようになった。表情が穏やかになった。

表 9-15　生徒の感想

〈D 君〉
- 試合中、スクラムを組んで押されたときには、フロントロー、セカンドローに声をかけて、なぜ押されたのかをすぐに判断できるようになり、さらに、スクラムをブレイクしたあとの自分の走るコースや、次のラックの入り方を冷静に考えられるようになった。また、相手を常に分析し、プレッシャーをあたえることを冷静に考えられるようになった。
- 集中できないときなどにリラクセーションすると集中でき、試合のときに緊張したときにするとリラックスして本来の力が出るような気がした。
- 人間関係においては、2人組でリラクセーションしていて信頼しないと力が抜けないので、たくさんの人とやったことで、チームの信頼関係が結ばれたと思う。
- 試合中にミスしたときなど、肩の力を抜いて、落ち着いてプレーできるようになった。
- ねむれないときなどにすると、身体の緊張がとれて、よくねむれるようになった。

〈E 君〉
- 花園予選の前からこのリラクセーショントレーニングをやっていて、最初は気が散って落ち着かなかったが、慣れてくると全身の力がスーっと抜けて気持ちがよくなり、身体が少し楽になった。
　　効果については、やる前は試合中ミスなどがあったとき頭がパニックになったり、次への切り換えが遅かったが、やった後は前に比べて少し冷静にプレーや判断ができていたような気がした。

った話が飛び出した。それは、受験会場で自分の緊張をほぐすために動作法によるリラクセーションを実施し、プレッシャーを感じることなく、落ち着いて受験できたというのである。「受験のときはこうしたらいいよ」といったアドバイスをまったくしていなかったので、彼自身の判断で技法を活用したということになる。この話を隣で聞いていたE君が「おれもすればよかったんだ」と述べた。「寝つきの悪いときはこうしてごらん」といった具体的な生活場面での活用については指導していたが、受験にまでは思いが及ばなかった自分の不明を恥じることであった。

　後日、D君と同時期に受験した他の2名に質問したところ、一人はD君と同様に肩の上下や腹式呼吸法を実施していたが、もう一人は、やはり「思いつきもしなかった」ということであった。ただし、受験前日を中心にメンタルリハーサル等で気持ちの整理を心がけたという。E君を含め、9月に就職試験等に臨んだ6名は、具体的な技法を習得している段階だったためか、受験の際にストレスを軽減する何らかの取り組みを実施したということはなかった。「これから受験だったら…」と質問したところ、E君は「やるでしょうね」と答えた。

　ストレスマネジメント教育のねらいは、日常生活において、生徒が自分自身のストレス反応に応じて技法を活用できるようにすることである。その意味で、これら受験にともなうエピソードは、今回の部活動における実践が、日常生活における活用という段階にまで広がりをみせたものととらえられるだろう。しかし、何も指示されなくても活用しようとする者もいれば、「思いつきもしない」者もいる。日常生活での活用を望むならば、具体的な例を取り上げてアドバイスをすることが必要であると強く感じた。

4．実践のまとめと今後の課題

　中学校から高校に配属になり，高校生の部活動を対象に十分とはいえないまでもストレスマネジメント教育に取り組んだ。改めて思い知らされたのは，生徒たちは意識する・しないにかかわらず，さまざまなストレスを感じ，心身を歪められているということであった。今後は部活動だけでなく，一般の生徒に対しても実践できるよう，教師として努力していきたいと考えている。なぜなら，リラクセーションによって心身が楽になった瞬間の何ともいえない明るい表情をすべての生徒に見せてもらいたいからである。そして，その表情を見た瞬間に指導者である私もうれしいと心から思えるからである。幸いにも理解ある同僚に恵まれており，クラスや他の部活動等へ広げていき，学校全体で取り組めるようになればと考えている。

　また，この報告が，何かを探しておられる指導者の参考となるならば幸いである。

10章 スクールカウンセラーとストレスマネジメント教育

ストレスマネジメント教育は，教師が担当するのが理想的である。その際，スクールカウンセラーは教師に対してストレスマネジメント教育の進め方をアドバイスしたり，場合によっては教師と連携して授業にあたることも可能である。そのようなスタンスをとることで，スクールカウンセラーの必要性が学校の中でさらに浸透していくであろう。本章ではスクールカウンセラーが教室でストレスマネジメント授業を行なうようになった事例や，カウンセリングルームで希望者に対してストレスマネジメント教育を展開した事例を紹介し，実際の導入や展開の留意点を述べる。

1節　ストレスマネジメント教育を通した教師・生徒とのかかわり

1. スクールカウンセリングの新しい動向とストレスマネジメント教育

(1) ストレスマネジメント教育のスクールカウンセリングへの活用
　　　―学校現場の特性を生かす―

　1995（平成7）年度から開始された文部省（現文部科学省）によるスクールカウンセラー活用調査研究事業も，年々その成果が各地で報告され，その気運の高まりとともにスクールカウンセラーの制度化へ向けて大きく前進しつつある。同時に，そのような中で学校現場からの実際的な要請も強く出され始め，スクールカウンセリングのあり方も5年目を迎えたいま，大きく変容し新たな展開を迎えようとしている。

　とくに，学校内での相談体制に関しては，学校コミュニティの十分な理解がスクールカウンセラーにも強く求められ，1対1での個別的・密室的なカウンセリングを基盤とした相談体制よりも，教師との連携の中で学校現場の特性を生かした相談体制を作ることが，これからのスクールカウンセリングのあり方にはより重要な課題であると強調され始めた（鵜飼，1995；田嶌，1995）。

　こうした動向の中で，スクールカウンセリングのあり方も初期の段階での緊急措置的で対症療法的なあり方ばかりでなく，生徒たちのより健康な部分に焦点をあわせた，予防的・育成的なあり方が必要とされるようになってきた。こうした予防的・育成的なスクールカウンセリングのあり方は，それまでの対症療法的なあり方に比して，より学校現場にとって必要性の高いものであり，かつまた学校現場の特性を十分に生かせる可能性の高いものである。そのような中でのストレスマネジメント教育の果たす役割は多大なものがある。

(2) スクールカウンセラーと教師によるストレスマネジメント教育の実践

　筆者が現在，スクールカウンセラーとして活動している中学校でも，学校側

からの要請で，予防的・育成的なカウンセリングの一環としてストレスマネジメント教育の実践が行なわれた。

その実践はまず，生徒の内面理解の一助としてストレスという視点から「生徒をみる目」を育てることを目的に教職員の研修から始まった。そして次に実際に教師自身もストレスマネジメント教育を体験することへとつながり，理論的にも実践的にも広がった。この研修後，多くの教師から授業の中でも生徒たちに実践してほしいとの要請があり，それを受けてスクールカウンセラーが教室の中に入って，50分の授業枠の中でストレスマネジメント教育の実践をする授業が始まった。とくに，受験を控えてさまざまなストレスを抱えている3年生に向けて，まずその実践が行なわれた。

ストレスマネジメント教育は本来，教師が生徒へ向けて，そして生徒とともに実践するのが重要なのだが，1年目の取り組みということでスクールカウンセラーと教師との連携で授業にあたることになった。

1年目の取り組みが教師や生徒たちに好評だったので，2年目はより発展的な形で進められた。たとえば，1年目は受験を控えていた3年生だけを対象として行なわれたのだが，2年目は全校での取り組みとして全学年にストレスマネジメント教育が実施された。そして，学年やクラスによってはクラス担任が主となってストレスマネジメント教育を実践できるまでになった。

教師が行なうストレスマネジメント教育は，担当教師の教科の専門性が生かされるという大きなメリットもあり，それぞれの特性を生かした効果的なストレスマネジメント教育が実践されている。たとえば，音楽の教師はストレスマネジメント教育を実践していくにあたって，その効果を促進させるリズムをもつと思える曲を選んで，実際のストレスマネジメント教育に生かしている。

さらには，クラブ活動にもストレスマネジメント教育が実践され始めた。ソフトテニス部などの体育系のクラブで実践されたのだが，これも，最初はスクールカウンセラーが運動場に出向き，クラブ顧問の教師とともに行なったが，以後はクラブ顧問の教師が主に担当して続けられた。その努力の結果，前年以上の非常に優秀な成績をおさめている。この成果については，また改めて報告したい。

⑶　ストレスマネジメント教育を通した教師と生徒とのかかわり

このようにストレスマネジメント教育の実践を通してスクールカウンセラーの必要性も高くなり，それにともなって教師や生徒たちとのかかわりにも大きな変化が生じた。それまで以上にスクールカウンセラーと教師や生徒たちとの関係が親和的で信頼感に満ちたものへと変化したことが，その中でももっとも大きなことである。その結果，教師や生徒たちからの個別の相談が増えたのはもちろん，その相談のしかたや場所がこれまでのようなカウンセリングルーム一辺倒ではなく，時には職員室であったり，時には校庭の片隅や廊下であった

りと，変化に富んできたことも大きな変化のひとつである。教職員ばかりでなく生徒たちも自由な雰囲気で，より日常的にスクールカウンセラーを活用している姿はこれまでの学校ではなかったことであり，スクールカウンセラーの新しいあり方がここにも示されている。

ストレスマネジメント教育を実践することで，どうしてこのような変化が出やすいのか，またこれからのスクールカウンセリングのあり方とストレスマネジメント教育の関係などについてもここでふれておくべきなのだが，その点についての詳細な考察については本書の展開編2章で山中（1999）が細かくふれているので，ここでは実際に教師研修や生徒たちへ向けての授業で行なったストレスマネジメント教育の実践について述べていくこととする。

なお，今回，ストレスマネジメント教育の実践の報告をする中学校は，京都市内の生徒数約600名，教職員数は31名という中規模の中学校である。

2．教師研修でのストレスマネジメント教育の実践

(1) ストレスの理解を通して生徒の内面理解を深める―生徒をみる目を育てる―

教師研修の中で行なったストレスマネジメント教育の実際を，研修の内容にそって具体的に示していきたい。

研修の最初はストレスの理解を深めるところから始まるのだが，教師研修では一般的な意味でのストレスの理解だけにとどまらず，学校の日常的な生活の中で生徒が受けているストレスに関して理解を深めることが重要なことになる。そのことは，とりもなおさず生徒の内面理解を深めるための心的な構えを教師が身につけていくことにもなる。

学校現場でのこれまでの習慣からすると，生徒理解の方法はどうしても表面的な現象として現われたことや生徒自身が言語化したことにのみ依存しているところがあり，それではなかなか実際の生徒たちの内面の理解は進まない。

生徒理解の方法が外的な方向性をもつかぎり，生徒指導の方法や教育相談の方法は表面的なものにとどまってしまい，効果的ではない。生徒理解の方法も生徒の内面の理解へと，その構えが変わる必要があるのである。

そこで，研修は「ストレスの理解」という視点を中心に据えて，ストレスフルな現代の学校生活の中で，いまの子どもたちがどのような「心の状態」「身体の状態」で毎日の学校生活を送っているかを考えてもらうところから始まる。

具体的には，ストレスに関する一般的な講義を行なったあと，いくつかの事例を示しながら，生徒たちが学校生活の中ではどのような形でストレスを受けて，それらをどのような表現方法で現わしているのかを考えてもらうのである。

とくに，不登校やいじめの事例の中ではそうした傾向の生徒たちが，その前駆段階でどのようなストレス反応としてのサインを出しているかを具体的に示しながら考える。表10-1は不登校の状態を呈しかけている生徒の多くが，実際

の学校生活の中で示すことの多いサインを①身体の不調，②活動性の低下，③対人関係に関して，④情緒面での変化，⑤生活上の変化，⑥（心の）居場所，の6つの項目に分けて示したものである。

表10-1　不登校やいじめの前駆段階で子どもの示すサイン（松木，1998より抜粋）

① 身体の不調
　朝が起きにくい，めまい，立ち眩み，不明熱，倦怠感，登校時の腹痛，頭痛　など
② 活動性の低下
　元気がない，無気力，無意欲，運動を嫌がる（とくに体育），動作の緩慢　など
③ 対人関係に関して
　親しい友人がいない，クラス内で孤立，過剰適応（優等生タイプ）　など
④ 情緒面での変化
　情緒の不安定，イライラ，落ち着きのなさ，感情の起伏，自信のなさ，甘え　など
⑤ 生活上の変化
　生活リズムの乱れ（睡眠…不眠，朝が起きにくい　食事…食欲の低下，過食　など
⑥ （心の）居場所
　居場所がなくクラス内で孤立，保健室へよく行く，職員室周辺によくいる　など

学校現場では，これまで不登校やいじめに関しては事後の対応がほとんどで，事後であるがゆえに対応に苦慮しているのが現状である。そうした意味では，生徒たちの不登校やいじめが深刻化する前に彼らの示すストレス反応としてのさまざまなサインを早期に発見して，適切な対応をすることで不登校やいじめは未然に防ぐことが可能となってくる。

このような具体的な内容での話は現場での実状とあいまって，教師の生徒理解の方法に新しい視点を生じさせる。いずれにしろ，教師に生徒の内面理解にしっかりと焦点をあわせる構えがついてくることそのものも，ストレスマネジメント教育の本来的な目的のひとつである。

⑵　ストレスマネジメント教育の実習（体験学習）

次に，教師自身がストレスマネジメント教育の実習を行ない体験学習をする。写真10-1はその体験学習の1コマである。ひとりで「首，肩のゆるめ」をしたあと，ペアによる「首，肩のゆるめ」をスクールカウンセラーが実際に指導している場面であるが，実習になった途端に皆の顔が徐々にゆるみ始め，あちらこちらから「あーっ，楽だ」「気持ちがいい」「最高」などと声が飛びかった。教師自身もふだん忙しくて，自分の身体に注意を向けることが少ないためか，想像以上に心地よい体験を皆がしていることに驚かされた。

写真10-1／教師研修でのストレスマネジメント教育の実践風景

教師研修の中で，ストレスマネジメント教育の研修ほど参加者が「心地よさ」を実体験するものはない。逆にいえば，それほど教師のストレスも強いのかもしれない。

いずれにしろ，教師自身がストレスマネジメント教育を実際に体験し，自身の体験としてその心地よさを味わうことが重要なことである。研修を受けた教師が，生徒たちへ向けてのストレスマネジメント教育の実践へと意欲をわきた

たせているのは，この心地よさの実体験があるからであろう。

　さて，ストレスマネジメント教育の実習のプログラムは，筆者の場合，だいたい次のようなメニューにしたがって行なう。具体的な展開の方法や注意点などは生徒へ向けての実践とほぼ同じなので，ここではおおよその流れを示し，詳しくは次項の指導案を参照されたい。

0．ストレスの理解
　☆実際に自分がストレスマネジメント教育を生徒たちに実施するつもりで，ストレスに対する理解を深める。
　　（例）　ストレッサーとストレス反応
　　　　　ストレスマネジメント教育の定義　など
1．自分のストレスに気づく
　☆自分の注意がふだんは外的な方向へ向かっていることの理解と，その注意を内的な方向に向けることの重要性について理解を深める。そして，身体への注意集中の練習をする。
　　（例）　自分の身体の中でストレスの溜まっている場所を探そう
2．リラックス法
　☆リラックスするということを理解する。
　　（例）　「がんばってリラックス？」は本当にリラックスかな？
　☆リラックスするということを体験的に理解する。
　　（例）　力を入れること（緊張）と力を抜くこと（弛緩）の違いを体験的に知る→簡単な被暗示性テストを利用
　　　　　力の入れ方，力の抜き方を体験的に学び，そのコツを覚える
3．リラックス動作法による体験学習
　☆リラックス動作法による「首，肩のゆるめ」の実習。
　　（例）　ひとりで行なう「首，肩のゆるめ」の実習
　　　　　ペアで行なう「首，肩のゆるめ」の実習
4．呼吸法の活用
　☆呼吸法を活用しながら自分の気持ちを自己コントロールする方法を体験的に学ぶ。
　　（例）　落ち着きたいときは「吐く息」に，がんばりたいときは「吸う息」になど
5．実生活でのストレス対処法
　☆日常的な生活の中からストレスに対処する方法を学ぶ。
　　（例）　生活のリズム，睡眠，食事　など
6．まとめ
　☆まとめとして，一連のストレスマネジメント教育を行なったことでの感想を話し合う。とくに身体の感じの変化について，ストレスマネジメント教育を行なう前と後とではどう違うのかを話し合う。

　教師研修におけるストレスマネジメント教育の実習のプログラムは，だいたいこのような内容で実施する。前にも述べたように，教師研修においてストレスマネジメント教育の実習を行なうことは，教師自身が自分の身体を通してストレスに対する対処法を実際に理屈抜きに体験することなので，非常に重要な意味がある。

3. 生徒へ向けてのストレスマネジメント教育の実践

　　　　対　象：中学3年生
　　　　単元名：受験期におけるストレスマネジメント教育

　先にも述べたように，教師研修のあと，現場からの強い要請で生徒たちへ向けてのストレスマネジメント教育が実際に始まった。最初の実践は3年生の6クラスで実行することになった。本来ストレスマネジメント教育は教師が生徒へ向けて，そして生徒とともに実践するのが重要なのだが，今回はストレスマネジメント教育そのものが新しい試みだったため，担任教師についてもらったうえでスクールカウンセラーが実際の指導にあたった。次に具体的な指導内容に関して示したい。

写真10-2／生徒へ向けてのストレスマネジメント教育の実践風景
（写真／京都新聞社提供）

(1) 日　時
　・平成11年1月12日（木）および1月19日（木）
　・1クラス1時限，6クラス合計6時限

(2) 主題設定の理由および指導観

　ストレスマネジメント教育とは，「ストレスに対する自己コントロールを効果的に行なえることを目的とした教育的なはたらきかけ」であり，こうしたはたらきかけによって生徒自身がストレスに対する対処の方法を習得し，活用していくことを目的とする。ストレスに対する対処法を身につけることは，さまざまな身体の病気や心の問題が起こることを未然に防ぐという意味で「予防的な教育」であり，同時にストレスと上手につきあっていくことでよりよい生き方をめざす原動力になるという意味で生徒たちの「心を育てる教育」ともいえる。

　とくに今回は高校受験を控えた3年生に対して，受験勉強での過緊張や学習不安を軽減させるのに有効な「リラックス動作法」や呼吸法の体験学習を通して，ストレスに満ちた受験期を上手に乗り越える工夫を考え出すことを主たる目的とする。

(3) 指導案

学　習　活　動	指　導　上　の　留　意　点
〈導入〉15分 1．ストレスに対する理解 　(1)ストレッサーの理解 　(2)ストレス反応の理解	・ふだんの学校生活の中で，どんな時によくストレスを感じるかを考える 　　　（例）　勉強中に母親にうるさく言われたとき 　　　　　　クラス内の友だち関係を気にしているとき ・「ストレスって，どこに溜まる？」という問いかけでストレス反応について考える

(3)ストレスマネジメント教育の定義	（例）　頭に溜まる，心に溜まる　など ・身体的反応，心理的反応，行動的反応について考える ・「自分（生徒）自身がストレスへの対処法を身につける」ためのものという理解
2．自分のストレスに気づく 　(1)内的な注意集中 　(2)身体への注意集中	・自分の注意がふだんは外的な方向へ向かっていることの理解と，その注意を内的方向に向けることの重要性について理解を深める ・身体への注意集中の練習をする 　　（例）　「頭の上から温かいお湯が少しずつ足の先まで伝わっていくようすを想像してみましょう」という教示を与えて，少しずつからだの感じをなぞりながら身体へ注意を向ける
〈展開〉30分 3．リラックス法 　(1)リラックスするということの理解	・リラックスするということを理解させる 　　（例）　"がんばってリラックス？"は本当にリラックスかな？」という問いかけをして，皆で話し合う ・リラックスするということを体験的に理解する 　　（例）　力を入れること（緊張）と力を抜くこと（弛緩）の違いを体験的に知る 　　　　→簡単な被暗示性テストを利用 　　（例）力の入れ方，力の抜き方を体験的に学び，そのコツを覚える
(2)　リラックス動作法による体験学習	・リラックス動作法による「首，肩のゆるめ」の実習 　　（例）　ひとりで行なう「首，肩のゆるめ」の実習 　　　　「カメが首をひっこめるように，首と肩を縮めて（力を入れて緊張させる），数秒間その姿勢を保持してその後一気に力を抜く（緩める）」といったたとえを使いながら実際に体験する 　　（例）　ペアで行なう「首，肩のゆるめ」の実習 　　　　ペアのほうが体感しやすいことを学ぶ 　　　　相手との援助の体験を通して，互いの人間関係のあり方を体験的に学ぶ
(3)　呼吸法の活用	・自分なりの方法で静かに呼吸をしてみる 　　（例）　大きな呼吸，小さな呼吸 　　　　　　腹式呼吸 　　　　　　肺式呼吸 ・呼吸法を活用しながら自分の気持ちを自己コントロールする方法を体験的に学ぶ 　　（例）　落ち着きたいときは「吐く息」に，がんばりたいときは「吸う息」になど
4．実生活でのストレス対処法 　(1)　普段の生活からもストレスを見直してみよう	・日常的な生活の中からストレスに対処する方法を学ぶ 　　（例）　自分たちの生活のようすをふりかえってみる 　　　　　　身体にやさしく，心にやさしく，脳にやさしい生活をしよう 　　　　→睡眠リズム，食事のリズムはどうかな？ 　　（例）　ふだんの生活でもストレスに早く気づけて，上手にストレスとつきあえるようになろう
〈まとめ〉5分 5．まとめ 　・一連のストレスマネジメント教育の体験を身体の感じに焦点を合わせながらまとめる	・一連のストレスマネジメント教育を行なったことでの感想を話し合う 　　（例）　ストレスマネジメント教育を体験する前と後とでは何がどのように変化したと感じるかを話し合う ・とくに身体の感じの変化について，ストレスマネジメント教育を行なう前と後とではどう違うのかを話し合う

4. 授業のようすと実施後の感想

　生徒たちに行なったストレスマネジメント教育の授業のようすを次に紹介したい。表10-2は授業後の別の日に，全生徒から書いてもらった感想文の一部（本校のスクールカウンセラー活用調査研究の中間報告から転用）であるが，筆者が想像していた以上に生徒たちはストレスマネジメント教育を自分のものとしてしっかりと体験してくれていたことがその内容からもよくわかる。これまで「がんばること」ばかり学校教育の中で教え込まれていたためか，ちょっとした工夫でリラックスした状態が体験できたことへの驚きと感動が感想に多かった。これまで，生徒たちにとって，学校はけっして安らげる場所としては機能していなかったのであろう。以下，指導案にそって授業のようすをみていきたい。

　今回はとくに受験を間近に控えた3年生が対象だったので，学校でのストレスはやはり学習や進路に関するものがもっとも多く出された。自分の思い通りに勉強がはかどらなかったり，勉強しようとしているときに母親にうるさく言われたりしたときにストレスを感じる等の意見が多く出された。

　一方，クラス内での人間関係も生徒たちにとっては大きなストレスの元になっていることが推測できる発言も多く聞かれた。とくに女子生徒にその傾向が強くみられたことは，今後の指導へ向けての課題として注目すべきことである。

　「自分のストレスに気づく」という課題は，ストレスが自分の身体や心にどのような影響を与えているのかに気づいてもらうためのものだったが，ふだんの生活で身体へ注意を向けるということをまったく行なっていないためか，生徒たちには非常にむずかしかったようである。「頭の上から温かいお湯が流れ伝わってきて，それをなぞるように」ということばを通して，身体のいろいろな部分へ注意を向けるという課題を与えたのだが，自分の注意を向けている身体の部分の感じすらつかめなかった生徒が数多くいた。現代の子どもたちの特徴とも考えられるが，心身の一体感が失われつつあることを本校での取り組みでも感じさせられた。

　「首，肩のゆるめ」では，首や肩に力を入れたり，抜いたりする動作を通し「力を入れること（緊張），と力

表10-2　ストレスマネジメント教育の授業を受けての生徒たちの感想（松木，1998より抜粋）

- 思ったより呼吸法が落ち着く事がわかった。
リラクセーションも結構楽しかったし，どの方法もいつでもできることがうれしかった。勉強のあいまに学んだことをもう一度やって身体ごとリラックスしようと思う。

- 勉強中，首や肩に疲れがたまりストレスになることを知った。そのストレスをリラックスして解消できる事を知った。（頭を冷やさず足をあたためること，適当な運動など）

- 普段の行動でやる気が出なかったりしていた。でもいろんな解決法があることを知った。すぐにできることもいろいろ教えてもらったので，役に立ったと思う。「がんばってリラックス」が本当のリラックスでないことがわかった。いろいろなリラックスの方法を学んだので，またやってみようと思う。

- いいリラックスになりました。私は今，受験のことで頭がパニクっていたので，こういうことが知れてよかったです。息のしかたに，このごろ気をつけて心を落ち着かせています。

- リラクセーションは少しはずかしくて思い切ってはできなかったけど楽しかった。一番おもしろかったのは，5円玉が，思った方向に動くのが不思議でした。それに，「がんばってリラックス」するのは本当のリラックスじゃないとわかったので，がんばって落ち着こうとしても，無理だということがわかりました。入試の時はリラクセーションを思い出して肩の力をぬいて臨もうと思います。

を抜くこと（弛緩）」の差を体験的に学んだのだが，ここでも力の入れ方，抜き方のコツのわからない生徒が多くいた。しかし，ペアを組んでの実習を通してしだいに，自分の身体の変化に気がつくようになってきている。ちょっとした友だちへの援助的な動作が身体への気づきを増進させてくれることの気づきは，理屈ぬきに生徒たちの対人関係のスキルの向上に役立った。前述のように，生徒たちの感じるストレスの中の大きな部分を占めているのが対人関係のあり方であることを考えると，ペアを組んでの体験は対人関係の改善に必要なはたらきかけである。相手の肩にふれて，「この人，肩がすごく凝ってる」「この人の手って，すごく温かい」と笑いながらお互いに言い合っている姿は，身体の感じを手がかりにして対人関係の深まりが進んでいったことを感じさせた。また，あるペアの「お前の身体は"アツイ"なあ。お前，いつもカッとなって怒ってばかりいるから"アツイ"奴なんや」という会話からは，生徒たちが体験の中から実に見事に相手の心まで読んでいることに気づかされた。スクールカウンセラーとしても感動の瞬間である。密室でのカウンセリングとは明らかに違った形で，生徒たちにカウンセリングマインドが身についていっていることを感じさせられた。

　呼吸法の練習も生徒たちにとっては印象の深い内容だったようだ。生徒たちの感想の中にも呼吸法のことを取り上げているものがもっとも多かった。いままで注目すらしなかった呼吸のしかたについて注意を向けることで，自分の気持ちのコントロールができることを生徒たちは体験的に学ぶことができた。これまで，呼吸法の調節などの，生活の中であたりまえのこととして取り扱ってきたことが，生徒たちには非常に新鮮なものとしてとらえられていたのには教師も皆，驚きであった。これを機に授業前の時間を使って呼吸法を活用し始めた教師もいた。

　以上，簡単に授業のようすをふりかえったが，全般を通して生徒たちがとても積極的にストレスマネジメント教育にかかわっていたのが印象的であった。ふだん，少し騒がしいといわれていたクラスの生徒た

普段私はストレスというものを感じやすくいつもイライラしていました。昨日（1／21）も受験が近づいてきているプレッシャーや不安を重く感じていました。けれど，リラクセーションを受けて気持ちがだいぶ落ち着いてきたのがわかりました。
　昨日の夜も教わったことを思い出して勉強をがんばりました。心が軽くなった気がします。

自分をおいつめるだけじゃなくリラックスするのも大切なんだということがわかって良かった。

とてもリラックスできたような気がした。肩の力がぬけるっていうのは，これがこんなにラクなことだと知ってびっくりした。これを大いに活用して受験をします。

最初は「全然おもしろくないものだ」と思っていたけど，リラクセーションを受けてみてすごくおもしろかったです。きのう教えてもらったので，今日，きのうとリラックス法をやってみました。まだ，わからないけど，ずっと続けていきたいです。
　時間が少なくてちょっとしか聞けていないので，時間があれば個人的にも行きたいと思います。もっとリラックス法を知りたいと思いました。

「受験前にこんなことをやっても意味ないやんけ」と思っていたけど，受験勉強がはかどらないときに，教えてもらった呼吸法をすると気分がおちついて，勉強がはかどった。教えてもらってよかったと思う。
　ありがとうございました。

はじめは「リラクセーションって何するんやろ？　したら何かいいことでもあるんかなあ？」と思っていましたが，すごく肩の力がぬけてリラックスできました。毎日「がんばれ」しか言わなくて必死にがんばることしか頭になかったけど，力をぬくことも知ることができて，これでしっかり勉強できるかなあ，と思いました。ありがとうございました。これから行きづまった時など，先生の言われたことを思い出してやってみたいと思います。

ちも，身体へのふれあい体験を通しての授業であったせいかまじめに取り組んでくれた。こうした変化もストレスマネジメント教育ならではでないかと感じられた。

5．まとめ

実際に教壇へ立って生徒たちとストレスマネジメント教育を通してふれあう体験をスクールカウンセラーも味わったのだが，さきにも述べたように，この授業を機に生徒たちとスクールカウンセラーとのかかわりが大きく変わった。何よりも親和的で信頼感が増したことは大きい。

この授業のあと，これまでカウンセリングルームの敷居が高くて相談に来れなかった生徒たちが気軽にカウンセリングルームを覗いてくれるようになった。その中には，学習不安の状態が強く不眠や体調の不良を訴える者，確認強迫のために勉強が続けられなくなった者など，個別のカウンセリングを必要とするケースもあり，そうしたケースにはこれまで通りの個別のカウンセリングを実施することですみやかな対応ができた。

このようにスクールカウンセラーが実際に教室に足を運びストレスマネジメント教育を実施したことで，生徒たちとのかかわりが変わり，スクールカウンセラーがより身近な者として生徒たちに受けとめられた。これからのスクールカウンセリングのあり方に一石を投じるものとして大切にしていきたい。

2節　カウンセリングルームを活用したストレスマネジメント教育

初めて公立学校にスクールカウンセラーとして派遣されることになり，打ち合わせのために東京郊外にある中学校を訪問したのは1996年6月末のことであった。1995年度から始まった，文部省（現文部科学省）によるスクールカウンセラー活用調査研究事業を受け入れることに関して，その中学校では職員会議のコンセンサスが得られないまま，カウンセリング室を準備する修繕計画を夏休み中に予定していた。そのようなわけで，市教育委員会や学校管理職のこの事業に対する期待のことばとは裏腹に，スクールカウンセラーは半ば招かれざる客として，緊張をはらんだ職員室に身を置くことになり，その活動がクールに観察される立場でもあった。そのことを当時の筆者は知る由もなかった。

一方で，それまでの私立中高一貫校におけるスクールカウンセラーの経験から，学校不適応などの問題が起きてしまってから生徒にかかわることのもどかしさや，従来の非日常的な枠組みによるカウンセリングでは十分でないという疑問を感じ始めていた。それは，学校の中に身を置くスクールカウンセラーこそが，予防的で，自己開発的な援助を行なえる立場にあるのではないかという気づきであった。学校生活を送っている生徒の日常場面の中で健康度を高める

ようなかかわりができないものかと模索していた時期であった。

1. スクールカウンセラーを活用する生徒や教職員の広がり

⑴ カウンセリング室にセラピーマットのコーナーを

　教室を半分に仕切り，リフォームされた部屋には，動作法を行うためのセラピーマットを置く2畳分のスペースが十分にあった。注文したセラピーマットが届き，大きなダンボール箱をカウンセリングルームに運ぼうとしていると，偶然通りかかった生徒たちが手伝ってくれた。初めてカウンセリングルームに入った彼らは「へーっ」とながめながら，コーナーにセラピーマットを設置してくれた。そして，その用途に興味をもってたずね，その身体の緊張をゆるめる練習をしたいという。

　手伝ってくれたお礼にと臨床動作法の肩反らしと軀幹捻りを行なったところ，「メッチャ気持ちいい」とA君にはとても新鮮な「快」の体験であったようだ。以後毎週「あれ，やってください」と放課後にカウンセリングルームに立ち寄るようになった。A君は，クラス委員や行事の委員長など，学年のリーダーとして活躍していた生徒であった。また，スポーツが得意で体育大会の記録保持者でもあった。成績は中くらいであり，学校においては陽のあたる道を明るく歩んでいるようなイメージのA君が，なぜカウンセリングルームに通うのかと学年の教師たちも不思議に思っていたようであった。

⑵ 臨床動作法によるストレスマネジメントの事例

　A君（中学3年）は12月に偶然体験した動作法を希望して，2月末の受験まで，ほぼ毎週放課後，カウンセリングルームに立ち寄った。

　① 動作内容

　一日の学校生活を終え，「あれ，やってください」と来室するA君の求めに素直に応えて，毎回20分ぐらいで以下の動作メニューを実施した。

- ①あぐら坐位で腰を立てる。背のゆるめと伸ばしを繰り返し，立てた腰の上に上体を気持よく伸ばして置く。肩に不必要な力を入れず，首筋をまっすぐに伸ばす。
- ②あぐら坐位で肩を反らす。胸を開くように，肩をうしろに動かす。動かすときに肩や首，腕に余分な力が入らないように，必要最小限の力で動かす。肩を反らせた姿勢で，肩に入っている不必要な力を抜く。
- ③軀幹ひねり。側臥位にて腰を支点に上体をひねる方向に動かし，背，脇，肩甲骨部位をゆるめる。
- ④仰臥位で身体の内側に気持ちを向け，身体の感じを味わう。

　② 経　過

　12月　A君の肩から背中にかけて，ガチッとした硬さが感じられ，その肩や軀幹部をA君自身がゆるめられるようにと援助を行なった。ゆるめた肩のあたりに，A君はスーッとした軽い心地よさを感じとっていた。いつも何人かの友人が連れ立って来ていたが，それぞれA君のようすを見ていたり，英単語を覚

えたり，絵を描いたり，話をしたりなど，20〜30分間を思い思いに過ごしていた。

そのうち，A君とその仲間に変化がみられた。受験に備えて数学の補習を受けるため，カウンセリング室から「さあて，行くか」と職員室に出かけていくようになった。非行傾向のある生徒もA君についていった。ようやくやる気を出し始めたこの生徒たちに，若い数学の教師はよくつきあって援助を惜しまなかった。

また，年末の大掃除の日，A君たちがカウンセリングルームの大掃除を申し出てくれた。寒い日に手を真っ赤にして窓ガラスを拭いてくれたのは，長く不登校であった怠学傾向のある生徒であった。机やいすなどすべてを廊下に出す男手の頼もしさや，モップでワックスをかける手際のよさに感心した。思いがけぬ助っ人を得て，カウンセリングルームの年末大掃除ができたことを学年の教師に感謝すると，「彼らが掃除をしたのは初めてじゃないかなあ」とおおらかに笑われた。A君とともに大掃除をしてくれたのは，よく授業をさぼっていた生徒たちであった。

1月　クラブ活動を目標に選んだ志望校を，担任からは「もう1つ2つランクを下げないと危ない」と言われたA君は，「でも，よくよく考えてもそこしかないと思って，冬休みはさすがに勉強したよ」と受験に向かう姿勢も定まり，やる気を出し主体的に勉強を続けているようすがうかがえた。

2月　「肩の力を抜いて緊張をゆるめ，あがらずに受験できた」と，A君は受験当日のプレッシャーをコントロールしながら，「やるだけのことはやった」と達成感を実感していた。結果は，見事合格であった。

③　その後

3月　卒業式で答辞を読む。中学校生活をふりかえった卒業文集には，「疲れました」ということばが何度も書かれていた。

卒業後に担任から聞いた話を，以下に紹介する。

> A君はスポーツ推薦が絡んだ進路のトラブルで，二学期は試練の時期であり，自暴自棄に陥る心配があった。家庭でも長男として家事の分担を担い，夜勤のある両親を助けていた。受験を決めかね，勉強をする気が起きないまま日が過ぎていくことに焦りといらだちを感じていたようだ。行事を盛り上げてクラスを引っ張っていく中でクラスメートと衝突し，めずらしく殴り合いになったことがあった。A君の二学期の成績では志望校に受かる確率は低いことを助言したが，志望校を変えなかった。進路に関しては，最後まで一番心配な生徒であったので，合格にはまず驚き，本当に安堵した。カウンセリング室でいろいろと相談にのってもらったおかげと感謝している。

この話によると，カウンセリングルームでA君の求めに応じて動作法を行なっていたことが，学校生活上の困難やプレッシャーをA君が自分自身で乗り越えていくことの力になったらしいことがわかる。なぜなら，担任から感謝されたようないわゆる悩み相談というものを，筆者は行なっていないからである。

④　考　察

A君が求めてきたことは，じっくりと身体をゆるめることであった。筆者はそれに応えて動作の援助に集中しながらも，ただ，なぜこんなにもA君の肩がこわばっているのだろうかと考え，中学3年であることのストレスを察しながら援助した。その結果，A君はゆるめた肩を軽く感じたり，すっと伸ばした背筋に心地よい「快」の感じを味わうことができた。このような動作体験により，安定した自己を肯定的に体験していたと推察される。このように，ストレス状況から自分を開放し，安心・安定した気分を取り戻しながら，みずから前向きな心の姿勢を形成していったものと思われる。こうした心的な変化の結果として，行動も自己の目標にそった前向きな方向にと変わったものと考えられる。従来の，ことばを中心とした援助では得がたい展開であった。

　また，A君のようすを熱心に見ていたわりには，自分は「遠慮しておく」と距離をとっていた茶髪・ピアスの生徒たちの行動も，A君につられるように変化していった。学年の教師らにとって，彼らが放課後の勉強に参加したり，カウンセリングルームの大掃除をしたということは信じがたい変化であったらしい。彼らはカウンセリングルームで何をするというわけではなかったが，ただA君と筆者とのかかわりをみていてもよい場であり，間接的にであれ安心感や安定感を得られる場として機能していたのかもしれない。説教や強制では，反発しか招かなかったであろう補習や掃除に能動的に参加し，一仕事終えたことへの自信（前向きの心）を形成していったに違いない。

　学校の中で行なうカウンセリングで，いわゆる1対1の面接にこだわることは現実的ではない。授業の合い間や短い昼休みや放課後に友だちと連れ立ってくる場合にこそ，さりげなく確かな関係を築いていくことが求められている。この動作法を身につけているおかげで，いまある時間で，側に人がいる中でも，いつでもどこでも気軽に柔軟に対応できる。カウンセラーが異性の生徒とかかわる場合には，むしろ，1対1よりは側に人がいる場合のほうが適当であると考えている。

(3) 校内研修でのリラクセーション効果

　年度末の校内研修会で，カウンセリング室の利用状況について話す機会が与えられた。実は，カウンセリング室がオープンしたばかりの9月の校内研修会で話すようにと言われたときには，慣れない学校で全教職員を前に話をすることに気後れし，次の機会に延ばしていただいた経緯があった。その校内研修会においては，全体の利用状況と，各学年1例ずつの事例報告とを行なった。1年は不登校生徒との描画を用いた面接の経過を，2年は多動で教室に落ち着けない生徒と碁並べや動作法などでかかわり，教室に落ち着くようになった経過を報告した。3年はA君とのかかわりを報告した。その際，教職員と動作法のデモンストレーションを行なったことで，楽しい雰囲気の研修会となった。

　かかわったケースの担任とはそれぞれ個々に連携がとれていたが，この研修

会ではカウンセリングルームの全体的な利用状況について全教職員に伝えられるよい機会となった。また，カウンセラーはどんな人で何ができる人なのかについても知っていただけたと思う。それまでは，カウンセラーというのは問題のある家庭の過去を分析し，問題のある人の心をみぬく人というような誤解をもっていぶかしく思っておられた方や，教師の領域を侵されるような危機感をもっておられた方，あるいは，現実離れした不安や期待をかけておられた方なども，それぞれ現実的で等身大のカウンセラー像に修正していただけたのではないかと思う。

A君の事例については，「カウンセラーも教師と同じように，ふつうの生徒の成長をも援助する人」として認められたことで，当初から感じていた目に見えないバリアも薄くなったように思えた。

(4) 学校教師が求めるストレスマネジメント教育の研修

スクールカウンセラーとして勤務する中学校において，校内研修会の講師という役割をふられたのは初めての経験であった。1年目は何事も初めてであったが，講師という役割には，とくにプレッシャーを感じたことを覚えている。しかし，動作法でかかわったケースの説明上，身体をゆるめるデモンストレーションを行なうと，場の雰囲気も和らぎ，筆者自身もリラックス感を体験することができた。このことにヒントを得て，以後の教職員研修においては，臨床動作法のワークショップを適宜取り入れた。すると，教師自身が知らず知らずに力が入っている自分の肩に気づいたり，その肩をなかなかゆるめられない自分にとまどったり，それぞれの発見があった。肩がゆるんだことで，気持ちもゆったりとリラックスし，一風変わった「元気になる研修会」ができたと感謝された。その後，どこの学校に伺っても，忙しい中でがんばっているまじめな教師が，相当疲れを溜めているようすがうかがえた。

① ストレスマネジメント教育との出合い

1998年3月21日土曜日の夕方，偶然，京都のバス停で冨永先生（本書編者）をお見かけし，あいさつをすると，カバンからチラシを出して下さった。見ると，翌日，神戸において開催される研究会のお知らせであった。「授業に活かせる教師のためのストレスマネジメント教育」という，魅力的なタイトルを見て，すぐに参加を希望した。翌朝，神戸へ向かい，大勢の教師らとともにストレスマネジメント教育の講義（冨永，1998参照）とワークショップに参加することができ，大きな収穫であった。

② ストレスマネジメント教育の紹介

1998年8月，都立教育研究所主催の教員研修に，講師の一員として参加した。現職教師を対象にした年間のスクールカウンセラー研修プログラムの一環として，夏休み中の3日間に集中して行なう講座であった。10名くらいの小グループに分かれて，ロールプレイの演習を行なうというもので，その一つのグルー

プを筆者が担当した。グループは幼稚園，小学校，中学校，高校の教師からなっていた。そこで，以下のような予定をたて，プログラムの3日目に神戸で学んだストレスマネジメント教育の紹介を行なうことにした。

　1日目：ウォーミングアップ・設定課題によるロールプレイ
　2日目：持ちより事例によるロールプレイ
　3日目：授業に生かせるストレスマネジメント教育のロールプレイ

　メンバー全員で行なう3日目の集団ロールプレイは，道徳の授業という設定で実施した。メンバーは全員生徒のロールを取り，筆者が担任のロールを取って模擬授業を行なった。内容は兵庫教育大学ストレスマネジメント教育臨床研究会の授業案に基づいた。終了後に，表10-3のような感想が得られた。

③　ストレスマネジメント教育の普及

　初めて，ストレスマネジメント教育を紹介したその研修グループのメンバーが，その後も校種を越えて自主研修の集いをもっている。これは，相手の肩に手を置いて行なうペアワークによって生まれた，グループの和の力によるものが大きいと思う。それに加えて，身体を通した心のコミュニケーションを実感することができた技法を，もっと確実に身につけたいという強い動機にも裏づ

表10-3　研修後の感想

・からだを動かすこと，そして，だれかが側にいていっしょにやってくれる人がいることが，こんなに気持ちよく，安らかな気分にさせてくれることに驚いた。幼稚園にもどったら，職場のみんなにも広めたいと思う。/幼稚園教諭
・いまとっても，ゆったりとした気持ちです。このまま，ずっと，ぽうっとしていたいなあと感じています。身体を少し動かし，力を抜くことで，心・気持ちまで，変わっていくなんて，驚きです。/小学校教諭
・1クラス何十人かを相手にする学校で，カウンセリングマインドだけでなく，何らかのスキルが必要だと思っています。構成的グループ・エンカウンターなどいろいろありますが，ストレスマネジメント教育を今日，教えていただき興味深く思いました。いじめ，不登校の問題にも効果があるようで，心の不安，イライラをほぐすスキルとしておもしろいと思いました。/小学校教諭
・とても興味深く体験できました。気持ちを自分の身体に向けることなどない日々で，どこか感じる心が鈍くなっていることに気づきました。ことばだけでなく，温かい何かを感じさせる動作は，養護教諭には不可欠のもの。ゆったりした心の余裕を忘れていました。ことばにオロオロさせられていた自分の存在を感じました。癒しとは親身になってくれるだれかの側にいるだけで感じ取れるものなのだとも感じました。3日前よりずっと元気になった，やさしくなった自分を感じています。/小学校養護教諭
・肩の力が抜け，リラックスし，終わったときにはやさしさが胸いっぱいにあふれました。ここ数日，自分の悪いところに気づくばかりで，つらい傷が癒された気分です。授業開始に生徒に用いてみたいと思います。/中学校教諭
・心の落ち着きを取り戻し，リラックスを体験する，ことばによらないコミュニケーション方法としてたいへん参考になりました。現場で何らかの形で自分なりに実践してみたいと思います。生徒だけでなく，家族や友人にもやってあげたいと思います。/中学校教諭
・ホームルームでするのは正直むずかしいと思うが，1対1の関係の中で話さない生徒とのかかわりで有効と思った。高校生との関係はどうしてもことばに頼ってしまうことが多いが，この3日間で体験することの重要性をしみじみと感じた。ことばに頼らないコミュニケーション法の引き出しをいくつも持っていないと，やっていけないなあと考えさせられた。/高校教諭
・ストレスマネジメント教育でもそうでしたが，この3日間の一番の発見は，「ゆったりした気持ち」は人間にとって本当に大事だなということです。解決しなければならないことを，すぐに解決しようというのが教員の使命のように感じていたが，いまは，その先の未来に生徒が目を向けてくれるように，いろいろと考えなければという気がしている。/高校教諭

けられている。

　このグループでの手応えのある経験から，ストレスマネジメント教育を教師に積極的に伝えていきたいと思うようになった。以来，小・中学校の校内研修会や，教育委員会主催の研修会の講師を依頼されると，可能な限り都合をつけて出かけ，ストレスマネジメント教育の実際を紹介しており，その評判もよい。研修で実際に体験してみてよかったと感じた教師が，個々に教育実践に取り入れておられるようだが，一回きりの研修が多く，その後のフォローができていないことが今後の課題として残されている。

　④　ストレスマネジメント教育の継続研修

　東大和市教育委員会主催の夏期研修には3年連続してかかわってきた。1年目は臨床動作法のワークを，2年目はストレスマネジメント教育の紹介を行なった。

　3年目はストレスマネジメント教育をより実践的に体験し，2学期からの教育活動に生かせるようにと工夫した。ビデオ「学校におけるストレスマネジメント教育」（山中，1999）を見たあと，研修室を教室に見立ててストレスマネジメント教育の実際を演習した。まず，筆者が中学1年生のクラスで行なうモデル授業を実施した。続いて，参加者全員が2学期より実践する場面をイメージして展開を試みた。教師役には，現在かかわっている子どもに行なうつもりで，用いることばをアレンジしながら教示方法を工夫してもらった。どなたも，担当している子どもに見合った演技に，さすがにプロ教師と感心させられた。他のメンバーは全員で指定された学年の生徒役割をとった。すると，教師役の教示に引き込まれて小学1年生にタイムスリップしたような体験をしたり，小・中学生や，クラブ活動での野球部員などの役割をとることで，それぞれの子ども体験をすることにもなった。そして，そのつどメンバーとのシェアリングを行なった。3年連続参加している経験豊富な教師，研修内容を聞いて参加された実力ある中堅の教師，初任者研修で参加しているフレッシュな教師など，経験年数にバラエティがあったことで，さらに意外な発見や新鮮な学び合いに恵まれた研修となった。なによりも，笑いのある楽しい雰囲気の中で，参加者一人ひとりの生き生きとした表情が印象に残った。

〈小学1年生のクラスにおけるストレスマネジメント教育の教示例〉

　今日のこの時間は，不思議なお楽しみの時間です。何が始まるのかなあー？（両手で口に手をあてて）先生の真似をしてください。口。そう。耳（両耳をつまむ）。そうそう。頭（両手を頭に置く）。そうね。肩（両肩に手を置く）。そう，ここが肩ですよね。いまから肩を使いますよ。いいですか。では，手をゆっくり下ろしましょう。はい，肩にね，お花の種をまきました。パラパラッ。さあ，そろそろ芽が出てきますよ。ほら，ムク！　ムク！　ムクムク！（両肩を両耳につくくらい上げる）。出た，出た，芽が出たねえ。あれ，葉っぱも出たよ。ムク！　そうです。それではここで，ひと休み（肩を下ろす）。ほーらほら，肩の上でお花が開きそう。ふわー，開きましたよー。どんな花が咲いたかなー？

小学1年生にはどのように導入するのかと，皆が関心をもって生徒役になった。すると，上記のような教示に引き込まれ，ついつい先生の動作を真似ていた。肩に注目を集めるまでのゲーム的な楽しい導入や，イメージの豊かな時期にある子どもにスッと入るような見事な発想による教示法に驚かされた。ストレスマネジメント教育の授業を教師が行なうことの利点として，クラスの子どもをよく把握しているということがあげられるエピソードといえる。

〈中学校野球部顧問が行なう漸進性弛緩法の実践〉

1日目に見たビデオ「学校教育におけるストレスマネジメント教育」の中で，社会人野球部のトレーニングとして漸進性弛緩法が行なわれていた。研修終了後，夕方からの部活指導に出かけた野球部顧問は，さっそく見よう見まねで整理体操の仕上げに漸進性弛緩法を行なってみたという。すると，ダレーッとしたまま，だれもグラウンド整備にとりかかろうとしないので困ったというエピソードが語られた。2日目に見たビデオ「こころを育むストレスマネジメント技法」（山中・冨永，1999）では，漸進性弛緩法の教示手順が丁寧に示されており，その中に目覚めの動作が組み入れられていた。「これだ！　今度はこれを忘れないようにしよう」。3日目には，セラピーマットを用いて漸進性弛緩法の教示のしかたを練習した。研修と並行して野球部顧問として実践を重ねてきたその教師は，その教示の間のとり方が絶妙であった。指導者みずからがまず実技研修を体験することが不可欠であるが，さらに，実践に照らしながら，研修で再確認しつつ熟練していくプロセスの重要性を示す実例といえる。ビデオを用いて自己研修による再確認ができるようになったことも，幸いである。

2．YOUR ROOM（ゆ～る～む）で肩凝り予防教室

(1) カウンセリングルームにおけるストレスマネジメント教育の実践

これまで，授業やクラブ活動，あるいは保健室でのかかわりに生かせるストレスマネジメント教育を紹介する教員研修を重ねてきた。その成果に勇気を得て，カウンセラーの持ち場であるカウンセリングルームにおいて始めたストレスマネジメント教育が「肩凝り予防教室」である。全校生徒に「肩凝り予防教室」の案内（図10-1右）を配布すると，配布当日，放課後になるとさっそく女生徒がグループで集まってきた。そして，部屋に入るだけ準備していた十数脚のいすが足りなくなったことに驚かされた。しかも，参加した生徒たちは，皆肩凝りのもち主であることにも驚き，ニーズの高さを発見することとなった。

(2) カウンセリングルームの新しいイメージづくり

1999年度より勤務しているこの中学校では，落ち着いて授業が行なわれているので，その静かな授業時間を利用して教員への相談室便り「YOUR ROOM（ゆ～る～む）」（図10-1左）を発行している。目的は，「相談室に生徒を紹介

しづらい」という教師のことばに代表されるような、暗くて閉鎖的にとらえられている相談室のネガティブなイメージを改めたいことにある。生徒に相談室を勧めることは、生徒に悪いレッテルを貼ることであり、相談室に生徒が世話になることは担任の力量不足であるかのような教職員の認識を払拭したいと思っている。

同様に、生徒にも開かれた相談室のイメージをもってもらいたいと思うが、「なんでも気軽に相談ください。秘密は

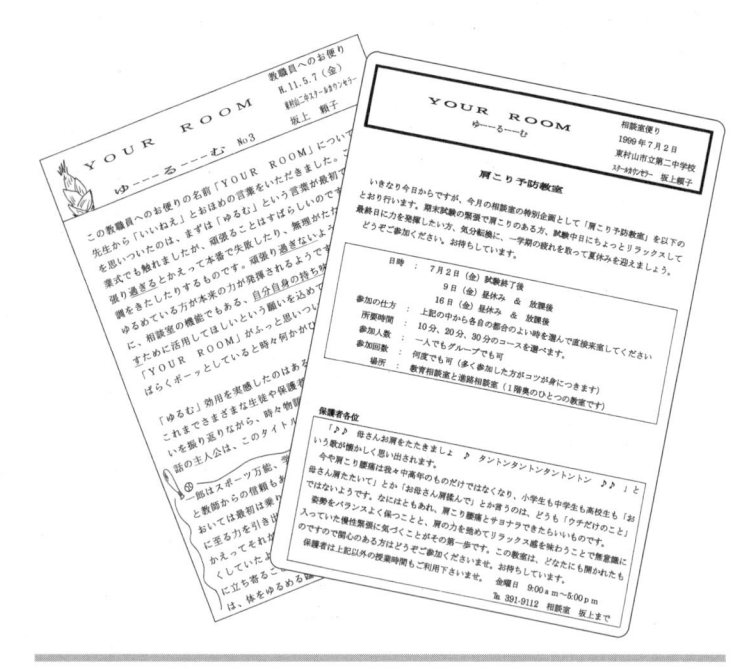

図10-1　YOUR ROOM

守ります」というお知らせでは逆効果になりかねない。相談室はなにか深い悩みがある特別の人が行く所であるという固定観念を拭うのはなかなか手強いものと思われた。そこで、「肩凝り予防教室」という意表をつくお知らせで、新しいイメージづくりをめざしている。

(3) がんばりすぎている学校におけるストレスマネジメント教育

生徒たちは落ち着いて授業を受け、委員会活動や行事に取り組み、クラブ活動のあとで塾にも行くという忙しい生活を送っている。生徒が保健室に来るときには、具合が悪く早退をしたほうがよい状態がほとんどであるという利用状況にある。そして、相談室を利用する生徒はこれまでの筆者の経験にはない少なさであった。そして、生徒だけではなく、肩凝りや不眠を訴える教職員も少なくない。次々とやらなければならないことに取り組む忙しさの中で、知らず知らずのうちに肩に力が入ってしまうであろう体験のしかたが容易に想像される。その慢性緊張が肩に凝りとして現われてきているのであろう。このような学校において「気軽に相談を」と呼びかけることは、生徒の心情とズレて空々しく響くことになろう。まさに、ストレスマネジメント教育が有効であると思われる。緊張のため大事な場面でせっかくの力が出せないという体験のしかたではなく、不必要な力をゆるめてゆったりとした心を取り戻して目前の課題に取り組むという体験のしかたによって、自身の実力を十分に発揮してもらいたいと思う。

3．全員が行なわなくてもよいストレスマネジメント教育

　最後に，経験から学んだ留意点を述べておきたい。ゆるめることにまじめに取り組みすぎて，がんばってゆるめようとした結果だと思われるが，何かがこみあげてきて吐き気を訴えた教師がこの1年半のかかわりで2名，涙がとめどなく流れた教師が1名あった。いずれも，動作直後に自分の身体に注意を向けたときは，楽になった身体を感じており，一人は約20分後に，もう一人は3時間後くらいの夕食時に吐き気を感じている。涙が止まらなくなったのは，研修当日の夜とのことであった。

　いままでと異なった動作体験をすることは，そのことだけでも実はたいへんなことであり，その後，自分の身体にゆったりと注意を向けて感じとるということも，忙しい教師にはまれな「快」の体験である。感受性が高まった身体や心の内側から，押しやられていた不快なものが動き出すことがあって当然と考えられる。がんばりすぎて無理のある体験のしかたに気づいたことで，仕事のしかたにおいても力みすぎないように心がけていってほしいと願っている。

　学校でストレスマネジメント教育を行なうときには，全員に無理強いしないことが大切であるといわれている。しかし，これまでの教員研修では全員参加で行なってきたことを私の反省点として，今後の課題にしたい。

11章 教師のための ストレスマネジメント教育

ストレスマネジメント教育を考えるようになった契機は，子どもたちのストレスの実態から何らかの予防的措置をとる必要性を痛感したからだと4章で述べた。実は，もうひとつ理由がある。それは教師のストレスや子どもの見方・接し方にかかわる問題である。教育は，教師と子どもの人間関係を基盤にした相互作用によって成立しているのだから，教師のストレスや子ども観はそのまま子どもの成長に影響する。そこで，本章では教師のストレスの実態や，その対応策としてのストレスマネジメント教育の有効性，教師研修の留意点などについて述べる。

1節　ストレスマネジメント教育を考えるようになったもうひとつの理由

1．教師のストレス

現在，教員採用試験の合格率はきわめて低い。採用試験は都道府県単位で実施されるために県によって若干のズレはあるが，少子化にともなって1990年ごろからその傾向がめだち始めた。残念ながらその傾向はまだ数年続くと予測されている。教師を希望している学生にとっては受難の時代である。そのため，多くの学生が教育実習に参加して教職への動機が高まると，3年次から，早いものは2年次から採用試験の準備を始める。その努力が報われて，採用通知を手にした学生が嬉々とした表情で教育現場に巣立っていく姿をみることは，教員養成学部の教師をしている者にとって大きな喜びである。

教師1年目の彼らからの電話や手紙でのようすは，おおむね明るい。初めてクラス担任を受け持ち，同時に初任者研修を受けなければならないので忙しく，思い通りに授業ができないとか，子どもの指導に手をやいているとか，なかには初任者研修の担当教員とうまくいかないとか，愚痴もいろいろあるが，教師という職業に夢と希望をもっている。夢や希望はストレスの特効薬である。少々辛いことがあっても，がんばれる。

初任者研修を終え，2年目，3年目と徐々に学校に慣れて，4～5年もすると2校目に転勤ということになる。4～5年というと，大学を卒業して教職に就いた場合には26～27歳以上になっており，この2校目の転勤間際か2校目在職中に結婚する教師が多い。こうして3校目に赴任したころからしだいに夢や希望を語ることが減っていく。年のころならば30歳代前半で，結婚して一児か二児の父母となり，業務分掌が多くなるころである。赴任したばかりの教師に対して，学校に慣れるまで業務分掌やクラブの顧問などを担当しないですむよ

うに配慮する余裕が、いまの学校にはない。とにかく忙しい。ひとりでいくつもの役割を担い、疲れている教師が多い。たとえば、①学習指導者としての役割、②生活指導者としての役割、③評価者としての役割、④クラス経営者としての役割、⑤学習者・研究者としての役割、⑥さまざまな校務担当者としての役割、などである。このような教師としての専門性に加え、地域・社会の中で公共性や社会性を求められる。1年目にしてやめたくなる教師は、教育に対する夢や希望をもちながら完全癖が強くて自分の未熟さを許せないタイプが多いが、10年もするとしだいに多くの役割と忙しさの中で疲れてしまい、ストレスが溜まっていく。そして、夢や希望を語ることが少なくなっていく。勝俣ら（1983）が紹介している1981年の栃木県教職委員協議会の小・中学校教師に対する調査データによれば、「忙しくない」と感じる教師は4％弱に過ぎず、大半が忙しさを感じていた。その原因としては、70％以上が「雑用的事務が多すぎる」をあげていた。さらに、小学校では「持ち時間が多すぎる」、中学校では「学校教育への負担荷重」が続いていた。高度情報化にともなうコンピュータ教育の導入や週休2日制の導入による授業時間の確保などで、調査から20年たった現在もこの傾向はほとんど変わっていないか、むしろ強くなっているのではないかと思われる。限られた時間の中で多くのことをしなければならないという時間的切迫感に加え、「不登校」「いじめ」「学級崩壊」など、子どもへの教育援助のむずかしさが、教師のストレスを増加させ、心身の不調を引き起こす原因のひとつになっていると推測される。

　表11-1は、文部省中等教育局地方課による、昭和63年度～平成9年度までの病気休職者数およびそれに占める精神性疾患者数（自律神経失調症、神経症、心身症、うつ病など）の調査結果をまとめたものである。これによると、年々精神性疾患が増加しており、平成9年度は病気休職者の3人に1人が精神性疾患という結果を示している。これは休職した教師の数であるが、教師をとりまく教育的状況は社会変化につれてきびしくなり、休職にはいたらないまでもかなりの教師がストレスを感じていると考えられる。休日明けの月曜日に欠勤す

表11-1　病気休職者等の推移 (文部省, 1998)

		1988年(昭和63)	1989(平成元)	1990(平成2)	1991(平成3)	1992(平成4)	1993(平成5)	1994(平成6)	1995(平成7)	1996(平成8)	1997(平成9)
在職者数	(A)	995,460	997,215	998,112	1,001,432	992,700	984,115	976,220	971,027	964,365	958,061
病気休職者数	(B)	4,004	3,671	3,701	3,795	3,730	3,364	3,596	3,644	3,791	4,171
精神性疾患者数	(C)	1,090	1,037	1,017	1,129	1,111	1,113	1,188	1,240	1,385	1,609
在職者数比(％)	B/A	0.40	0.37	0.37	0.38	0.38	0.34	0.37	0.38	0.39	0.44
	C/A	0.11	0.10	0.10	0.11	0.11	0.11	0.12	0.13	0.14	0.17
	C/B	27.2	28.2	27.5	29.7	29.8	33.1	33.0	34.0	36.5	38.6

「在職者数」は当該年度の「学校基本調査報告書」における公立の、小学校、中学校、高等学校、盲学校、聾学校または養護学校の校長、教頭、教諭、助教諭、養護教諭、養護助教諭、講師、実習助手および寮母（本務者）の合計

る教師が多くならないかを心配している管理職も少なくないと聞く。

　教師社会は，知的水準，社会的地位，経済状態が一定で，制度的にも階層構造が比較的小さく，教師各人が責任ある独立した仕事を完全に遂行するように要請される。しかも，日常生活でも一定の道徳的規範を要求されることが多く，対児童・生徒，対児童・生徒の保護者，対同僚，対上司，対地域社会という多様な対人関係の中で精神的緊張にさらされることが多いといえよう。こうした職業上の特殊性に加えて，1999年12月の京都の小学校における刺殺事件（表11-2）や和歌山での中学校の事件等など，子どもと教師の生命を脅かす事件が続いている。もはや学校は安全な場所だとはいえなくなった。いつ何が起こるかわからないストレスフルな社会環境の中で，学外から突然危害が加えられる事態に対応して子どもの安全管理に配慮しながら，子どもの教育にあたることは，教師にこれまで以上のストレスを強いる危険性をはらんでいる。

表11-2　京都小学生殺傷事件

1999年12月，京都市伏見区の住宅や田畑に囲まれた小学校のグラウンドで事件は起きた。冬休みを真近に控えた午後のグラウンドで友人数人と遊んでいた小2男児が，校内に入ってきた若い男に突然ナイフで切りつけられて死亡した。容疑者の男は学校教育全般への不満ともとれる内容のメモを残して自殺したが，子どもや保護者および学校関係者に与えたショックははかりしれない。

　しかし，制度的・社会的条件といった環境要因はすべての教師にあてはまることであって，それが個人的要因（パーソナリティ，自己コントロール能力，教職技術の未熟さなど）と結びついたときに，ストレスが誘発されるのである。したがって，心身の健康を保持するためには，国・県・市町村の教育委員会や学校が一丸となって時間的ゆとりや安全管理などに関する教育環境を整備すると同時に，教師自身がさまざまなストレスに対する自己コントロール能力を身につけるように努力することが重要になる。とはいえ，教師が自分自身のためにそのような時間を割くことは容易ではない。そこで考えるようになったのが，子どものためのストレスマネジメント教育に関する研修の中で，教師自身がリラクセーション体験やストレス緩和を実感できるようにすることである。その体験を契機に自分自身のためにストレスマネジメントに取り組み，さらに子どものストレスマネジメント教育にあたるようになれば，自信をもって子どもの指導に臨める。その結果，子どものストレス緩和や予防がはかられ，子どもの成長に少しでもかかわったと実感できるときに，教師は癒される。

2．教師による体罰

　マスコミで子どもに対する体罰や教師の問題行動を目にするたびに，ストレスマネジメント教育を通して，子どもに対する見方や接し方を啓蒙し，教師の子どもへの感受性を高める必要性を考えるようになった。教師の体罰は子どもを傷つけ，子どもの親や教師自身の心も暗くする。実際，体罰は次のような立場から否定されている。

　①学校教育法第11条（体罰の禁止）の法的根拠に基づき，子どもの人権を主張する

立場
②教育方法論上の観点から，体罰は愛の鞭ではなく，教育の基盤である教師と子どもの信頼関係を破るものとして，その有効性を否定する立場
③教育的有効性がないばかりか，体罰を受けた子どもやそれを目撃した子どもの発達に悪影響をもたらすとして，行使を禁止する立場

　しかし，現実に体罰は行使されている。身体に直接的に危害を加えないようにして行使されるものも多い。たとえば，ある中学校でたまたま数名の生徒が水泳の授業中に教師の話に注意せずしゃべっていた。その罰として，水着のまま炎天下のグランドを素足で走らされたというのである。その罰を与えられたのはしゃべっていた生徒だけではなく，全体責任として全員が水着のまま走らされたという。しかも，そのようすは教室から見えていたにもかかわらず，だれもそれを止めなかったという。だれが見ても行き過ぎだと思えるような状況があっても，それを止めたり，諫めることができない雰囲気が現在の多くの学校にはあるという。教師間の信頼関係や連帯感が希薄だからである。水着のまま走らされた生徒は何を思ったのだろう。「全体責任」の名のもとに全生徒が罰を与えられていることをしゃべっていた生徒たちはどう受けとめただろう。もし，その教師が生徒のストレスという観点から生徒の身になって考えたら，きっとそういう仕打ちはできなかったのではないだろうか。相手の身になる想像力の乏しさが子どもを傷つけるのである。子どもはクラスや集団内の全体責任に弱い。自分が原因でクラス全体が責任をとらされることを気にして，クラスメートに迷惑をかけないようにという思いから欠席する生徒もいる。

　体罰とまではいかないが，日常的に子どものストレスを誘発するような言動も多い。宿題を提出できなかった生徒に対して「勉強をやる気がないのならば，義務教育ではないのだからさっさと学校をやめてしまえ」という高校教師。仮に教師本人は生徒を発憤させるつもりでそう言ったとしても，ストレスフルな状況にいる生徒には意図通りに伝わらないということがわかっていない。昼食時間よりも早く弁当を食べた生徒に「お前は犬以下。犬はお手，待てと言えば言うとおりにするのに，お前はそれもできない」と言う教師。ことばの暴力である。どのような崇高な教育理念を掲げたとしても，子どもと直接かかわる教師がこのような状態ならば，日本の学校教育は荒廃していかざるを得ない。もちろんそのような行動をとる教師は一部であって，多くの教師は子どもの教育に心を痛めている，と信じたい。

　体罰に関する教師の対応のしかたを考えると，①体罰の効用を肯定し，体罰を行使する教師，②体罰を否定し，けっして体罰を行使しない教師，③体罰を否定はするが，心ならずも体罰を行使する教師，に分けられる。①に属する者は，対人援助職としての教師の専門性を放棄した者であり，教師とよばれる資格はない。体罰を行使する教師の多くは③に属するのではないだろうか。その

場合，教師としての指導力の未熟さから即効性を求めて体罰を行使するというだけではなく，教師自身がストレスを溜め込んでいて，子どもとの信頼関係に基づくはたらきかけや，時間をかけて子どもを見守る精神的ゆとりがないことも影響しているのではないかと思われる。そういう時に，教師のほうがつい感情的になり，体罰を加えてしまうこともあるだろう。子どもがいう「逆ギレ」である。理由の如何にかかわらず，体罰は身体的苦痛と不安や恐怖心によって人を押さえつけてしまう暴力であることに変わりはない。一方，ストレスマネジメント教育は，安心感を基盤に自尊心や自主性をはぐくむ教育援助であり，他者を思いやる想像力を拓く教育である。したがって，教師がストレスマネジメント教育に関心をもち，その必要性を実感すれば，当然子どもに対する見方，接し方，はたらきかけ方が変わり，体罰も少なくなると考えられる。

3. 傷ついている教師

　教師に対する非難が多い。体罰をはじめ，目をおおいたくなるような教師の素行がマスコミで取り上げられることはめずらしいことではなくなった。しかし，その非難が生徒や保護者から直接教師の耳に入ることは少ない。匿名電話で教育委員会や校長に苦情が寄せられ，それが「関係者」に伝えられる程度であろう。「当事者」ではなく「関係者」というのは，担任を名指しにすると，もしも自分の名前を特定されたときにわが子に危害が及ぶのを恐れ，匿名電話でさえ「何年のあるクラスでは…」というようにしか言えず，結局，問題の教師には直接伝わっていかないからである。多くの保護者は，言いたいことはあっても，わが子を人質にとられているような気持ちになり，それを言えずにいる。そこには教師と保護者の信頼関係はない。お互いが対等に心を開いて話し合う機会をもたないから，保護者のほうも学校がどういう事態になっているかがわからず，わが子の言うことを鵜呑みにして学校や教師を非難する。そういう非難の中で，心ある教師が傷ついていることはあまり知られていない。

　生徒と気持ちを通わすことができず，知識だけを必死に伝えようとする教師。生徒に背を向け，黙々と黒板に公式や模範解答を書き続け，「わかったか!?」と言うときだけ生徒に顔を向ける教師。教えることに自信をなくして学校に行けなくなる教師。生徒の挑発的な言動や無視に傷ついてやる気をなくした教師。やる気をなくして自分の世界に閉じ込もる教師。生徒の暴力に怯える教師。逆に生徒に乱暴にふるまうことで自分の弱さや未熟さを防衛する教師。教師の傷つき方も原因もいろいろある。教師のほうに原因がある場合もあれば，保護者や子どものほうに原因がある場合もある。さまざまな要因が複雑に絡んでいる場合もある。そうした傷つきの原因のひとつに，子どもに対する無理解やコミュニケーションの不足によると思われるものがある。もし教師の傷つきが教育の中で生じたことならば，教師として生きるかぎりは，その傷つきは教育の中

でしか癒されない。そして，傷つきの原因が子どもとのコミュニケーションにかかわることならば，その傷つきは子どもとのかかわり方によって癒されるはずである。

　教員養成大学や学部では，「教育職員免許法」で示されている免許習得のために必要な科目（免許科目）として，「教育心理学」や「学校教育カウンセリング」が課されている。いずれも大学で開講されている科目名は若干異なるかもしれないが，「教育心理学」は，子どもの心身の発達および学習過程を含む「教育の基礎理論に関する科目」にあたる。「学校教育カウンセリング」は，教育相談の理論および方法を含む「生徒指導，教育相談及び進路指導に関する科目」にあたる。そして，カウンセリング・マインドが説かれる。そのこと自体は必要なことであるが，それだけでは不十分なのかもしれない。もちろん，大学生の場合は教師になる前に習得する知識なので，その必要性に対する認識が甘く，実際の教育活動に生かせるように学習していないのかもしれない。しかし，教師になってからも生徒理解や教育的援助を目的とした研修会があり，カウンセリング・マインドについても講義を聴いたり本を読むと，頭ではわかるが実際に生徒を前にするとどうしてよいかがわからないという教師が多い。ということは，従来からの知識中心の教育や研修では子どもに対応する力を養えないということかもしれない。

　もしそうならば，ストレスマネジメント教育を大学教育や教員研修に導入することによって，体験重視型の教育や研修を深め，これまで以上に子どもと心を通わす実践力と応用力をもった教員養成が可能になるのではないだろうか。それは教師自身の癒しにもつながると思われる。

2節　教師研修プログラムとその効果

1．プログラムの概要

　研修時間の長さが異なっても，研修プログラムは基本的には講義と体験実習からなることに変わりはない。現在，「ストレスマネジメント教育臨床研究会」が開催している初心者用の研修会では，2時間を1コマとし，一日に3コマを設けている。それぞれの内容は表11-3のとおりである。

　1時間目は，子どものストレスが時間的切迫感や友人関係などによって生じること，教師の場合もストレスに関しては共通点があることなどを，1章に示しているラザラスとフォルクマン（Lazarus & Folk-

表11-3　教師のための研修プログラム（初心者用）

時間	講義内容	実習内容
1時間目	子どものストレスとストレスマネジメント教育の必要性	呼吸法・漸進性弛緩法
2時間目	授業への導入とペア・リラクセーションのねらい	肩の上下プログラム
3時間目	学校での展開とペア・リラクセーションの留意点	肩の反らせプログラム

man, 1984)の心理社会的ストレスモデルを用いて説明する。なぜならば、彼らのモデルは問題解決志向的なアプローチを工夫する際の手がかりとして役立つからである。しかし、それだけでは不十分なので4章で説明したような「体験原理」に基づくストレスマネジメント教育の必要性を説く。さらに、ストレスマネジメント教育は弱い子どもや教師が受ければよいという偏見をもたせないために、競技スポーツ選手はストレス予防のために呼吸法や漸進性弛緩法などに取り組んでいることをビデオ（山中, 1999）などによって解説し、ストレスマネジメントが必要なのは教師も同様であることを説く。実習では、他者に対する配慮を必要としない状況下でリラクセーション体験を得られるようにするために、仰臥位で呼吸法、漸進性弛緩法の順に指導する。漸進性弛緩法が終了したところで参加者の感想を聞き、主観的なリラックス感を確認する。この場合、リラックス感をはっきり実感できない教師もいるので効果を目に見える形で現わすために、実習の前後にスピールバーガー（Spielberger et al., 1973）の状態不安を測定し、その結果をフィードバックしている。なお、この研修会をはじめ、筆者が指導者として招かれた学校内研修会や養護教諭の自主研修会などに参加した教師はこれまで約1000名ほどであるが、実習前後に状態不安得点が変化しない教師が一人いただけで、その一人を除くすべての教師は図11-1に示すように不安得点が下がることが確認されている。

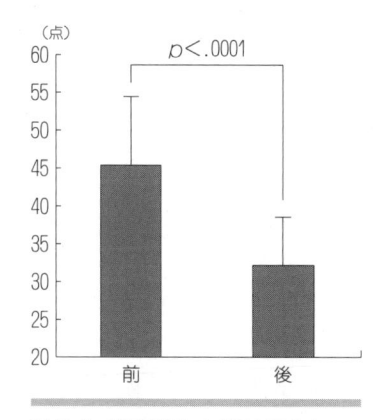

図11-1 教師研修におけるリラクセーション前後の状態不安得点

　2時間目は、ストレスマネジメント教育の導入とペア・リラクセーションのねらいを説明して、「肩の上下プログラム」の実習に入る。ここでは実習の時間を約1時間とする。そして、トレーナーのはたらきかけがとくに重要であることを強調し、5章のように「構えの姿勢」「セルフ・リラクセーション」「ペア・リラクセーション」の順に進めていく。なお、援助体験と被援助体験を交互に体験してもらうために、2時間目はペア・リラクセーションのステップⅡ（そっとふれる動作援助）までとし、ステップⅡが終了したところで各自の体験や感想をペアで十分に話し合ってもらう。その後、それぞれのペアの感想を全員に披露する時間をとり、体験を共有できるように配慮する。

　3時間目には、学校におけるストレスマネジメント教育の位置づけ、「総合的な学習の時間」や「保健体育」との関連などを説明する。また、12章に掲載しているクラスPTAにおける親子活動や展開編10章の保護者研修会などでの活用例を紹介する。さらに、教育相談におけるペア・リラクセーションの応用例やリラクセーション体験が得られない子どもに対する個別援助のしかたなどを説明し、実習に入る。実習では「肩の反らせプログラム」を中心にペア・リラクセーションを指導するが、個別援助の必要性に応じて写真11-1のように

「肩の上下プログラム」のステップV（腕をしっかり支える動作援助）を行なうこともある。最後に，研修内容に対する不満や要望を自由に表現する場を設けるという理由と，ストレスマネジメント教育の感想を整理するという目的から，無記名で表11-4のアンケート調査の提出をお願いしている。

なお，十分な研修時間を確保できない場合には，7章や展開編2章に掲載している中学生や高校生のための指導案と同様のプログラムを実施する。その際，わずか1時間の研修の中でも教師が少しでも不安や緊張を軽減できてよい体験ができるように，実習体験を重視する。とくに，友人関係に起因するストレスを予防するためにクラスでペア・リラクセーション課題を適用する場合には，教師自身がリラクセーション体験に加えて動作援助の有効性を実感することが重要なので，7章の指導案に沿って「肩の上下プログラム」を実習で取り入れるようにしている。

写真11-1／教師研修会　肩の上下プログラムのステップV（腕をしっかり支える動作援助）を行なう

表11-4　教師研修に関するアンケート

> 今後，「教師のための研修会」運営の参考にさせていただきますので，お忙しいところ恐縮ですが，このアンケートにご協力ください。以下の質問1)〜6)については，< >内の当てはまる内容に○をつけてください。また，今回の研修会に対する感想や意見など何でも結構ですので，自由にお書きください。
>
> 　　　　　　　　　　　　　　　　　　　　　　　　　鹿児島大学教育学部　山中寛
>
> 1) ストレスが溜まっている生徒が多いと思いますか。
> 　　〈思う・どちらとも言えない・思わない〉
> 2) 児童・生徒にストレスマネジメント教育は必要だと思いますか。
> 　　〈思う・必要だが時間がない・思わない〉
> 3) ストレスが溜まっている教師が多いと思いますか。
> 　　〈思う・どちらとも言えない・思わない〉
> 4) 教師にストレスマネジメント教育は必要だと思いますか。
> 　　〈思う・必要だが時間がない・思わない〉
> 5) 自分自身にストレスが溜まっていると思いますか。
> 　　〈思う・どちらとも言えない・思わない〉
> 6) 自分自身にストレスマネジメントが必要だと思いますか。
> 　　〈思う・必要だが時間がない・思わない〉
> 7) 今回の研修に対する感想，意見，要望などがありましたら教えてください。

2．教師研修の効果

研修プログラムの実習は，研修中に測定した状態不安調査の結果が示すように緊張や不安の軽減効果があると考えられる。また，研修会後に回収した「教師研修に関するアンケート」(表11-4)の結果では，これまでどの研修会においても7〜8割程度の回収率で，質問項目1)〜4)に対しては100％近い教師が子

表 11-5　教師研修会後の感想・意見

- とても気持ちがよくなりました。もう少したっぷり体験したいと思いました。
- 何となく身体が楽になるとは思っていましたが、点数化することでとても変化を実感することができました。
- たいへん勉強になりました。こんな研修があるとリラックスできるのでとてもよかったと思います。またお願いしたいという気持ちです。自分でもしっかりできるように、繰り返しやってみたいと思います。
- ストレスマネジメントへの必要性は十分感じています。これからは生徒に自信をもって自分が教えられるだけの実践や実技を習得できないかなと思います。
- ストレスについて深く知ることができる。自分で体験することで教育の必要性を感じることができる。説得力のある話に必要性をさらに感じた。
- ストレスマネジメント教育はよいが、勤務時間が長く、忙しい学校の中でそれを行なうこと自体にパラドックスを感じた。忙しさによる教師のストレスそのものを緩和する努力の中で実施することには大賛成。
- ストレスがあること、ストレスを軽くすることが必要なことは十分にわかっているのですが、具体的な能動的なはたらきかけの手だてがわかるところに大きな魅力を感じます。ぜひ、生徒に導入したいと思います。
- プログラム化して、ぜひ学校に導入できるようにしたいので、文献や参考になるものをぜひ教えてください。

どもも教師もストレスが溜まっており、おのおのに対してストレスマネジメント教育が必要であると認識していることがわかる。また、質問項目7)については、アンケート調査協力者の半数以上が何らかの意見や感想などを記述していた。その中で多くの教師に共通している感想や意見（表11-5）は、「リラクセーション体験の心地よさ」「ストレスマネジメント教育に対する興味・関心」「ストレスマネジメント教育導入への意欲」などを示しており、おおむねストレスマネジメント教育や研修に対して支持的であった。もっとも、この結果は自主的に研修に参加した興味とやる気がある教師の感想なので、その結果をもって一般化することに対しては慎重になる必要があるが、研修会終了後の参加者の表情は明るく、軽やかな身ぶりが目につくことが多い。

　ストレスマネジメント教育の効果を検討するひとつの指標はストレス対処法の活用であると、2章や7章で述べた。教師研修の効果をみるためには、研修後の教師自身の対処法の活用を手がかりとするだけではなく、その専門性という立場から学校教育の中で研修の経験が生かされているかどうかを検討することが大切である。この数年、ストレスマネジメント教育に取り組む教師やカウンセラーが増えているという事実からすると、確実に効果は現われているといえよう。たとえば、本書の中で分担執筆を引き受けてくれた執筆者の多くは、教師研修を契機にストレスマネジメント教育の取り組みを始めた人たちであり、たんに授業の中だけではなく、学校生活のさまざまな場面で取り組みが広がっていることがわかる。そして、実際にストレスマネジメント教育を始めた教師からは、子どもに対してイライラすることが少なくなったという感想や、頭ごなしに子どもを叱らなくなったという感想などが寄せられている。教師がストレスという観点から子どもをみることによって、子どもの身になって接することが多くなったからであろう。また、子どもの表情が明るくなり、クラスの雰囲気がよくなったとか欠席が少なくなったなど、子どもの変化に関する報告も寄せられている。

3. 研修中に伝える注意事項

(1) 導入段階に関する注意事項

　教師のなかには，具体的な手立てを知ってすぐにでも試してみたいと思うものも少なくないので，研修の中で必ず次のような注意事項を伝えるようにしている。

　① 導入が不十分な状況で実習を実施しない

　　担任教師の中には，子どもの悩みや心の問題に関することは，スクールカウンセラーがいればスクールカウンセラーに何とかしてほしいと思っている人がいる。スクールカウンセラーがいない場合には，養護教諭や教育相談担当の教師にその役割を期待するようである。しかし，子どもや保護者がいちばん話したいと思っているのは担任であることが多い。教師を煙たがっている生徒でも，心のどこかで担任教師と話してみたいと思っていることが多い。休みの日はどんなことをしているかとか，どんな歌が好きかとか，そのようなことならば話したいと思っている。しかし，実際に忙しい担任の口から聞くのは，「忙しい」ということばと，事務連絡と勉強の話である。それでは話す気になれないというのも，うなずけることである。まずは，日ごろから心を開いて子どもと話せる雰囲気づくりをするように心がけることが，ストレスマネジメント教育の第一歩である。そのような雰囲気がない中で，突然，リラクセーション課題を導入しても子どもは乗ってこない。

　② 教師みずからが体験する

　　みずからがセルフ・リラクセーションやペア・リラクセーションを体験して，本当に効果があると思う教師がストレスマネジメント教育の一環としてそれらを導入するようにと，研修参加者には注意している。そして，子どもに直接セルフ・リラクセーションやペア・リラクセーションを指導する前に家族や同僚といっしょに試してみることを勧めている。さらに，学年や学校全体で取り組む土壌ができれば，教師間で模擬授業を実施することも勧めている。それは，クラス集団を対象とする際のリハーサルになるからである。その模擬授業の中で，最初は児童・生徒の役を取っている教師が，しだいに自分のことを語るようになり，そこに共感や親密性に支えられた笑いが出るようになると，ストレスマネジメント教育の導入のイメージがはっきり理解できるようになる。しかも，そのことによって教師間の連帯や信頼感がはぐくまれ，教師のストレスが軽減することがある。

　③ 押しつけや強制をしない

　　生徒の中には，教師を信じられなくなっている生徒がいる。あるいは親とのわだかまりや大人への不信を教師へ投映する生徒もいる。あまり効果を言い過ぎると，大人を信用できなくなってしまっている子どもは，たと

え強制していなくてもそこになにか恣意的な雰囲気を感じて，かえって取り組むことに躊躇したり，反発したりすることがある。その場合，それはたんにその子どもの問題とかたづけないで，教師のほうに子どもとの日常の対応のしかたに問題がないか，あるいは指導にあたってたしかにこれはよいからという自身の思い込みが気がつかないうちに押しつけになっていないかなどについて注意すべきである。そういう直感的な感覚は，大人より子どものほうがすぐれているからである。

④ 体罰を行使する者はペア・リラクセーションを指導してはいけない

　子どもによっては，教師がストレッサーになっていることがある。なかでも，体罰で子どもを押さえようとする教師は，時には子どもを死に追いやるほどの大きな傷を心身に負わせることがある。そのような教師がストレスマネジメント教育の本質を理解し，子どもの身になって子どもを思いやるようになり，体罰を行使しなくなることは歓迎すべきことである。しかし，もし教師が体罰を行使しながら，その一方でセルフ・リラクセーションやペア・リラクセーションを指導したら，子どもは心のどこかに不安や不信を抱きながら，心も身体もこわばらせたままリラクセーションに取り組むことになる。そのような事態は，子どものストレスをますます強化する恐れがある。体罰を行使する者は，ストレスマネジメント教育を語る資格もなければ，ましてリラクセーション課題を指導してはいけない。

⑵ ペア・リラクセーション課題にともなう留意点

　カウンセリングの中でペア・リラクセーションを適用した場合に，リラックスしていく過程で吐き気を催したり，涙が出て止まらなくなることがある。

　たとえば，高校3年生のAさんはクラス単位のストレスマネジメント授業を受けた数日後に，スクールカウンセラーでもある筆者のところへ来談した。彼女は非常にまじめに勉学に取り組む生徒であり，成績もトップクラスであった。大学受験を控えて10月ごろからしだいに緊張が高まり，肩の凝りを感じるようになって自分ではどうしようもなく，周囲のささいな言動に過敏に反応したり，勉強に集中できず自己嫌悪に陥っていた。しかも気分の変動が激しくなり，頭痛が日常的になっていた。そうした訴えを聴いたあと，「肩の上下プログラム」に沿ってペア・リラクセーションを適用した。最初はセルフ・リラクセーションで肩を上げるように指示しても，肩の緊張が強いので少ししか上がらず，力を抜いたあともリラックス感を感じることができなかった。肩の上下プログラムのステップⅡ（そっとふれる動作援助）を行なうと，肩を上げていると肩が「痛い」と内省し，力を抜くと左肩がリラックスして「(肩が)広がる」と感じることができるようになった。その途端に，涙が流れ出した。声は出さず，ただ涙が流れて止まらない状態であり，それまで身体の中に閉じ込めていた感情が，リラックスとともにジワジワしみ出してきたかのようであった。彼女の肩にそ

っと手を置いたまましばらく待って，涙が止まってからペア・リラクセーションを続けると，しだいに右肩もゆるみはじめ，「なにか落ち着いてきた」と言うようになった。しかし，同時に肩から背中にかけての部位も緊張していることに気づいたので，「肩の反らせプログラム」を適用し，その部位がゆるむまで動作援助を繰り返した。「背中の中まで広がって温かい感じ」を感じるようになったり，「なんにも考えないでこんなにホッとしたのは久しぶり」というほど安心して，「集中力が低下して焦っていた」ことを内省し，最後には「気持ちがいい」状態になったところで，その回の面接を終えた。その後，週に1回のペースで4回面接を継続し，彼女は無事受験を終え，希望大学に入学した。

　苦しいときに無我夢中でがんばっていると，がんばってはたらきかけている対象のほうに構えが向いてしまうために，苦しさや辛さを感じなくなることがある。それは苦しさや辛さが消失したからではなく，感じる心をマヒさせるか，心と身体を切り離すか，あるいは苦しさが湧きあがってこないように身体の中にそれらを閉じ込めているかのようである。ところが，Aさんのようにリラックスして心が身体に通うようになると，内側に閉じ込められていた感情が融け出す。それが急激に進んだときに感情失禁と類似の状態になり，涙が止まらなくなったり吐き気を催したりするのである。

　子どもたちを対象にしたストレスマネジメント授業や教師研修でペア・リラクセーション課題を指導して，Aさんのような状態になった人をこれまで見たことはないが，まれにそういうことがあることを指導者である教師やスクールカウンセラーは心に留めておく必要がある。対象者が子どもであれ教師であれ，そのような事態に遭遇したら，まず指導者自身があわてないことである。そして，その悲しみや苦痛の現われである涙や吐き気をしっかり受けとめながら，ゆるみかけた心と身体を中途半端なまま放置しないで本人が落ち着くように動作援助することが重要である。そのためには，クラス集団を対象にするときには，常に全体の中で個々の表情やしぐさに気を配り，気になるペアがいれば，そのペアを見守り，必要に応じて動作援助を通してかかわることが大切である。同時に，指導者は全体の雰囲気が明るくユーモアに満ちたものになるように心がけることが大切であり，そのためにも導入を工夫することが重要である。したがって，ひとりの教師あるいは指導者が対応できるのは，多くても40名が限度であるということを伝えている。

12章 学校全体で取り組むストレスマネジメント教育

　学校教育においては，ゆとりある教育環境の中で，ゆとりのある教育活動を通して「生きる力」をはぐくむことが，教育目標としてとらえられるようになってきた。ここで紹介する中学校においても，こうしたことを背景に主体的に生きる生徒の育成のためにさまざまな研究実践に取り組んできている。その具体的な取り組みのひとつがストレスマネジメント教育である。
　本章では，ストレスに対処する方法を生徒みずからが身につけ，実際に活用できるようにすることが「生きる力」につながると考え，学校全体でストレスマネジメント教育に取り組むことになった経過や具体的な取り組みの内容について紹介する。

1節　ストレスマネジメント教育の研究構想

　本中学校におけるストレスマネジメント教育は，体育実技の授業の中で実施することから始まった。その後，さらに体育科教師が担当しているクラスを対象にSHR（ショート・ホームルーム）等を利用して実施した。そのようすは，7章に述べているとおりである。こうした取り組みを通して，筆者自身，一教師としてストレスマネジメント教育の必要性，重要性，可能性を感じとることができた。しかも，ストレスマネジメント教育を指導した私たち自身も変わりつつある。具体的に例をあげるならば，援助リラクセーションで生徒の身体にふれ，そして，生徒の表情が変わるのを目の当たりにすることによって，私たち自身も癒され，私たちの表情も明るくなり，結果的に元気になるのである。さらに，生徒を温かく見守ることができるようになるとともに，教師生活のうえでのストレスにも対処できるようになりつつある。
　このように，教師がストレスマネジメント教育を実践することによって，生徒はもちろん，教師みずからのためにも意義あるものと考え，学校全体で組織的に取り組むことの必要性を感じるようになった。そこで，図12-1に示すストレスマネジメント教育の全体構想をたて，具体的な課題を明らかにし，その解決に取り組んだ。
　以下は，全体構想を具現化するために行なった取り組みや環境づくりである。

1. 体育科としての取り組み

　教師は，毎日の授業だけでなく，校務を分掌したり，予期せぬ生徒の行動に対応したりするなど，さまざまな仕事に追われている状況下にある。そのような中で実践内容を呈示してもおいそれと「やりましょう」とはならないのが当然である。そこでまず，体育科が実施していることを，他の教師に理解しても

らうことから始めることにした。幸いにして，本校は教育研究を使命とした学校であり，教科の研究を報告・検討し合う機会「校内研究」が多い。さらには，生徒一人ひとりに目を向けた「生徒指導事例研究会」を定期的に設けており，こうした機会があるごとに，ストレスマネジメント教育を話題として提供したり，その効果をアピールしていった。また，校内における研究授業等でも，実際に生徒と取り組んでいるところを参観してもらい，体育科が取り組んでいるストレスマネジメント教育について理解してもらうことに努めた。

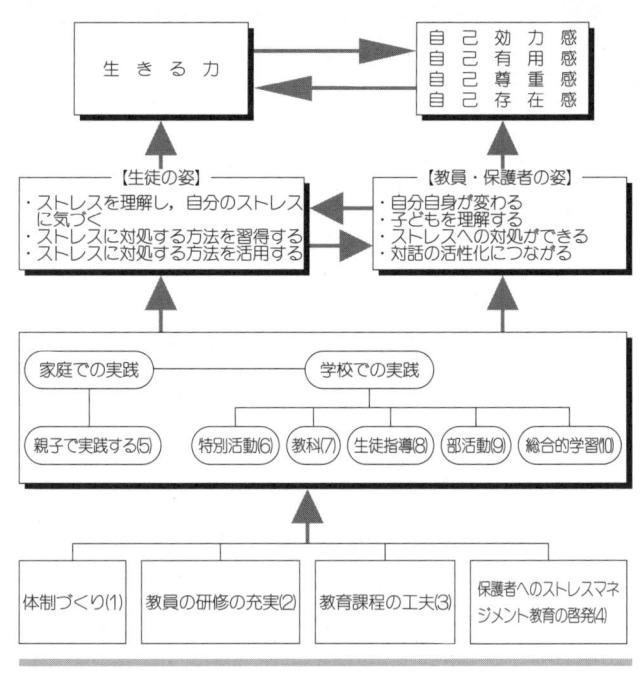

図12-1 ストレスマネジメント教育の全体構想

2．校長・教頭の理解

　学校全体で取り組むためには，どうしても管理職である校長・教頭の理解と決断が必要である。「校内研究」等の場でその効果や必要性について提言するとともに，学年全体を対象にしたストレスマネジメント教育を実施することを提案することにした。この後，同じ教育学部に所属する山中 寛助教授（本書編者）に依頼し，校長・教頭に直接ストレスマネジメント教育の概要や重要性について説明していただいた。3年生は受験前でもあったので，3年学年主任と相談し，「受験ストレスの軽減と対処」というテーマで3年生全員を対象に，講師を依頼して実施することを提案した。そして，このことについて校長の了解を得，山中助教授を講師として，無事実施することができた。

　さらに，学校全体で取り組むためには，校長・教頭のさらなる理解が必要であると考え，体育科教師が自分で担当するクラスで実施するのを機会に，学校全体でストレスマネジメント教育に取り組むことの必要性等について山中助教授に説明していただいた。その結果，新しい時代に即した教育課題として「学校全体で取り組むべき！」との校長の理解と決断を得たのである。全体構想実践化の過程で，「本当に必要なのか」という懐疑的な意見もあったが，管理職の英断を機に，学校全体で取り組むという気運と体制が整った。

3．教員の研修

　学校全体で取り組むときの基本は，クラス担任がクラスの生徒を対象に実施

するか，あるいは授業担当教師が機会をみて授業中に実施することである。そのためには全教師が，ストレスマネジメント教育について理解するとともに，用いる技法や内容について習熟していることが必要である。当然のこととして，本校でもストレスマネジメント教育の研修を計画的に実施してきた。このことについては次節で詳細に述べる。

4．教育課程上の問題の解決

　学校全体で取り組む際には「いつ，どこで，だれが，どのような形で」実施するかを計画しなければならない。もちろん，教育課程の中に位置づけることが必要である。体育科の場合，ストレスマネジメントを学習内容の一つととらえ，「体操」領域の学習に位置づけるとともに，すべての実技の授業の中で準備運動としてアクティベーション，整理運動としてリラクセーションをプログラムとして実施することにしている（詳細については，宮原，1995参照）。また，保健の授業でも取り扱うことにしている。

　本校では，主体的に生きる生徒を育成するための教育課程の工夫のひとつとして「総合的な学習」を開設してきた。「総合的な学習」は2002年から実施されることになったが，本校では1996年からその取り組みがなされており，現在は全学年を対象にいくつかのコースを準備し，生徒がそのコースの中の講座を選択して学習するように計画されている。この講座の中にストレスマネジメント教育を開講したのである。これについての詳細は，3節で述べる。

　これまでは，学校行事への取り組みなどが放課後に集中しがちで，生徒の時間的ゆとりをなくしていたという反省があったため，ストレスマネジメント教育の時間を「総合的な学習」とは異なる時間に，教育課程の中に位置づけようと新たにMT（モーニングタイム）として設定した。そして，このMTの時間に各学年ごとにストレスマネジメント教育を実施することになった。これも詳細は，3節で述べる。また，クラス活動（SHR等）の指導計画の中に，ストレスについて学んだり考えたりする時間を設けた。このことは，7章で述べている。

5．ストレスマネジメント教育の広がり

　思春期にある中学生は，学校のこと，友人との関係，自分のことに悩むと同時に家庭のこと，とりわけ親との関係に悩んでいる者も少なくない。こうした現状を考えるならば，学校で取り組んでいるストレスマネジメント教育について保護者に理解してもらい，親子でストレスについて考え，対処することを通して，より望ましい親子関係を築いてもらうことが重要である。そのため，学校参観日やPTA講演会でもテーマとして取り上げてもらうことにした。

　また，生徒のストレス関連問題は，本校だけのことではなく，すべての学校

でも同様である。ストレスマネジメント教育を他の学校の教師に紹介し、理解してもらうことも重要であると考える。そこで、公開研究授業の中で積極的にストレスマネジメント教育のことについて発表するとともに、講習会を設け、実技を通して体験できるようにした。現在では、ストレスマネジメント教育に関する研究会を設け、実践しているところである。詳細は、3節に述べる。

2節　実践化に向けての課題

【図12-1(2)】

　前節でも述べたように、ストレスマネジメント教育を実践化するために一番の課題となることは、教師がストレスマネジメント教育について理解するとともに、用いる技法や内容についても習熟するということである。その際に、次のようなことが問題となるであろう。

①全員がストレスマネジメント教育の効果を実感し、認めている
②ストレスマネジメント教育の効果に教育的価値を見いだし、実践する価値があり本校に必要だと思い、チャレンジしようとする気持ちになる
③適切な研修の場を設定する
④お互いの実践について意見を交換する場をつくりだす
⑤生徒一人ひとりについて目を向け、教員間で情報交換できる雰囲気をつくる

　実際の研修計画については、右頁の表12-1に示すとおりである。
　また、これまでの研修において、以下のような課題が残された。

①ストレスマネジメントを実施するにあたって、教師自身がその意義や価値を認め、必要ありと思っていても、自分が実際に体験し、その感じを実感することができるような研修が必要である
②継続して実施する中で、子どもたちの日常生活での動きや友だちとの接し方など、その効果を感じる場面を理解し、気づくことができるようになるとともに、適切に評価できるようになること、また客観的データから情報を読みとれるようになることが必要である
③継続した実施にあわせて、教師の研修の実施内容、段階に応じた研修の場と時間の確保が必要である

　このような課題を踏まえて、研修の柱を、「実際に体験し、実感する」ととらえ、次のような研修の場を計画した。

Ⅰ．講師を招聘し、ストレスマネジメント教育についての詳細な研修を行なう
Ⅱ．お互いの研修の場を設けて技法等についての習熟をはかる

　こうした研修の具体例は、11章に述べている。このような研修の結果、表12-2のような教師の感想を得ることができた。
　このような感想から、研修の実施によって、これまで関心をもちながらもその教育的効果を

写真12-1／教師自身の研修

表 12-1 研修計画

ストレスマネジメント教育の実施状況		ストレスマネジメント教育に関する研修の経過と計画				
時期	実施状況	時期	研修の場	対象	ねらい	内容
1993年(H5)	体育の授業での取り組み	9月 11月	体操の授業	1～3年生	自発的・主体的な活動ができる	体力や動きの分析 身体の動かし方
1994年(H5)	3年生の入試前に実施 教師への実施	2月	クラス活動 校内研究	3年生 希望教師	実力を発揮するにはストレスマネジメント教育への理解	「あがり」への対応 動作法 漸進性弛緩法
1995年(H7)	体育の授業での取り組み 教師への実施	11月	サッカーの授業 校内研究	2年生 希望教師	ボールコントロールがよくなるには ストレスマネジメント教育への理解	身体の動かし方 動作法 肩胛骨関節反らし 片膝立ちの重心移動
1996年(H8)	一部のクラスで実施するため校長・教頭へ説明 教師への実施 体育の授業での取り組み	4月 5月 6月 12月	 校内研究 研究公開 バスケットボールの授業	校長・教頭 全教師 研究公開へ参加の教師 2年生	ストレスマネジメント教育への理解 ストレスマネジメント教育への理解 よりよい身体の動きをするには 状況判断を明確にし的確な動きができる	ストレスマネジメントの概要,今後の活動時間・内容 学校での活動とその効果 動きへの気づき方を実技を通して体験 視覚イメージ,動作イメージの体験
1997年(H9)	総合的な学習での実施 2年の1クラスで実施 不登校児への実施 教師への実施	5月 9～11月 11月	研究公開 クラス活動 校内研究	2～3年生 2年生 全教師	環境にうまく適応して,生活する 体験のしかたを変え,活動を安定化,活性化させる 不登校児への対処のしかたの理解 ストレスマネジメント技法の習熟	動作法 漸進性弛緩法 動作法 不登校の生徒への実践報告 動作法 漸進性弛緩法,その他
1998年(H10)	クラスPTAでの実施 4月より学年指導を開始 MT,クラス活動 教師への実施 総合的な学習での実施 PTA教育講演で保護者へも実施	3月 4月 5月 8月 11月 12月 3月	クラスPTA クラス活動 学年部会 クラス活動 ストレスマネジメント教育臨床研究会 教官研修 講師を依頼しての理論,実技講習 教育講演会 校内研究 学年部会	保護者 1～3年生 全教師 3年生 希望教師 全教師 保護者・教師 全教師	ストレスマネジメント教育への理解 ストレスマネジメント教育への計画についての理解 実技の習熟 ストレスの対処法 ストレスマネジメント教育への理解と習熟 ストレスマネジメント教育への理解と予防知識 保護者への浸透を図る 習熟を図るとともに課題を明確にし次年度の見通しをもつ	学校での活動とその効果 動作法（肩の上下運動） ねらい・内容・対処法についての理解と実践 対処法についての実技 漸進性弛緩法 外部講師3名による講義と実技 学校での活用のしかた 動作法の体験 子どもの問題行動,社会的状況,スクールカウンセラーの目からいま大人に何ができるか 各学年の課題について 今後の研修のあり方 活動について

表12-2 研修後の教師の感想

> 今回の研修を通して「ストレスマネジメント教育」は，21世紀の学校教育に絶対必要なものであると確信した。確信したといえば大げさであるが，それくらいのインパクトの強い話であった。私はこの10年間，中学校で急増してきた不登校の生徒や衝撃的な行動をとる生徒，テスト前になると体調の不良を訴える生徒などを目の前にして，いまの子どもは耐性がなくなった，心が弱くなったと考えていた。したがって，このような状況が生まれた原因は，学校や家庭，地域社会があまりに子どもを甘やかしすぎたことにあると考え，これらの問題の解決には，もっと大人がきびしさをもって子どもに接することが必要であると考えてきた。ところが，今回の話は，このような精神論的で抽象的考えをうち砕き，子どもの行動はこれだけですべて説明できるとはかぎらないが，とにかくこのストレスマネジメント教育は，いままでもっていた自分の考えを一掃するくらいのものであった。今後は，さらにこのストレスマネジメント教育について研修を積んで，これをどのように学校の教育活動に取り入れていくか，また，そのカリキュラムをどうするかについて，ぜひ，考えていきたい。
> 　　　　　　　　　　　　　　　　　　　　　　　　　　　　　　　　　　　　　（数学科教師）

身近に実感していないために実践意欲に乏しかった教師が，その効果に気づき，実践意欲を強く抱くようになったことを非常に喜ばしく思うとともに，さらに，この意欲を実践に向けて向上させていかなければならないことも認識した。そのためには，今後は教員相互の実践報告などを適宜実施していくことが必要である。

3節　学年での取り組みの実際

【図12-1(6)】

ここでは，MT（本校で独自に定めた朝の自主活動の時間）やクラス活動の時間を使って学年一斉指導として継続的に実施している取り組みについてまとめる。

1. ねらい

ストレスマネジメント教育のねらいを踏まえるとともに，生徒の発達段階などの実態に即して設定することが大切である。そこで，以下のような学年ごとのねらいを設定した。

〈1年生〉

　附属小学校からの入学が約半数で，他の各小学校からは1名〜数名という状況であり，かなり不安をいだいている生徒もいる。そこで動作法によるペア・リラクセーションを実施させることで自己理解，他者理解をはかっていくこと，さらには中学生活への適応をはかることや，学校ストレスへの軽減をはかることをねらいとした。

〈2年生〉

　この時期は感覚的なものに左右されやすく，快・不快の感情の起伏が激しく，著しい知的発達にもかかわらず，判断など客観性を欠きやすい。また，劣等感に悩まされ自己嫌悪に陥ることもある。その反面，自己を主張したり，新しい価値の発見へ情熱を傾けるなど，心理的な問題を抱えやす

いので，そのようなストレスを軽減させ，ストレスへの対処のしかたを身につけさせることをねらいとした。

〈3年生〉

最高学年としての責任，受験への不安，保護者・友だちとの関係など学校ストレスや受験ストレス，家庭生活でのストレスを自分でコントロールすることができ，ストレスとうまくつきあっていくことができるようになることをねらいとした。

2．実践への手続き

実際に実践するためには，時間と場所を設定したり内容を計画するなどの手続きが必要である。本校の場合，次のような手法を踏まえて実践化をはかった。

(1) 時間と場所の設定

教育課程の中でMTの時間が30分位置づけられていた。そこで，この時間を週1回（約20分）を基本にストレスマネジメント教育に当てることにした。また，場所は各クラスで実践している。

(2) ねらい，内容，取り扱う技法，留意点等のまとめと計画の作成

体育科を中心に，前述したようなねらいを設定した。さらに，学年段階を考慮しながら，ストレスの理解を始めとして，ストレスに対処するペア・リラクセーションを中心にしながら学年で取り扱う技法を配列した（表12-3）。

(3) 全学年の担当教員への説明と実践

とくに留意すべきことは，技法を与えることがストレスマネジメント教育ではないということである。一般に技法のみに走りやすい傾向が多いので，その点をとくに説明し，理解を深めた。

3．実践例

実際にストレスマネジメント教育を実施しているようすについて，1，2年

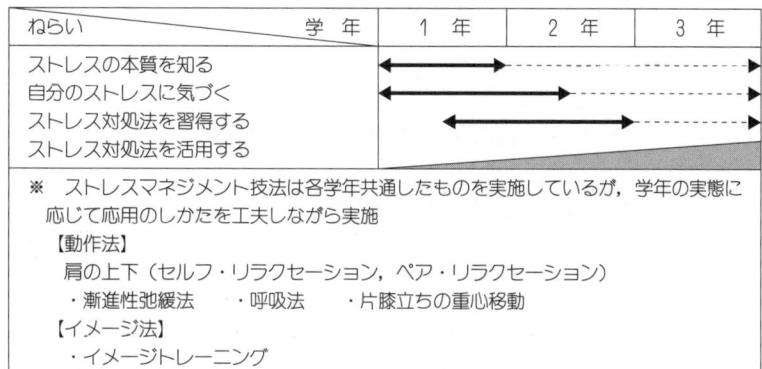

表12-3　3年間を見通したストレスマネジメントの内容

ねらい＼学年	1年	2年	3年
ストレスの本質を知る	←——→	- - - -	- - -→
自分のストレスに気づく	←———→	- - - -	- - -→
ストレス対処法を習得する	←————→	- - - -→	
ストレス対処法を活用する	←———→		

※　ストレスマネジメント技法は各学年共通したものを実施しているが，学年の実態に応じて応用のしかたを工夫しながら実施
【動作法】
　肩の上下（セルフ・リラクセーション，ペア・リラクセーション）
　・漸進性弛緩法　・呼吸法　・片膝立ちの重心移動
【イメージ法】
　・イメージトレーニング

生に対する展開を紹介し，3年生のMTでの実践を示す。

(1) 1，2年生への指導案

対　象：中学1・2年生
単元名：ストレスとはどんなものか

　本校の1年生は，ストレスの存在や，その価値をまだ十分に認識していない状態にある生徒が多い。そこで「ストレスとはいったいどんなものなのか」，そして，ストレスは弊害になる部分だけでなく，自己の成長過程においても「必要不可欠なもの」として価値があることに気づかせる必要がある。

　また，2年生は，1年生のときにストレスについての知識や対処法等について学習してはいるものの，ストレスへの対応として十分な状態にあるとはいいきれない者もいる。

　そこで，学年の発達段階に応じた対処法の指導の充実を今後も引き続きはかる必要がある。以下に，MTの時間を活用したオリエンテーションの指導案を紹介する。

　生徒のストレスに関する一般的概念は芽ばえつつあり，そのストレスとうまくつきあっていきたいと思う気持ちを強くいだかせることができているのではないかと考えられる。今後もさらに研修を深める必要がある。

写真 12-2／MTの時間でのオリエンテーション

指　導　内　容	指導上の留意点
〈導入〉10分 1．ストレスの定義について理解する 　・いままでの日常生活の中で，イライラしたりしたときのことをふりかえる 　・ストレスが蓄積されることによって人体へ及ぼす影響について知る	・身近な体験を数多く思い出させることにより，自分のその時の心情について気づかせる ・一本の針金を使い，金属疲労を生じさせた結果，折れてしまう状態を見せることにより，人体への影響を考えさせる
〈展開〉20分 2．ストレスを招く要因について理解する 　・「ストレス」と「ストレッサー」の違いを知る 3．ストレスとうまくつきあっていくことの大切さをわからせる 　・これまでストレスを感じたときの場面から，その時の解消方法について発表する 4．ストレスマネジメント技法について理解する 　〈動作法による肩の上下〉 　　　セルフ・リラクセーション 　　　ペア・リラクセーション 　・セルフ・リラクセーション時の身体の動かし方を知る 　・トレーナーとトレーニーの役割を知る	・前述の生徒の体験談から2つの違いをわからせる ・数多くの解消法を取り上げ，ストレスが日常生活に密着していることに気づかせる ・緊張から弛緩するときに抜けていく感じを実感させる

⑵ 3年生での取り組み

　3年生は，体育の授業やクラス活動で1，2年生のときから継続的に動作法を行なっていた生徒が多いため，すでに日常生活の中でストレスの対処法をある程度活用することができるようになってきている。そこで，3年生ではさらにMTやクラス活動の時間を活用し，いっそうの習熟をはからせることにした（表12-4）。

　こうした取り組みにおける生徒や教師の感想は，表12-5に示している。

　MTの活動を通して体験したことが，徐々に日常の生活にも役立ってきていることがうかがえる。教師自身も，3年生という時期を考慮して日々の取り組みに励んでいるようすがみてとれる。

表12-4　3年生での取り組みの内容

月	内　容
4	○教師の研修（学年でストレスマネジメント教育についての理論，実技）
5	○1回目はクラス活動の中で，前半はクラス担任がストレスやストレッサーについての授業，後半はビデオ視聴を通しての実技 ○ストレスに関する事前調査 ○動作法についての実施時間ごとの記録のしかた ○研究公開一般授業での実施
6〜10	○MTの時間での実施 ・月の行事や生徒の生活のようす等を話題にして，その後一人で，次にペアで実施，ペアの組み方はクラスにまかせる ・動作法についての実施時間ごとの記録
11	○　MTの時間での実施 ・学年での共通した活動を基盤にしながら，クラス担任がクラスの実態に応じて実施 ○校外学習の翌日，呼吸法や漸進性弛緩法の実施 ○身体の感じについての記録
12〜3	○今後の予定として ・受験期に向かうので週2回のMTの時間と，MTで実施しない場合には帰りのSHRの中に可能なかぎり実施する方向で取り組む ・動作法（2人組）　・イメージトレーニング ・漸進性弛緩法　　　・呼吸法

表12-5　取り組みに対する感想

〈生徒の感想〉
　朝の短い時間を利用して行なわれるストレスマネジメントですが，とても有意義な時間になっています。3年生になり，何かといろいろ忙しく，ゆっくりと落ち着くこともむずかしいのですが，ストレスマネジメントをしていくうちに自分の身体についてもわかり，リラックスして1日を過ごすことができるようになりました。バタバタしてしまう朝にすることで，その日を落ち着いて，より充実したものにすることができました。また，このMTの時間に学んだことを生かして，家でも行なったりもしました。テスト前に緊張しているときは，このリラクセーションを実施することでリラックスもできました。これからもどんどん実践しようと思います。

〈教師の感想〉
　忙しい学校生活において，朝の活動を終えた生徒の中には，すでに顔がこわばっている生徒もいる。そのようなときに，ストレスマネジメントを行なうと，穏やかな顔つきになり，気負いがなくなったように感じる場合が多い。また生徒の肩にふれてみると意外と肩凝りが多いのにも気づく。このようなとき，声をかけながら行なうと，肩の力が抜け，さらに緊張がほぐれていくようすもわかる。私自身も，生徒の心にふれることができるような感じがする。ストレスマネジメントを行なった後は，ふっと気が抜けたような感じになるとともに，こわばりが消え，クラスの雰囲気が落ち着いた感じになることが多いので，これからもぜひ続けていきたいと思う。
（音楽科教員）

4節　総合的な学習におけるストレスマネジメント教育

【図12-1(10)】

　総合的な学習では，各教科の系統的な内容を重視するカリキュラムにとらわれず，個々の意識の広がりに応じて課題を設定したり，自分のアイデアを大いに生かして課題解決に迫る学習活動や，一つの教科の枠にとらわれることなく，複数の教科にわたって課題の追求をはかったり，自己をとりまく社会や生活・自然から直接課題を設定して追求する学習活動が期待でき，ひいては主体的に生きる生徒の育成につながると考え，「チャレンジ学習（自己追究型）」「附属セミナー（共通課題追究型）」が開設された。

　そこで，次のような考えに基づいて，「附属セミナー」でストレスマネジメント教育を実施した。

①生徒が選択することで，学習を深めることができ，それをクラスで生かし，活用することができる
②ストレスマネジメント教育を学習内容としてきちんと位置づけることができる
③体育の授業を中心にして実施してきたが，他教科への広がりや関連をはかることができる。

　詳細については，以下のとおりである。

1．「総合的な学習B」（附属セミナー）の実際

　「附属セミナー」は，教師のほうから示されたテーマと，そのテーマを追究する講座を，生徒がみずからもつ問題意識に応じて選択し，一人ひとり独自のカリキュラムを組んで課題追究をはかる学習である。

　開設した講座は，大きく変化を遂げるであろう21世紀の社会を展望し，いまの子どもたちに中学校で深く考えさせたいこととして「人・生命」「自然・環境」「国際・情報」の3つを取り上げた（表12-6）。

　講座選択にあたっては，みずからのもつ問題意識に照らし合わせ，自分の選択したテーマの講座から，講座内容を具体的に示した指導計画を参照し，独自の学習計画を5時間分作成する。その際，教科を超えた枠を体験させるため一教科を最大3時間として学習計画をたてる。

　保健体育においては，自分をとりまく身近な環境からくる身体的・心理的・行動的ストレスに対してうまくつきあっていくことの重要性を理

表12-6　「総合的な学習」のコース別学習・講座一覧（自然・環境）

自然・環境	社会	環境概論	ゴミのダイエットは可能か		環境保全と開発	しっかり食べてますか
	理科	地球の歴史	地球の温暖化に迫る	永久機関は作れるか	ゴミを生かそう	よみがえる水
	保体	テストで実力を発揮する	ストレスマネジメント―ストレス社会に生きる―		イメージトレーニング　理想の自分を求めて	
	技家	自然の繊維を利用して糸を紡いでみよう　天然繊維で作られた糸を利用して布を縫ってみよう			廃棄率を考えた調理法で食事を作ってみよう	

解し，そのために自分に対するストレッサーは何なのかを考え，その対処法を身につけることをめざしてストレスマネジメント教育を実施したのである。その指導計画は表12-7のとおりであった。

保健体育の講座内容は，1時があがり対策として，2，3時は7章での活動，4，5時はイメージトレーニングの練習という3つの内容で実施した。

受講学年は2，3年生の選択者35名で，活動場所は全員が横になれる場所で実施することにした。表12-8で紹介しているように，2，3時の感想からは，リラクセーションを体験してみて，自分の変化に気づいてきているようすがうかがえる。日常生活においてもリラックスした中で行動することが重要であることを理解させることが大切である。

表12-7 「総合的な学習」におけるストレスマネジメント教育指導計画（保健体育）

時	講座名	内容
1	■テストで実力を発揮するための心身調整法	○メンタルリハーサル ○リラクセーション ○積極的思考
2・3	■ストレスマネジメント ―ストレス社会に生きる―	○ストレスとは何か ○ストレスの原因 ○自己診断 ○リラクセーション ・漸進性弛緩法 ・動作法 ※準備するもの 筆記用具，ジャージ上下，マット
4・5	■イメージトレーニング ―理想の自分を求めて―	○イメージとは ・視覚イメージ・動作イメージ ・感覚への気づきへの重要性 ○イメージトレーニング準備 ・プログレッシブリラクセーション ○イメージ基礎トレーニング ※準備するもの 筆記用具，ジャージ上下，マット

表12-8 生徒の感想

　はじめに自分の生活について見直してみると，いろいろなことでストレスを感じていたり，またそれをうまく解消していなかったりしていたことに気づきました。そして実際にリラクセーションをしてみました。先生のことばに合わせて，力を入れたり，抜いたりしていく。たったそれだけのことなのですが，繰り返ししていくうちにだんだんと落ち着いてきました。授業であることを忘れてしまうくらい，リラックスしました。私が行なったのは漸進性弛緩法でしたが，他の友だちにも経験してほしいと思います。

2．研究公開授業【図12-1(7)】

他の学校の先生方への紹介をねらって，1996年度は動作法の紹介を授業と講師の先生の実技講習という形で実施した。1997年度は2，3年生を対象にした総合的な学習の場面を公開し，1998年度はクラス活動としてストレスマネジメント教育に取り組んでいるようすを発表した。具体的なようすは以下に示すとおりである。

(1) 動作法の紹介（1996年度）
　① 授業の公開

1年生の体操の単元で，動作法，イメージトレーニングを取り入れた授業を公開した。授業としては，自分自身の努力によって自分の身体の緊張がゆるんでいく感じや，相手の身体および気持ちの変化にそった援助を身につけることにより，自分の身体を思いどおりに動かす能力や自分の身体への気づきが高ま

り，これまでの指導の効果がさらに高まることをねらいとしていた。また，指導計画の中では次のような位置づけをしていた。実際の指導においては，以下のような流れで指導計画の中に位置づけることになる。

①集中的に動作訓練を実施する時間帯を単元の導入時に設定する。取り扱う内容としては，動作法による動作訓練と自分一人で身体全体をリラックスさせていく漸進性弛緩法を実施する
②短縄回しの運動で，より効果的な縄の跳び方に気づかせる手だてとして，導入時に実施した動作訓練を実施させ，その重要性に気づかせる
③単元の展開時（第6時）より，準備運動として動作訓練を実施し，整理運動として心身のリラクセーションとして漸進性弛緩法を実施する

② 講師による実技指導

体操の授業参観後に研究会に参加された先生方に，山中助教授から身体への気づきという面からの話，呼吸法，動作法，漸進性弛緩法の実技をしていただいた。日ごろ，何気なく動かしている身体について，その感じを実感したり，リラクセーションを体験してもらうことができた。その後の研究協議において，参加した先生方のにこやかな表情がとても印象に残った。

(2) ストレスマネジメント教育の紹介（1997年度）【図12-1(10)】

研究公開の一般授業の時間帯に，本校で実施している「総合的な学習」の自然・環境コース中のストレスマネジメント教育のようすを公開した。授業は，ストレスに対してみずから積極的に対応していく能力や態度を身につけ，健康で明るい生活ができるようにと，山中助教授とのチームティーチングの形で行ない，まずストレスとはどんなものなのかを考えさせ，次に漸進性弛緩法を実施するという展開であった。生徒の中には，ビデオ視聴やリラクセーションを体験することを通して，いままで緊張を上手に解きほぐ

写真12-3／講師による実技指導

すことができなかったが，心と身体のバランスを考えるとこれからは継続して取り組んでいかなければならないといった意欲的な感想が目についた。また，参観された先生方にも，ストレスマネジメント教育の効果を理解していただくよい機会となり，今後自分の学校でも取り組むべきという積極的なご意見をいただいた。このストレスマネジメント教育に対する期待感から，今後もなおいっそうの研修を深めていかなければならないと考える。

(3) クラス活動におけるストレスマネジメント教育の紹介（1998年度）【図12-1(6)】

「総合的な学習」に続き，クラス活動におけるストレスマネジメント教育のようすを公開した。授業は，導入としてストレスについて説明したあと，「子どものためのストレスマネジメント教育」（山中，1998）をビデオ視聴させ，そのあとに漸進性弛緩法を実施するという展開であった。研究公開当日，生徒は緊張気味であったが，ビデオの中のストレスについての概要，社会人野球チームが

実施している漸進性弛緩法，練習に入る前に実施している動作法，キャプテンの話等に興味を示し，真剣に見ていた。また，保健体育の先生方だけでなく，各分野の先生方，短大生，学生に参観していただいたが，「自分の学校でも実施したいが，どのように取り組んでいけばよいのか教えてほしい」という意見をいただいた。その後，自分たちの思い思いのところにマットを置き，漸進性弛緩法を実施した。

写真12-4／クラス活動での実践

こうした取り組みの感想は表12-9に紹介するとおりであった。研究公開という緊張をともなうような場面に，ストレスマネジメント教育の成果が出ているようである。継続した実践をすることで，どのような場においてもリラックスした気持ちで取り組めるようになってきていると考えられる。

表12-9　クラス活動における生徒の感想

> 附中最後の研究公開。
> ストレスマネジメントの授業だった。まわりには，たくさんの先生方がいらっしゃった。でも，マットに寝て，リラクセーションをしていると，そういうことも忘れて，いつもと同じようにできた。リラクセーションをすると，心がゆったりとなるので社会の授業もふだんと同じように臨めた。受験の年である私にとって，ストレスマネジメントは役立っています。

5節　保護者への取り組み

【図12-1 (4)】

生徒はさまざまなストレスに対して，一生懸命対処しようとしている。教師はそれを理解し，支えてやることが重要である。学校全体でストレスマネジメント教育に取り組むことは生徒をより効果的にはぐくむことにもつながるのである。その意味で，保護者に対するストレスマネジメント教育も重要である。そうした保護者に対する取り組みも実施した。その例として，日曜保護者参観日とPTA教育講演会を紹介する。

1．日曜保護者参観日

本校第2学年では，親子のふれあい活動として，生徒が日ごろ取り組んでいる動作法を親子で実施し，親子の相互理解をはかることにした。当日の内容は「肩の上下運動」の動作法をペアで行なった。

まず，親子一斉にストレスマネジメントのビデオ（山中，1998）を視聴してもらった。ビデオの内容は前節の第2項(3)を参照してもらいたい。

このビデオ視聴を受けて，最初は子どもが親に教える形でリラクセーションの感じをつかんでもらい，次に生徒に親のリラクセーションを援助させた。さらに，親に生徒のリラクセーションを援助してもらった。こうした取り組みの中で，

写真12-5／親子でのリラクセーション

はじめは見よう見まねで半信半疑の状態で取り組んでいた保護者からも，しだいにリラックスしてきたのか「力が入っているよ」「抜けている感じがわかるよ」などの声が聞こえてきた。

表12-10に，リラクセーション実施後の生徒と保護者の感想の一例を紹介している。

親子で取り組むということで実施したが，日ごろゆっくりと対話の時間をもてない家庭が増えていく中，和気あいあいとした雰囲気で行なわれた活動であったと思われる。これからは，学校だけでなく家庭へも広がりをもたせていくことが大切になってくると考えられる。

表12-10 リラクセーション実施後の生徒と保護者の感想

〈生徒の感想〉
　いつもは父に教えてもらう立場なのに，この時ばかりは私が教える立場に逆転しました。父とこんな風に接するのは小学校の低学年以来で，少し緊張してしまうと同時にくすぐったい感じになりました。ストレスマネジメントは，やった後に眠くなってくるので，忙しく，夜遅くに帰ってくる父や，毎日「疲れた」と言って帰ってくる母にはぜひやってもらいたいです。これをやることで肩の力を抜いてリラックスして仕事をしてもらいたいです。

〈保護者の感想〉
　未曽有の不況の最中，親のまわりもさることながら，あまりよい話が聞こえてこない状況は，子どもたちにとりましても，けっしてよい環境であるとは言えない昨今ではあります。したがいまして，子どもたちにもさまざまなストレスが生じてきているだろうことは想像にかたくありません。
　そういう意味で子どもたちのリラクセーションを学校でも考え，実施していただいていることは非常にありがたいと思います。
　ただ一点思いますのは，もちろん私ども親も含めて，過度に子どもたちにかかわるものではなく，あくまでも自分自身の問題として自分自身で乗り越えていける形のものであってほしいと強く思います。

2．PTA講演会におけるストレスマネジメント教育

本校PTAでは，研修部を中心に「子どものひとりだちを助けるために自己課題をどのように生かしたらよいか」という研究テーマのもと，さまざまな研修活動を行ない，その成果を研修誌にまとめている。毎年1回のPTA講演会もそうした研修活動のひとつである。

研修部と相談のうえ，保護者への広がりをということで，「生徒の心理を理解する」「ストレスとうまくつきあう方法を知る」ことをねらいとしたPTA講演会を実施した。講師は，山中助教授に依頼した。当日は約400名の保護者の参加があり，保護者のストレスマネジメント教育に対する関心は，予想した以上に高いものがあった。

表12-11 PTA講演会後の保護者の感想

　私も，長男が初めて「むかつく」ということばを（こわい顔をして）発したときは，とてもあわてふためきました。でも先生がそれは子どもからの「サイン」と話されて，「あーしまった」と反省しました。あの時は，長男は受験でストレスが溜まっていたのかもしれない……。
　ストレスマネジメント教育については，わかりやすく，これから勉強して，私も上手に育てていきたいと思います。

　久しぶりにいっしょにおふろにはいりました。何しろ長ぶろの娘なので何にそんなに時間がかかるのか観察してみました。ていねいに髪を洗い，ていねいに顔を洗い，とこの調子でした。さっさとはいって30分でも早く寝ればいいのに，と言ったものの，先日の山中先生のお話を思い出しました。「早くしなさい」のことばはぐっと飲み込み，溜まったストレスはリラクセーションをして解消したいと思います。

今後は，さまざまな機会をみつけて，ストレスマネジメント教育を実施していかなければならないだろう。

講演後の感想は表 12-11 のとおりである。

6節　成果と課題

1998年度，ようやくストレスマネジメント教育を学校全体として取り組むことになった。しかし，実践を通してさまざまな課題が出されており，解決すべき課題が山積みしている状況にある。これらの解決をはかり，充実したストレスマネジメント教育を展開できるように努力していきたいと考える。この報告がこれから取り組もうとする教師や学校の一助となれば幸いである。まだまだ実践研究の途中であるが，これまでの成果と課題をまとめて，本章を終わることにする。

1. 成 果

これまでストレスマネジメント教育を実施してきたその成果は，以下のとおりである。

① 共通理解をはかりながら，まずは各学年に応じてストレスマネジメント教育を実施できた
② 「総合的な学習」（附属セミナー）で前年度の5時間を7時間に広げて，講座を開設できた
③ 3年生の生徒の中には，学校内だけではなく，部活動の時間，競技会，家庭，登下校で実施している生徒もみられるようになってきた
④ 学校内の研修だけでなく，夏に行なわれた外部でのストレスマネジメント教育臨床研究会に多数の教師も参加して研修ができた
⑤ PTAの教育講演会で学校内だけではなく保護者へも理解してもらい，学校をあげて，ストレスマネジメント教育に取り組もうとする雰囲気が出てきた

2. 課 題

これまでストレスマネジメント教育を実施してきた中で，導き出された課題は，以下のとおりである。

① 全教師が共通理解して実施するための，学年ごとのプログラム内容の詳細な検討をしなければならない
② 教師間での情報交換など，話し合う時間を確保しなければならない
③ 学校行事や委員会活動等との関係で時間を調整し，継続的な実施を可能

にするために，ストレスマネジメント教育に取り組む時間を確保する必要がある
④　上記③の解決策のひとつとして，「総合的な学習」の内容，課題を工夫する必要がある
⑤　現在自分たちが取り組んでいるストレスマネジメント教育効果を実感し，自分自身で実施したいという気持ちを引き出し，日常生活の中でストレスに対する自己コントロールができるようにするための手だてをさらに検討する必要がある

文献一覧

1章

Decker, T. W. 1987 Multi-component treatment for academic underachievers. *Journal of College Student Psychotherapy*, 1, 29-37.
Fridman, M. & Rosenman, R. 1974 *Type A Behavior and Your Heart*. New York : Alfred A Knopf.
Holmes, T. A. & Rahe, R. H. 1967 The Social Readjustment Rating Scale. *Journal of Psychosomatic Research*, 11, 213-218.
神田橋條治　1984　精神科診断面接のコツ　岩崎学術出版社
児玉昌久　1988　ストレスマネジメント：その概念と Orientation　ヒューマンサイエンス，1，82-88.
Lazarus, R. S. & Folkman, S. 1984 *Stress, appraisal, and coping*. New York : Springer Publishing Company, Inc. 本宮　寛・春木　豊・織田正美（監訳）1991　ストレスの心理学―認知的評価と対処の研究　実務教育出版
Matthews, K. A., Glass, D. C., Rosenman, R. H. & Bortner, R. W. 1977 Competitive drive, pattern A and coronary heart disease : A futher analysis of some data from the Western Collaborative Group Study. *Journal of Chronic disease*, 30, 489-498.
成瀬悟策　1988　自己コントロール法　誠信書房
成田善弘　1991　こころとからだのかかわり　小此木啓吾・末松弘行（編）今日の心身症治療　金剛出版　Pp. 88-96.
岡安孝宏　1997　児童生徒のストレスと学校不適応　九州地区大学放送公開講座「ストレス社会を健やかに生きるために」　鹿児島大学医学部学務課　101-111.
Parrott, L. 1990 Helping children manage stress : Some preliminary observation. *Child and Family Behavior Therapy*, 12, 69-73.
Patel, C. 1989 *The complete guide to stress management*. Randam House. 竹中晃二（監訳）1995　ガイドブック　ストレスマネジメント　原因と結果その対処法　信山社出版
坂野雄二・大島典子・高家直明・嶋田洋徳・秋山香澄・松本聡子　1995　最近のストレスマネジメント研究の動向　早稲田大学人間科学研究，8(1)，121-141.
佐藤昭夫・朝長正徳　1991　ストレスの仕組みと積極的対応　藤田企画出版
Sifnios, P. E. 1975 Problems of psychotherapy of patients with alexithmic characteristics and physical disease. *Psychotherapy Psychosomatics*. 26, 65-70.
Solin, E. 1996 Stress Management Education in School Situations. *International Conference on Stress Management Education* (*Waseda University*), 46-51.
田嶌誠一　1989　心身相関とイメージ　精神療法，15(1)，16-24.
竹中晃二　1997　子どものためのストレスマネジメント教育　北大路書房
Weiss, J. M. 1972 *Psychological factors in stress and disease*. Scientific American.
Zaichkowsky, L. D. 1996 Stress Management in Corporate America : A Brief History and Current Developments. *International Conference on Stress Management Education* (*Waseda University*), 52-58.

2章

Bloom, G. H., Cheney, D. & Snoddy, J. E. 1986 *Stress in Childhood*. Teacher's College. 本明　寛（監訳）1994　児童期のストレス　金子書房
Compas, B. E., Phares, V. & Ledoux, N. 1989 Stress and coping preventive interventions for children and adolescents. In L. A. Bond & B. E. Compas (Ed.) *Primary Prevention and Promotion in The Schools*. Newbury Park. Pp. 319-340.
Edwards, V. D. & Hofmeier, J. 1991 A stress management program for elementary and special population children. *Journal of Physical Education, Recreation and Dance*, 2, 61-64.
深谷昌志　1997　岐路に立つ学校教育―国際比較を通して　講演・講話・小論集「南の風」　鹿児島県教育委員会月報3月号付録，9, 1-38.
原田小夜子　1985　ショート・ホームルームでの内観の試み　月刊生徒指導，58-63.
宮　朝子　1985　女子中学生に対する集団内観の試み　月刊生徒指導，64-73.
文部省（編）　1998　教育白書　平成10年度我が国の文教施策
文部省（編）　1998　新学習指導要領
成瀬悟策（編）　1966　教育催眠学　誠信書房
成瀬悟策　1992　臨床動作法の理論と治療　至文堂
成瀬悟策　1995　臨床動作学基礎　学苑社
岡安孝弘・嶋田洋徳・丹羽洋子・森　俊夫・矢冨直美　1992　中学生の学校ストレッサーの評価とストレス反応との関係　心理学研究，63, 310-318.
Routh, D. K. 1988 Prevention and life style in child health psychology. In B. G. Melamed, K. A. Matthews, D. K. Routh, B. Stabler & N. Schneiderman (Eds.) *Child Health Psychology*. New Jersey : Lawrence Erlbaum Associates. Pp. 5-15.
嶋田洋徳・岡安孝弘・浅井邦治・坂野雄二　1992　児童の心理的学校ストレスとストレス反応の関係　日本健康心理学会第5回大会発表論文集，56-57.

曽我祥子　1983　日本版STAI標準化の研究　心理学研究, 54, 215-221.
Solin, E. 1996　スウェーデンの学校におけるストレスマネジメント教育　第2回教育実践シンポジウム「ストレス・マネジメント教育の可能性」鹿児島大学教育学部附属教育実践研究指導センター　6-12.
竹中晃二　1997　子どものためのストレスマネジメント教育　北大路書房
竹中晃二・北神正行・北島順子・木原孝博・児玉昌久・島田　修・下村義夫・田中宏二・長尾秀弘・山田冨美雄・山中　寛・吉岡数子・内升美香・岡浩一郎　1995　児童のためのストレス・マネジメント教育の試み　マツダ財団研究報告書（青少年健全育成関係）, 7, 1-12.
竹中晃二・児玉昌久・田中宏二・山田冨美雄・岡浩一郎　1994　小学校におけるストレス・マネジメント教育の効果　健康心理学研究, 7(2), 11-19.
滝川一廣　1994　家庭のなかの子ども学校のなかの子ども　岩波書店
Walter, H. J., Hoffman, A., Vaughan, R. D. & Wynder, E. L. 1988 Modigication of risk factor for coronary heart disease : Five year results of a school-based interventional trial. *The New England Journal of Medicine*, 318, 1093-1100.
World Health Organization, Division of Mental Health. 1994 *Life skills education for children and adolescents in schools*. World Health Organization.
Yamanaka, H. 1995 Effects of Relaxation through the Dohsa Method. In T. Kikuchi, H. Sakuma & K. Tsuboi (Eds.) *Biobehavioral Self-Regulation-Eastern and Western Perspectives*. Springer-Verlag. Pp. 708-712.
山中　寛（監修）　1999　学校におけるストレスマネジメント教育（ビデオ）　南日本放送

3章

Barrera, M., Jr. 1986 Distinction between social support concepts, measures and moderls. *American Journal of Community Psychology*, 14, 413-445.
Basmajian, J. V. 1983 *Biofeedback Principles and practice for clinicians*. Baltimore : Williams & Wilkins. 平井　久（訳）1988　臨床家のためのバイオフィードバック法　医学書院
Budzynski, T., Stoyva, J. & Adler, C. 1970 Feedback-induced muscle relaxation : Application to tension headaches. *Journal of Behavior Therapy and Experimental Psychiatry*, 1, 205-211. シュワルツ, G. E.・平井　久・渡辺尊巳（編）1979　バイオフィードバック（上）フィードバックによる筋リラクセイション―緊張性頭痛への適用　誠信書房　Pp. 215-224.
Cobb, S. 1976 Social support as a moderator of life stress. *Psychosomatic Medicine*, 38, 300-314.
Cohen, S. & Wills, T. A. 1985 Stress, social support, and the buffering hypothesis. *Psychological Bulletin*, 98, 310-357.
Farhi, D. 1996 *The Breathing Book*. 佐藤素子（訳）1998　自分の息をつかまえる―自然呼吸法の実践　河出書房新社
Green, R. G. & Green, M. L. 1987 Relaxation increases salivary immunoglobulin A. *Psychological Report*, 61, 623-629.
春木　豊・本間生夫　1996　息のしかた　朝日新聞社
林　朋・山中　寛　1999　リラクセーショントレーニングプログラムが心身に及ぼす効果について　日本スポーツ心理学会第26回大会発表論文集, 44-45.
平木典子　1993　アサーショントレーニング　日本・精神技術研究所
House, J. 1981 *Work, Stress and Social Support*. New York : Addison-Wesley.
Jacobson, E. 1929 *Progressive relaxation*. Chicago and London : The University of Chicago Press.
Kamiya, J. 1969 Operant control of the EEG alpha rhythm and some of its reported effects on consciousness. In C. T. Tart (Ed.) *Alterd states of consciousness*. New York : Wiley.
國分康孝　1992　構成的グループ・エンカウンター　誠信書房
Loehr, J. E. & Migdow, J. A. 1986 *Take a Deep Breath*. 小林信也（訳）1988　実践メンタル・タフネス―心身調和の深呼吸法　TBSブリタニカ
Luthe, W. 1963 *Autogenic abreaction and Autogenic release*. 林　茂男（訳）催眠研究, 7, 3-22.
三木善彦　1976　内観療法入門　創元社
成瀬悟策　1968　催眠面接法　誠信書房
成瀬悟策　1988　自己コントロール法　誠信書房
成瀬悟策　1995　臨床動作学基礎　学苑社
岡安孝弘・嶋野洋徳・坂野雄二　1993　中学におけるソーシャル・サポートの学校ストレス軽減効果　教育心理学研究, 41, 302-312.
Patel, C. 1989 *The complete guide to stress management*. Random House. 竹中晃二（訳）1995　ガイドブック　ストレスマネジメント　原因と結果その対処法　信山社出版
Schultz, J. H. 1932 *Das Autogene Training*. Stuttgart : George Theme.
シュルツ, J. H.・成瀬悟策　1963　自己催眠　誠信書房
Schwarz, M. S. 1987 *Biofeedback A practitioner's guide*. New York : London : Guilford Press.
斉藤　巌・白倉克之・筒井末春（訳）1992　バイオフィードバック―実践のためのガイドブック　新興医学出版社
嶋田洋徳　1993　児童の心理的ストレスとそのコーピング過程―知覚されたソーシャルサポートとストレス反応の関連　ヒューマンサイエンスリサーチ, 2, 27-44.
Solin, E. 1996 スウェーデンの学校におけるストレスマネジメント教育　「ストレスマネジメント教育の可能性」講演録　鹿児島大学教育学部附属教育実践センター　6-12.
Spielberger, C. D., Edwards, C. D., Montuouri, J. & Platzek, D. 1973 *Preliminaly Manual for the State-Trait Anxiety Inventory for Children "How I Feel Questionnaire"* Palo Alto, California : Consulting Academic Press.
田嶌誠一　1987　壺イメージ療法　創元社

Uneståhl, L. E. 1973 *Pypnosis and posthypnotic sussestions*. VEJE FORLAG.
Uneståhl, L. E. 1982 *Inner mental traing for peak performance.* VEJE FORLAG.
山田良一　1999　アサーショントレーニングとストレスマネジメント教育　冨永良喜・山中　寛（編）　動作とイメージによるストレスマネジメント教育　展開編　北大路書房　Pp. 69-79.
山中　寛・冨永良喜（監修）　1999　こころを育むストレスマネジメント技法（ビデオ）　南日本放送

4章

阿賀野多恵子　1998　母乳育児支援における動作法―2事例より　日本臨床動作学会第6回大会発表
Bandura, A. 1977 Self-efficacy : Toward a unifying theory of behavior change. *Psychological Review*, 84, 191-215.
Edwards. V. D. & Hofmeier, J. 1991 A stress management program for elementary and special population children. *Journal of Physical Education, Recreation and Dance*, 2, 61-64.
藤岡孝志　1992　神経症者への動作療法　現代のエスプリ別冊1　臨床動作法の理論と治療　161-168.
藤原勝紀　1994　三角形イメージ体験法に関する臨床心理学的研究　九州大学出版会
畠中雄平　1996　精神科臨床における動作法―2症例を通して　臨床動作学研究, 2, 28-37.
菱沼昇一　1999　教育動作が子どもを救う　筑波書林
星野公夫　1992　スポーツ指導における動作法　現代のエスプリ別冊　教育臨床動作法　70-79.
小林　茂　1966　脳性マヒのリハビリテーション　成瀬悟策（編）　教育催眠学　誠信書房　Pp. 279-292.
今野義孝　1990　障害児の発達を促す動作法　学苑社
今野義孝・大野清志　1977　自閉症児と多動児における多動行動とその関連症状の発達的比較　特殊教育学研究, 19, 37-47.
窪田文子　1991　ある強迫神経症者に対する心理療法としての動作法　心理臨床学研究, 9(2), 17-28.
栗山一八　1995　催眠面接の臨床　九州大学出版会
Lazarus, R. S. & Folkman, S. 1984 *Stress, appraisal, and coping.* Springer. 本宮　寛・春木　豊・織田正美（監訳）ストレスの心理学　実務教育出版
宮田敬一　1994　ブリーフセラピー入門　金剛出版
村田有美　1998　自己臭を訴える男性への臨床動作法の適用例　精神療法, 24(3), 275-280.
中島健一　1996　新しい失語症療法 E-CAT　中央法規出版
成瀬悟策　1973　心理リハビリテイション　誠信書房
成瀬悟策　1985　動作訓練の理論　誠信書房
成瀬悟策　1995　臨床動作学基礎　学苑社
成瀬悟策　1999　臨床動作法の理論と実際　日本臨床動作学会第7回大会講演
野田和裕・上部明子・松尾美恵　1994　健常児への動作法の適用の意義　福岡教育大学障害児自立教育センター年報, 7, 17-25.
岡安孝弘・嶋田洋徳・坂野雄二　1993　中学生におけるソーシャル・サポートの学校ストレス軽減効果　教育心理学研究, 41, 302-312.
大野清志　1989　脳性マヒ児の動作訓練　兵庫リハビリテイション心理研究, 4, 22-29.
大野博之　1972　筋電図法による催眠弛緩の研究　実験催眠学　誠信書房　Pp. 115-129.
嶋田洋徳　1998　小中学生の心理的ストレスと学校不適応に関する研究　風間書房
Solin, E. 1996 Stress Management Education in School Situations. *International Conference on Stress Management Education.* Waseda University. 46-51.
田嶌誠一　1987　壷イメージ療法　創元社
竹中晃二・北神正行・北島順子・木原孝博・児玉昌久・島田　修・下村義夫・田中宏二・長尾秀弘・山田冨美雄・山中　寛・吉岡数子　1994（未発表）　ストレス・マネジメント基礎調査集計結果
竹中晃二・児玉昌久・田中宏二・山田冨美雄・岡浩一郎　1994　小学校におけるストレス・マネジメント教育の効果　健康心理学研究, 7(2), 11-19.
冨永良喜　1995　閉じこめられた心と身体　河合隼雄（編）　心を蘇らせる　講談社
冨永良喜　1999　心理療法としての「イメージ動作」の試み　催眠学研究, 44(2), 9-16.
鶴　光代　1985　精神分裂病への動作法―動作を介しての自己活動の活性化　日本心理臨床動作学会（編）　心理臨床ケース研究3　誠信書房　Pp. 199-214.
山中　寛　1992　スポーツにおける動作法の位置づけ　現代のエスプリ別冊2　健康とスポーツの臨床動作法, 151-161.
Yamanaka, H. 1996 The possibilty of stress managemet education based on dohsa method in school. *Proceedings of the International Conference on Stress Management Education*, 37-42.
吉川吉美　1992　神経疾患を疑われた歩行不能者　現代のエスプリ別冊1　臨床動作法の理論と治療　234-247.

5章

山中　寛　1999　学校におけるストレスマネジメント教育（ビデオ）　南日本放送
山中　寛・冨永良喜　1999　こころを育むストレスマネジメント技法（ビデオ）　南日本放送

6章

南　敦浩　1998　小学生の学校ストレスに及ぼす臨床動作法の効果　兵庫教育大学修士論文

7章

Edwards, V. D. & Hofmeier, J. 1991 A stress management program for elementary and special population children. *Journal of Physical Education, Recreation and Dance*, 2, 61-64.

林 朋・山中 寛 1999 リラクセーショントレーニングプログラムが心身に及ぼす効果についての研究 第26回日本スポーツ心理学会大会発表論文集, 44-45.

文部省（編） 1998 平成10年度我が国の文教施策

根本橘夫 1983 学級集団の構造と学級雰囲気およびモラールとの関係 教育心理学研究, 31(3), 26-34.

曽我祥子 1983 日本版STAI標準化の研究 心理学研究, 54, 215-221.

Spielberger, C. D., Edwards, C. D., Montuori, J. & Platzek, D. 1973 *Preliminaly Manual for the State-Trait Anxiety Inventory for Children How I Feel Questionnaire*. Palo Alto, California : Consulting Academic Press.

竹中晃二・児玉昌久・田中宏二・山田冨美雄・岡浩一郎 1994 小学校におけるストレス・マネジメント教育の効果 健康心理学研究, 7(2), 11-19.

田崎智佳子・山中 寛 1999 心理的スキルトレーニングにおける心理的サポートの有効性に関する研究 第26回日本スポーツ心理学大会発表論文集, 76-77.

World Health Organization, Division of Mental Health 1994 *Life skills education for children and adolescents in schools*. World Health Organization.

山中 寛 1998 中学校におけるストレスマネジメント教育の効果 日本心理臨床学会第18回大会発表論文集, 98-99.

山中 寛（監修） 1999 学校におけるストレスマネジメント教育（ビデオ） 南日本放送

8章

宗像恒次 1995 ストレス解消学―過労死・がん・慢性疾患を超えるために 小学館

宗像恒次 1997 自己カウンセリングで成長する本 DANぽ

Patel, C. 1989 *The complete guide to stress management*. Randam House. 竹中晃二（監訳） 1995 ガイドブック ストレスマネジメント 原因と結果その対処法 信山社出版

竹中晃二（編） 1996 子どものためのストレスマネジメント教育―対症療法から予防措置への転換 北大路書房

山中 寛 1989 陸上長距離選手へのカウンセリングの適用に関する事例研究 スポーツ心理学研究 16(1), 101-109.

9章

Patel, C. 1989 *The complete guide to stress management*. Randam House. 竹中晃二（監訳） 1995 ガイドブック ストレスマネジメント 原因と結果その対処法 信山社出版

Макаров, В. А. (Ed) 1975 СПОРТИВНЫЙ МАССАЖ 高橋華王（訳） 1987 スポーツマッサージ ベースボール・マガジン社

Yamanaka, H. 1996 The possibilty of stress management education based on dohsa method in school. *Proceedings of the International Conference on Stress Management Education*, 37-42.

10章

松木 繁 1998 教育相談の方法1 桂川中学校スクールカウンセラー活用調査研究報告, 14-21.

田嶌誠一 1995 密室カウンセリングよどこへゆく 教育と医学, 43(5), 26-33.

冨永良喜（編） 1998 授業に活かせるストレスマネジメント教育（冊子） 兵庫教育大学ストレスマネジメント教育臨床研究会

鵜飼美昭 1995 スクールカウンセラーとコミュニティ心理学 村山正治・山本和郎（編） スクールカウンセラー ミネルヴァ書房 Pp. 62-78.

山中 寛（監修） 1999 学校におけるストレスマネジメント教育（ビデオ） 南日本放送

山中 寛 1999 スクールカウンセリングとストレスマネジメント教育 冨永良喜・山中 寛（編） 動作とイメージによるストレスマネジメント教育 北大路書房 Pp. 21-38.

山中 寛・冨永良喜（監修） 1999 こころを育むストレスマネジメント技法（ビデオ） 南日本放送

11章

勝俣暎史・佐々木保行・丸谷真智子・大坪 功 1983 教師の自殺 有斐閣

文部省教育助成局地方課 1998 教育委員会月報 No. 586 第1法規出版 p. 45

Lazarus, R. S. & Folkman, S. 1984 *Stress, appraisal, and coping*. New York : Springer Publishing Company, Inc. 本宮 寛・春木 豊・織田正美（監訳）1991 ストレスの心理学―認知的評価と対処の研究 実務教育出版

Spielberger, C. D., Edwards, C. D. Montuori, J. & Platzek, D. 1973 *Preliminaly Manual for the State-Trait Anxiety Inventory for Children "How I Feel Questionnaire*. Palo Alto, California : Consulting Academic Press.

山中 寛（監修）1999 学校におけるストレスマネジメント教育（ビデオ） 南日本放送

12章

宮原英昭　1995　自己効力感を育成する指導の工夫―体操の指導を通して　学校体育1月号
山中　寛（監修）　1998　子どものためのストレスマネジメント教育（ビデオ）　南日本放送

事項索引

[50音順]

【ア 行】

あ

アサーショントレーニング	43
足首のゆるめ	35
アトピー性皮膚炎	6
アレキシシミア	9
暗示効果	54
暗示法	41
安心感	54, 59, 62
安全感	62

い

生きる力	21, 25, 99, 112, 194
いじめ	22, 163
意図	7
イメージ	7
イメージ動作法	52
イメージトレーニング	127, 203
イメージ法	39, 154, 156
気がかりなことを整理するイメージ法	40
気持ちをさわやかにするイメージ法	40
予測できるストレスへのイメージ法	39

う

ウォーミングアップ動作	67
腕上げ	36
運動部活動	137

え

援助	
肩に指でふれての援助	78
肩をしっかり支える援助	80
肩をしっかりやさしく援助	79
声かけだけでの援助	71, 77
援助体験	46, 59, 100, 187

お

横隔膜呼吸エクササイズ	143

【カ 行】

か

解イメージ	40
解決イメージ法	41
介入 (intervention)	17
事後介入	17
事前介入	17
カウンセラー	46
カウンセリング	5
カウンセリング・マインド	186
学業成績	17
肩凝り	4, 76
肩凝り予防教室	177
肩の上下	35, 137
肩の上下プログラム	60, 69, 100, 101, 187
肩の反らせ	35, 137
肩の反らせプログラム	76, 187
肩のリラクセーション	118
カタルシス効果	5
学級雰囲気調査	103
学校教育カウンセリング	186
学校ストレッサー	55
過敏性腸症候群	6
構え	3, 5, 7, 24, 38
構えの姿勢	67, 187
体ほぐしの運動	21
環境調整	55

き

基礎代謝率の好転	110
逆ギレ	185
教育課程	195
教育職員免許法	186
教育心理学	186
教員養成大学	186
競技力向上	150
胸式呼吸	31
教師研修プログラム	186
教師社会	183
教師のストレス	181
共体験	59, 108
共動作	108
共動作感	59

く

軀幹のひねり	35
クライエント	46
クラス活動	195

け

傾聴	5
健康教育	12, 18
研修計画	197

こ

コーピング	4, 5, 56
高血圧症	6
構成的グループ・エンカウンター	44, 46
高齢障害者	52
呼吸法	8, 31, 119, 127, 142, 167, 187

心の教育	62
心の健康	113, 124
個人的要因	183
コミュニケーションスキル法	43

【サ 行】

さ

坐位での背反らせ	36
坐位での股折り	36
催眠	20
酸素消費量	31

し

時間的切迫感	54
軸づくり	36
自己活動	23
自己効力感	56, 62, 126, 194
自己コントロール	8
自己コントロール能力	183
自己コントロール法	30
自己弛緩	47
自己存在感	24, 59, 194
自己尊重感	194
自己努力感	24, 61
自己マッサージ法	142
自己有用感	62, 194
自己理解	59, 106, 108, 138, 198
自尊心	54, 62
自体感	61
自体操作感	24, 61
自閉症児	52
社会的再適応評定尺度	1
集団療法	48
受験	6, 162, 199
受験期	166
受動的注意集中	29
ショート・ホームルーム	103
小学生用ストレス反応尺度	87
状態不安尺度	30
状態不安テスト	103
情動焦点型	4
情動焦点型コーピング	5
初任者研修	181
自律訓練法	5, 24, 29, 37, 41, 56
新学習指導要領	21
新学習指導要領案	25
神経症	52
心身症	52
身体運動	7
身体的反応	2
身体的リラクセーション	8
心拍	35
心理社会的ストレス	1
心理社会的ストレスモデル	1, 187
心理リハビリテーション	48

す

随意運動系	4
スクールカウンセラー	53, 161
スクールカウンセラー活用調査研究事業	53, 161
スクールカウンセリング	161
ストレス	1, 200
ストレス対処法	10
ストレス対処法の活用	11, 108, 189
ストレス対処法の習得	11
ストレス反応	1, 5
ストレスマネジメント	5
ストレスマネジメント教育	9
ストレスマネジメント教育システム	21, 22
ストレスマネジメント教育モデル	12
ストレスマネジメント教育臨床研究会	53, 186
ストレッサー	1, 5
スポーツ選手	52

せ

生活指導	48
精神性疾患	182
精神的リラクセーション	8
生徒保健委員会	123
生活体験	50
世界保健機構	22
絶対的自己存在肯定感	61
背伸び	67
セルフ・リラクセーション	60, 70, 86, 101, 187
禅	5
潜在的ストレッサー	2, 6
漸進性弛緩法	5, 24, 29, 127, 139, 177, 187, 204

そ

ソーシャルサポート	43, 45, 56, 57
総合的な学習	195, 202
総合的な学習の時間	15, 21, 24, 98, 187

【タ 行】

た

体育科	193
体育・保健体育	21
体験	7
体験原理	9, 187
体験治療論	50
体験内容	8, 50
体験のしかた	8
体験様式	5, 24, 50
体験様式の変化	61
体罰	183, 184
タイプA	9
他者理解	59, 108, 138, 198
タテ系動作訓練法	48
多動児	52
他律弛緩	47

【チ】

ち	
チームティーチング	204
知覚されたサポート	45
知覚の鋭敏化	110
中央教育審議会第一次答申	25
つ	
突き指	139
壺イメージ法	40, 52
て	
デイリーハッスル	1
デス・エデュケーション（死の教育）	17
と	
動作	7, 49
動作援助	61
腕をしっかり支える動作援助	75
少し強めに押さえる動作援助	74
そっとふれる動作援助	72
やさしく押さえる動作援助	73
動作活用	61
動作観察	61
動作訓練	48
動作図式	49
動作体験	50, 51, 59, 61, 173
動作直面	60
動作努力	61
動作法	35, 47, 50, 151, 154, 155, 172, 203
動作無視	61
特別活動	27
ともなう体験	50
努力	7
トレーナー	47
トレーナー体験	69
トレーニー	47
トレーニー体験	69

【ナ 行】

な	
内観療法	20
なかよしほけん	116
に	
日本臨床動作学会	52
認知的・行動的反応	2
認知的ストレスマネジメント方略	8
認知的評価	3, 5, 55
ね	
捻挫	139
の	
脳性マヒ	47
脳性マヒ児・者	49

乗り物酔い対策	20

【ハ 行】

は	
バイオフィードバック法	5, 33, 56
阪神・淡路大震災	52
ひ	
被援助体験	59, 100, 187
評価	
第1次的評価	3
第2次的評価	3
ふ	
腹式呼吸	31, 152
不登校	22, 163
へ	
ペア・リラクセーション	59, 60, 71, 84, 101, 137, 187, 198
偏頭痛	6
ほ	
保健委員会活動	122
保健室	111
保健体育	187
保護者参観日	205
ホッとする姿勢	67
ホッとする体験	84

【マ 行】

ま	
慢性の分裂病	52
む	
無視	64
め	
免疫機能	30
メンタルトレーニング	41
メンタルリハーサル	156
も	
問題焦点型	4
問題焦点型コーピング	5
文部省教育白書	15

【ヤ 行】

や	
友人関係	16
ゆ	
「ゆとり」の時間	25

よ

ヨーガ	5
養護教諭	112
腰痛	4
予防措置	5

【ラ 行】

ら

ライフイベントストレス	1
ライフスキル	22, 25
ライフスタイル	7

り

立位での踏みしめ	37
リラクセーション	29
リラクセーション技法	56
リラクセーション体験	104
リラックス動作法	52

ろ

ロング・ホームルーム	103

【 執筆者一覧 】

(執筆順)

山中　寛　　◆鹿児島大学大学院　　　　　〔1章／2章／3章1節-1，
　　　　　　　　人文社会科学研究科　　　　2節-3, 3節-2／4章4，
　　　　　　　　　　　　　　　　　　　　　5，6節／5章2節／7
　　　　　　　　　　　　　　　　　　　　　章／11章〕

冨永　良喜　◆兵庫教育大学大学院教育研究科　〔3章1節-3・4，2節-1・
　　　　　　　　　　　　　　　　　　　　　2，3節-1／4章1，2，
　　　　　　　　　　　　　　　　　　　　　3節／5章1，3，4節／
　　　　　　　　　　　　　　　　　　　　　6章〕

藤原　忠雄　◆岡山県立烏城高等学校　　　　〔3章1節-2〕

南　敦浩　　◆美方町立小代小学校　　　　　〔6章〕

佐伯　陵子　◆鹿児島大学教育学部附属中学校　〔7章2節／12章〕

有馬　貴子　◆鹿児島県高山町立高山中学校　〔8章1節〕

遠矢　久美　◆鹿児島市立福平中学校　　　　〔8章2節〕

川口　孝　　◆国分市立国分南中学校　　　　〔9章1節〕

宮原　英昭　◆鹿児島県立加治木工業高等学校　〔9章2節〕

松木　繁　　◆松木心理学研究所・臨床心理士　〔10章1節〕

坂上　頼子　◆スクールカウンセラー・臨床心理士　〔10章2節〕

★ 編者プロフィール

山中　寛（やまなか・ひろし） 1954年　福岡県生まれ

　現　職：鹿児島大学大学院人文社会科学研究科臨床心理学専攻教授
　　　　　臨床心理士
　　　　　日本オリンピック委員会強化スタッフ・スポーツカウンセラー（野球）
　学　歴：1984年　九州大学大学院博士課程教育学研究科教育心理学専攻修了
　研究分野：臨床心理学・スポーツ心理学
　著　書：1989年　動作とこころ(分担) 九州大学出版会
　　　　　1992年　教育臨床動作法(分担) 至文堂
　　　　　1992年　健康とスポーツの臨床動作法(分担) 至文堂
　　　　　1995年　癒しの科学・瞑想法(分担) 北大路書房
　　　　　1997年　ストレス社会を健やかに生きるため(分担) 鹿児島大学
　　　　　1999年　学校におけるストレスマネジメント教育(ビデオ監修) 南日本放送
　　　　　1999年　こころを育むストレスマネジメント技法(ビデオ監修) 南日本放送

　　臨床心理学は，一般的には「心の闇」を対象にし，弱くなっている人や疲れている人を癒すためにだけあると受けとられがちである。もちろん癒しは重要な課題であるが，それがすべてではない。自分の中にある闇をやさしく包みながら，「心の光」をはぐくむことが生きていくためには必要であり，そのために臨床心理学は役立つ。その具現化がストレスマネジメント教育である。ストレスマネジメント教育が子どもの「生きる力」や教師の自信回復に役立つことを，ひとりでも多くの人に知ってほしいという願いから本書は生まれた。

◆

冨永良喜（とみなが・よしき） 1952年　福岡県生まれ

　現　職：兵庫教育大学大学院教育研究科教授
　　　　　臨床心理士
　学　歴：1982年　九州大学大学院博士課程教育学研究科教育心理学専攻修了
　研究分野：臨床心理学
　著　書：1987年　壺イメージ療法(分担) 創元社
　　　　　1989年　動作とこころ(分担) 九州大学出版会
　　　　　1992年　教育臨床動作法(分担) 至文堂
　　　　　1995年　心を蘇らせる(分担) 講談社
　　　　　1997年　老人福祉論(分担) 全国社会福祉協議会
　　　　　1997年　災害と心の癒し(分担) ナカニシヤ出版

　　東洋の思想文化は，ストレスマネジメントの歴史でもある。禅や瞑想にそれをみることができる。わが国の学校でも「黙想！」「姿勢を正して！」といった形でストレスマネジメントは古くから導入されている。しかし，それは，子どもが内面に気づくためというより，集団の統制を目的としたものになっている。本書で提唱しているストレスマネジメント教育は，子ども自身が自分に向き合い，みずからの判断で集団の意味を考える教育である。ストレスマネジメント教育が子どもたちの幸せに貢献することを願ってやまない。

動作とイメージによるストレスマネジメント教育〈基礎編〉
―子どもの生きる力と教師の自信回復のために―

2000年3月10日　初版第1刷発行
2006年6月20日　初版第6刷発行

定価はカバーに表示
してあります。

編　著　者　　山　中　　　寛
　　　　　　　冨　永　良　喜
発　行　所　　㈱北大路書房

〒603-8303 京都市北区紫野十二坊町12-8
　　　　電　話　(075) 431-0361㈹
　　　　ＦＡＸ　(075) 431-9393
　　　　振　替　01050-4-2083

©2000　印刷／製本　㈱太洋社
検印省略　落丁・乱丁本はお取り替えいたします

ISBN4-7628-2174-8 Printed in Japan